mandelbaum *verlag*

Emmanuel Mbolela

MEIN WEG VOM KONGO NACH EUROPA

Zwischen Widerstand, Flucht und Exil

Aus dem Französischen von
Dieter Alexander Behr
Herausgegeben von
Afrique-Europe-Interact

mandelbaum *verlag*

www.mandelbaum.at

ISBN 978-3-85476-456-4
© Mandelbaum Verlag 2014
Alle Rechte vorbehalten

2. Auflage 2014

Lektorat: ERHARD WALDNER
Satz und Umschlaggestaltung: MICHAEL BAICULESCU
Druck: PRIMERATE, BUDAPEST

INHALT

NOTWEHR

von Jean Ziegler

Es war ein sonniger Nachmittag im Jahr 2000. Cornelius Koch[1] lebte in einer kleinen, karg möblierten Wohnung im französisch-schweizerischen Grenzort La Plaine. Ich wohne im Nachbardorf Russin, ein Weinbauerndorf gelegen an der Moräne oberhalb von La Plaine. Wir saßen in einem kleinen Café am Ufer der breit dahinfließenden, im Sonnenlicht flimmernden Rhone. Der unvergessliche Flüchtlingspfarrer litt an seiner Krankheit, aber im Geist war er ungebrochen: flammend, klug, fröhlich. Soeben war er aus Chiasso zurückgekommen: Die italienischen Behörden schoben systematisch eritreische Flüchtlinge in ihr von Diktatur und Korruption verwüstetes Heimatland ab. Cornelius versuchte einige von ihnen in die Schweiz zu retten. Wir redeten ein paar Stunden: über die zynische Kaltblütigkeit der Hüter der Festung Europa, ihre kriminellen Abweisungs-Strategien an den Außengrenzen sowie über die Hunderte von Kindern, Männer und Frauen, die allmonatlich im Mittelmeer ertranken. Plötzlich sagte Cornelius: »Für Tausende heute ist Flucht Notwehr.«

Notwehr … Das gilt in fast paradigmatischer Weise für Emmanuel Mbolela – und viele Tausende anderer Menschen aus Zentralafrika und anderen Weltgegenden, die mittels Flucht in die Festung Europa ihr Leben zu retten versuchen.

Das Buch ist von Dieter Alexander Behr glänzend übersetzt. Emmanuel Mbolela führt Protokoll, engagiert, zornig, aber immer

---

[1] Michael Rössler und Claude Braun veröffentlichten eine ausgezeichnete Biographie von Cornelius Koch: »Ein unbequemes Leben: Cornelius Koch, Flüchtlingskaplan« (Zytglogge, 2011).

außerordentlich präzis und lehrreich. Politische Analysen wechseln mit Erzählungen, Portraits und sehr lesenswerten Beschreibungen der verschiedenen Methoden der Repression ab, mit denen sich Beamte in den Durchgangsländern bereichern, europäische Behörden sich gegen jede Hilfeleistung an Verfolgte wehren und – dann in Holland – Behörden und Arbeitgeber, die die Flüchtigen ausnutzen und erniedrigen.

Emmanuel Mbolela studierte an der Universität Mbujimayi im Kasai und engagierte sich im Widerstand gegen die Diktatur von Mobutu. Später schloss er sich der UDPS von Étienne Tshisekedi an, der den demokratischen Widerstand gegen das Kabila-Regime **9** bis heute anführt. Nur knapp entging Emmanuel den Schergen des kongolesischen Geheimdienstes. Sein Fluchtweg führte ihn über den Stanley-Pool ins benachbarte Brazzaville, dann nach Kamerun, Nigeria, Benin, Burkina Faso, Mali, Algerien und endlich Marokko. Von dort gelangte er nach längerer Zeit endlich nach Holland – und erlebte den europäischen Rassismus, die Ausbeutung und die Diskrimination.

Vor wenigen Monaten war ich in Goma, der Großstadt am oberen Kivu-See. Die Stadt – so wie der ganze wunderschöne Kivu mit seinen dichten Wäldern, lieblichen Seen und unendlichen Savannen – ist seit Generationen eine durch Stammeskriege, Überausbeutung der Minen durch die internationalen Konzerne, einheimische Plünderung und Korruption verwüstete Gegend. In Goma gibt es praktisch kein funktionierendes Spital mehr. Die allermeisten Schulen sind geschlossen. Im 2.500 km westlich entfernten Kinshasa regieren Joseph Kabila und seine katangesische Clique. Gemäß UNO-Berichten stehen Kabila und seine politischen Handlanger im Verdacht, jährlich Millionen Euro an gestohlenem oder von den Minengesellschaften überwiesenem Korruptionsgeld auf ihre Schweizer Privatkonten verschoben zu haben.

2011 gewann Kabila durch Wahlbetrug – gemäß Aussage der UNO-Wahlbeobachter – die Präsidentschaftswahlen. Étienne Tshisekedi und die führenden Mitglieder der mächtigen Oppositionsbewegung UDPS wurden per Polizeiterror zum Schweigen gebracht. Gegenwärtig sind Kabila und seine Kumpanen gerade daran, die Verfassungsrevision durchs Parlament zu jagen, die Amtszeitbeschränkung abzuschaffen und so dem Marionetten-Präsidenten im Jahr 2015 eine »Neuwahl« zu ermöglichen.

Emmanuel Mbolelas Buch ist deshalb so beeindruckend, weil es nicht nur ein Buch der mutigen, detailgenauen Brandmarkung ist, sondern auch ein Buch der unausrottbaren Hoffnung. Ein Buch des Widerstandes, des Aufstandes des Gewissens. In Marokko half der Autor eine wirksame Hilfsorganisation für flüchtige Verfolgte zu schaffen. In Holland kämpft er heute gegen Diskrimination und Rassenhass. Zusammen mit und zugunsten von vielen anderen Schicksalsgenossen.

Régis Debray schreibt: »Die Europäer haben den Kolonialhelm abgelegt … aber darunter ist der Kopf kolonialistisch geblieben.« Gegen diesen Rassismus so vieler Europäer und ihrer staatlichen Behörden, der in der Flüchtlings-Abweisungs-Politik heute kriminell und zuweilen mörderisch tätig wird, bedeutet Mbolelas Buch eine wichtige Waffe. Wir schulden ihm Bewunderung und uneingeschränkte, geduldige, totale Solidarität.

Jean Ziegler
Vizepräsident des Beratenden Ausschusses des UNO-Menschenrechtsbeirates; zuletzt erschien von ihm »Wir lassen sie verhungern. Die Massenvernichtung in der Dritten Welt«

EINLEITUNG

Mit eigenen Augen habe ich miterleben müssen, wie mein Heimatland, die Demokratische Republik Kongo, im Chaos versunken ist. Dieses Chaos wurde durch Diktatur und neokoloniale Abhängigkeitsverhältnisse verursacht. Daraus folgten Menschenrechtsverletzungen, soziale Ungerechtigkeit, ein Fehlen an schulischen Ausbildungsmöglichkeiten sowie Elend und Hunger. All das wurde noch durch einen unnützen Krieg verschlimmert, bei dem Millionen meiner Landsleute ihr Leben verloren haben und noch immer verlieren.

Hätte ich angesichts dieser Situation geschwiegen, ich hätte mich schuldig gefühlt. So ist es zu erklären, dass ich während meiner Studienjahre, die ich an der Universität von Mbujimayi in Zentralkongo absolviert habe, aktiv geworden bin. Ich habe mich politisch organisiert und mit friedlichen Mitteln für eine Gesellschaft gekämpft, in der Gerechtigkeit, Demokratie und Freiheit die fundamentalen Werte sind. Es sollte ein Kampf sein, der mich einige Jahre später dazu zwang, meinen Weg ins Exil anzutreten.

Ich verließ mein Land also nicht freiwillig. Vielmehr ging ich, ohne zu wissen, wohin. Mein wichtigstes Ziel war, mein Leben zu retten. Auf meiner Route wurde dieses Ziel beinahe vereitelt – doch Gott sei Dank lebe ich.

Ich brach von meiner Heimatstadt Mbujimayi auf, erreichte Kinshasa, die Hauptstadt der Demokratischen Republik Kongo, danach Kongo-Brazzaville, Kamerun, Nigeria, Benin, Burkina Faso, Mali, Algerien und Marokko, um schließlich in Holland anzukommen.

Mit diesem Buch will ich die Erfahrungen teilen, die ich während meiner Reise gemacht habe. Die Erfahrungen von fünf Jahren, von denen ich zwei Jahre unterwegs verbrachte und drei Jahre in Marokko, wo mir der weitere Weg versperrt wurde. Anstatt dass ich Asyl bekam, wurde mir dort jeglicher Schutz verwehrt. In diesem Land, wo angeblich Friede, Recht und Ordnung herrschen, wurde ich aufgrund der Externalisierung des Grenzregimes der Europäischen Union blockiert. Wie so viele andere MigrantInnen war ich gezwungen, ein inaktives Leben zu führen. Ich hatte keinerlei Möglichkeiten, die Güter und die Infrastruktur, von der ich umgeben war, zu nutzen. In dieser Situation nahm ich jedoch den Kampf wieder auf und gründete eine Organisation, mit der wir unsere Rechte und Freiheiten verteidigten – ARCOM, die Vereinigung der kongolesischen Flüchtlinge und AsylbewerberInnen in Marokko. Nach fast vier Jahren des Kampfes in dieser Organisation gelang es dem Hochkommissariat der Vereinten Nationen für Flüchtlinge (UNHCR), ein Land zu finden, das mir Asyl gewähren würde. Über das Leben im europäischen Exil werde ich später in diesem Buch berichten.

Auf dem Weg ins Exil habe ich nicht nur meine eigene Geschichte erlebt – ich habe zusätzlich eine Vielzahl von Geschichten gehört. Mein Anliegen ist es, nicht nur die Dinge zu schildern, die mir auf dem Weg widerfahren sind, sondern ebenso diejenigen Geschichten, die ich während der Zeit gehört habe, in der ich ARCOM leitete. Auf diese Weise möchte ich ein Zeugnis ablegen über das, was ich bisher während der Zeit des Exils gesehen, erlebt und gehört habe.

Die verschriftlichten Spuren dieser langen und mühevollen Reise sollen den kommenden Generationen gewidmet sein, die – vielleicht aus anderen Gründen – gezwungen sein werden, einen ähnlichen Weg zu gehen wie ich. Ich habe die Erfahrung gemacht, meine Liebsten zurückzulassen – einige von ihnen werde ich nicht mehr wiedersehen können. Dieses Buch soll auch ein Aufschrei sein – im Sinne all der Frauen, der Männer und vor allem für die ihrer Stimme beraubten Kinder, die ich unterwegs getroffen habe. Viele waren entsetzlichen Gräueltaten ausgesetzt, die durch keine Worte und in keiner Sprache ausgedrückt werden können. Ich habe miterlebt, wie Menschen vergewaltigt, gefoltert und im Stich gelassen wurden. Einige habe ich sterben gesehen. Ich habe miterlebt, wie Menschen verzweifelt umherirrten und nicht mehr wussten, zu welchem Gott sie noch beten sollten.

Ich habe aber auch miterlebt, wie Männer und Frauen mit gutem Willen aufgerüttelt werden konnten. Dazu zählen auch die BürgerInnen derjenigen Länder, in denen Ordnung, Gerechtigkeit und vor allem Frieden besteht. Wir brauchen diese Werte überall, damit diejenigen, die gezwungen sind, ihre Länder zu verlassen, **13** nicht dieselbe qualvolle Route einschlagen müssen wie ich. Ihnen soll diese Erfahrung erspart bleiben. Nie wieder!

Das vorliegende Buch besteht aus sieben Kapiteln. Das erste Kapitel stellt die Demokratische Republik Kongo vor, mein Heimatland. Das zweite Kapitel behandelt mein Wirken und Schaffen vor meiner Flucht. Ich beschreibe darin auch die Tatsache, dass meine Heimat riesig und voller Reichtümer ist, dass aber gleichzeitig die Menschen in extremer Armut leben müssen. Diese Feststellung führt mich zur Beschreibung der Umstände meines politischen Kampfes. Im dritten Kapitel versuche ich meine Route von der Demokratischen Republik Kongo bis nach Marokko nachzuzeichnen. Dabei beschreibe ich auch die Durchquerung Algeriens und der Sahara. Das vierte Kapitel widmet sich unserem Leben als ExilantInnen in Marokko, wo ich dreieinhalb Jahre lang gelebt habe. Die unmenschlichen Lebensbedingungen in diesem Land drängten mich dazu, eine Struktur zu schaffen, mittels der die ExilantInnen sich organisieren und ihre Rechte und Freiheiten einfordern konnten. Im fünften Kapitel beschreibe ich die Gründung von ARCOM – im Übrigen die erste Organisation, die in Marokko jemals von Flüchtlingen, AsylbewerberInnen und subsaharischen MigrantInnen gegründet wurde. Das sechste Kapitel geht auf die Aktivitäten ein, die wir im Rahmen von ARCOM lancierten, und das siebente Kapitel beschäftigt sich schlussendlich mit dem Leben im europäischen Exil – zwischen Hoffnung und Realität.

I. KAPITEL

DIE DEMOKRATISCHE REPUBLIK KONGO

Die sogenannte »Demokratische« Republik Kongo, die »République Démocratique du Congo« oder kurz R.D.C., ist mein Hei- **15** matland. Dieses schöne Land musste ich aus dem einfachen Grund verlassen, da ich an der Seite meiner FreundInnen, meiner KommilitonInnen und anderer Landsleute für die Errichtung einer politischen Ordnung gekämpft habe, die auf den Werten der Demokratie, der Freiheit und der Gerechtigkeit aufbaut. Ich musste weggehen, ohne zu wissen, wohin. Eine Reihe meiner einstigen WeggefährtInnen sitzen nach wie vor im Gefängnis. Andere hatte ich vor meiner Abreise zum letzten Mal gesehen, sie sind tot, ihre Körper begraben. Sie wurden von der Polizei umgebracht, also von Sicherheitskräften, die im Sold der Regierungsmacht stehen. Der Kampf, den sie geführt hatten, war gerecht und edelmütig.

Denn die R.D.C. ist auch jenes Land, das Patrice Émery Lumumba so sehr geliebt hat, dass er nicht davor zurückschreckte, sein Leben dafür hinzugeben. Er wollte dich, die ehemalige belgische Kolonie, aufblühen sehen. Er wollte, dass deine immensen Reichtümer deine Kinder glücklich machen. Er wollte, dass deine Söhne und Töchter in Freiheit leben. Oh Kongo! Sollst du tatsächlich jenes fluchbeladene Land sein, das diejenigen zur Flucht verdammt, die sich zum Ziel gesetzt haben, den von Lumumba begonnenen Kampf fortzuführen? Mit diesen Zeilen möchte ich dich all jenen vorstellen, die vielleicht schon von dir gehört, dich aber noch nicht näher kennengelernt haben.

Die Geographie lehrt uns, dass die R.D.C., früher auch Zaire genannt, ein immens großes Land im Herzen Afrikas ist. Der Kongo war lange Zeit belgische Kolonie und wurde am 30. Juni 1960 unabhängig. Das Land hat eine Ausdehnung von 2.345.409 Quadratkilometern und ist somit nach Algerien das zweitgrößte Land Afrikas. Die R.D.C. ist viermal so groß wie Frankreich und teilt ihre insgesamt 9.165 Kilometer langen Grenzen mit neun Ländern: im Norden mit der Zentralafrikanischen Republik und dem Sudan, im Osten mit Uganda, Ruanda, Burundi und Tansania, im Süden mit Sambia und Angola, im Westen mit der angolesischen Enklave von Cabinda und der Republik Kongo. Aktuell wird geschätzt, dass rund 65 Millionen Menschen den Kongo bewohnen, bei einer Bevölkerungsdichte von 23,8 EinwohnerInnen pro Quadratkilometer. Die Bevölkerung des Landes besteht zu 58,9 Prozent aus Jugendlichen unter 20 Jahren; dies kann als vielversprechende Humanressource angesehen werden.

Die sozialen Verhältnisse lassen sich anhand der vier großen Sprachgruppen beschreiben. In der Hauptstadt Kinshasa und der Provinz Équateur wird mehrheitlich Lingala gesprochen. Lingala ist auch die in der Armee vorherrschende Sprache. In den Provinzen Kasai Oriental und Kasai Occidental wird Tshiluba gesprochen. In Katanga, Kivu und der Province Orientale wird Swahili gesprochen. Neben diesen vier Hauptsprachen gibt es im Kongo über 400 Dialekte. Diese Sprachdiversität ist der Stolz der gesamten Bevölkerung. Sie hätte ein Mittel der uneingeschränkten Entwicklung des Landes sein können, wäre die Kolonialsprache, die mehr oder weniger zufällig Französisch ist, nicht eingeführt worden. Da die Kolonialverwaltung Französisch sprach, wurde dieses auf diesem Weg zur offiziellen Sprache, obwohl bis heute nur ein kleiner Teil der Bevölkerung des Französischen mächtig ist – Voraussetzung dafür ist der Schulbesuch.

Was die Religionsausübung betrifft, so muss zunächst festgehalten werden, dass die R.D.C. ein laizistischer Staat ist – es gibt also keinerlei Staatsreligion. Die größte Glaubensgruppe besteht aus ChristInnen, die sich in katholischen, protestantischen sowie evangelikalen Kirchen organisieren. Die islamische Religion, vormals in den östlichen Regionen des Landes sowie in Kinshasa verbreitet, gewinnt aktuell wieder an Zulauf. Neben diesen von außerhalb des Landes kommenden Religionen ist vor allem der Kimbanguismus zu erwähnen: Die AnhängerInnen dieser Religion beten ihren Gründer, Simon Kimbangu, an. Dieser sei einst von Gott geschickt worden, um das Volk von den Kolonisatoren zu befreien. Kimbangu, der von 1887 bis 1951 lebte, rief die KongolesInnen dazu auf, sich von der Kolonialherrschaft zu emanzipieren. Seine Botschaft fand weite Verbreitung, hatten die Menschen jener Zeit doch bereits begonnen, die Kolonialherrschaft infrage zu stellen. Kimbangu wurde wegen seiner subversiven Lehren im Jahr 1921 verhaftet und in Katanga festgehalten, 2.000 Kilometer von seiner Wirkstätte und Hochburg entfernt, bis er im Jahr 1951 starb. Kimbangus Anhänger wurden von den Kolonialherren verfolgt, verschleppt und ermordet. Diejenigen, die sich der Repression durch die Kolonialadministration entziehen wollten, schlossen sich anderen Kirchen an, wo heimlich weiterhin die Ideen des Propheten Kimbangu gepredigt wurden.

Wenn ich hier davon spreche, welch maßgebliche Rolle der Kimbanguismus bei der Dekolonisierung des Kongo gespielt hat, so möchte ich des Weiteren nicht unerwähnt lassen, dass die katholische Kirche ein wesentlicher Faktor für den Widerstand gegen die Diktatur von General Mobutu war. Kardinal Malula begann diesen Kampf in den 1980er Jahren, indem er die schlechte Führung des Landes durch Mobutus Regime öffentlich kritisierte. In den 1990er Jahren, als Mobutu den politischen Raum zu öffnen begann, wurde dieser Widerstand weiter intensiviert. Die katholische Kirche organisierte am 16. Februar 1992 einen Protestmarsch, der in die Geschichte einging. Mittels dieses Marsches sollte die Wiedereröffnung der von Mobutu geschlossenen souveränen Nationalkonferenz erzwungen werden. Der pazifistische Protestzug endete jedoch in einem Blutbad – Hunderte DemonstrantInnen wurden ermordet. Mobutu musste aber letztendlich doch einlenken und die Konferenz konnte weitergehen.

Reichtümer der Demokratischen Republik Kongo

Der Kongo weist einen ungeheuren Reichtum an natürlichen Ressourcen und Bodenschätzen auf. Wenn man die immense Größe des Landes bedenkt, handelt es sich um wahrlich außergewöhnliche Voraussetzungen. Unter der Erde finden sich Gold, Diamanten, Kupfer, Kobalt, Zink, Silber, Kadmium, Germanium, Karbon, Mangan, Zinnoxid, Zinn, Beryll, Tantal und Coltan, Wolfram, Monazit, Uran, Nickel, bituminöser Schiefer, Bauxit, Blei, Smaragde, Hematite, Malachite, Phosphate, Kohle und Methangas.

Neben den mineralischen Reichtümern gibt es im Kongo riesige Flächen an Wald. Die Gesamtgröße des Waldes beträgt geschätzte 135.207.000 Hektar, das sind sechs Prozent der weltweit vorhandenen Waldflächen und 47 Prozent der Waldflächen auf dem afrikanischen Kontinent. Diese gewaltige Ausdehnung entspricht ca. sechs Millionen Kubikmetern Festholz. Auch bei der Pflanzenvielfalt steht die Demokratische Republik Kongo im Vergleich mit anderen afrikanischen Ländern an erster Stelle.

Trotz ihrer immensen Größe ist die Demokratische Republik Kongo fast zur Gänze ein Binnenland. Lediglich ein Streifen von 100 km liegt am Atlantik.

Der Kongo besitzt ein enormes Potential an Land, das sich zur agrikulturellen Bewirtschaftung und für die Viehzucht eignet. Zusammengenommen gibt es rund sieben Millionen Hektar äußerst fruchtbares und kultivierbares Land, das das ganze Jahr über bestellt werden kann, außerdem große Weideflächen und Wasserreserven.

Die R.D.C. weist auch Ölvorkommen auf, und zwar im Küstenbecken von Moanda. Dort gibt es auch eine Raffinerie. Weitere Ölvorkommen finden sich im Talkessel von Ituri.

Das Netz an Flüssen, das die R.D.C. durchzieht, ist sehr eindrucksvoll: Der Kongo ist nach dem Amazonas der größte Fluss der Welt, mit einer Länge von 4.700 Kilometern und einem regulären Durchfluss von 40.000 Kubikmetern pro Sekunde. Die Länge der Ufer der dreißig größten Flüsse des Kongo beträgt über 20.000 Kilometer. Die 15 größten Flüsse bedecken zusammen eine Fläche von 180.000 Quadratkilometern.

Hierzu passt auch, dass die Energiequellen des Kongo zusammen eine produzierte Strommenge von 100.000 MWh ergeben, **19** entsprechend besitzt der Kongo das größte Wasserkraftwerk Afrikas mit einer Leistung von 600 Milliarden Kilowatt.

Neben dieser Fülle an Ressourcen verfügt der Kongo über eine ganze Reihe von einzigartigen touristischen Zielen. In den Naturparks und Reservaten finden sich eine Vielzahl von seltenen Tierarten, die es sonst nirgends gibt – dazu zählen der blaue kongolesische Pfau, das Okapi, das weiße Rhinozeros, der graue Papagei, der Zwergschimpanse, der weiße Elefant, der braune Leopard, der Berggorilla und der Pavian.

Trotz der enormen Potentiale, die das Land bietet, lebt der größte Teil der kongolesischen Bevölkerung in extremer Armut. Die R.D.C. gehört zu den zehn ärmsten Ländern der Welt. Die bestehenden Ungleichheiten sind frappierend. Rund 80 Prozent der Bevölkerung leben unter der Armutsgrenze, die bei 2 Dollar pro Tag angesetzt ist. Die Lebenserwartung liegt bei kaum 48 Jahren.

Geschichte des Kongo

Ich kann die jüngere Geschichte des Kongos hier nicht vollständig behandeln, dennoch seien zumindest die wichtigsten Stationen kurz benannt. Dabei ist mir durchaus bewusst, dass es eher ungewöhnlich ist, eine biographische Erzählung mit einem derartigen historischen Exkurs zu beginnen. Gleichzeitig dürfte spätestens ab dem zweiten Kapitel deutlich werden, inwiefern nicht nur meine Flucht selbst, sondern auch ihr weiterer Verlauf maßgeblich von den politischen Ereignissen im Kongo geprägt war – zumal jenen, die ihren Anfang beim Völkermord an den Tutsi 1994 in Ruanda genommen haben.

Zunächst muss festgehalten werden, dass dieses große und reiche afrikanische Land im Jahr 1885 im Zuge der Berliner Konferenz offiziell König Leopold II. von Belgien übertragen wurde. Der Kongo wurde auf diese Weise zum Privateigentum Leopolds II. Nach außen hin gab der König vor, seine Ziele mit humanistischen, emanzipatorischen und zivilisatorischen Motiven zu verfolgen; in Wahrheit wurde unter seiner Regentschaft jedoch ein zynisches und unmenschliches System geschaffen, wie es die Welt zuvor noch nicht gesehen hatte. Leopolds Herrschaft war von der Unterjochung und Verschleppungen der autochthonen Bevölkerung geprägt. Zudem gab es ein System der Zwangsarbeit: Frauen und Kinder wurden als Geiseln genommen, um die Männer zur Ernte des Kautschuks zu zwingen. Ganze Dörfer wurden ausradiert; Menschen, die sich zur Wehr setzten, fielen der Folter zum Opfer oder wurden verstümmelt, indem man ihnen die Hände abhackte. Mehrere Millionen Menschen kamen in diesem System gewaltsam ums Leben.

Dies war der Preis, den die KongolesInnen für die sogenannten humanitären und zivilisatorischen Aktionen König Leopolds zu bezahlen hatten.

Es dauerte bis zum Jahr 1908, bis die Verbrechen, für die der König verantwortlich war, wirksam kritisiert werden konnten und der Kongo auf der Grundlage einer Entscheidung des belgischen Parlaments zur belgischen Kolonie wurde. Trotz dieser Veränderung blieb das System der Ausbeutung der lokalen Bevölkerung bestehen.

Erst am 30. Juni 1960 sollte der Kongo seine nationale Souveränität erlangen. Dies war das Ergebnis eines langen Kampfes der KongolesInnen, an dessen Spitze Patrice Émery Lumumba stand. Am Tag der Unabhängigkeit sprach er folgende Worte: »Ihr alle, meine Freundinnen und Freunde, die ihr unermüdlich an unserer Seite gekämpft habt, ich bitte euch, diesen 30. Juni 1960 zu einem bedeutungsvollen Datum zu machen, das ihr unauslöschlich in eurem Herzen eingraviert bewahrt, ein Datum, dessen Bedeutung ihr euren Kindern lehrt, sodass sie wiederum ihren Kindern und Enkeln die glorreiche Geschichte unseres Kampfes für die Freiheit übermitteln.« Aus den ersten freien Wahlen in der Geschichte der R.D.C. ging Joseph Kasavubu als Präsident hervor und Patrice Émery Lumumba als Premierminister. Doch nur wenige Monate nach Erreichung der Unabhängigkeit sollte der Kongo in einen Sezessionskrieg schlittern: Die Region Katanga, angeführt von Moise Tshombe, sowie die Region Kasai, angeführt von Mulopwe Kalonji Ditunga, wollten sich vom Zentralstaat loslösen. Dabei wurden sie von den alten europäischen Kolonialländern unterstützt, die den Kongo nach seiner Unabhängigkeit in demselben Zustand der Abhängigkeit sehen wollten wie zuvor. Es muss betont werden, dass Lumumba dafür gekämpft hatte, das Land nicht nur in die politische, sondern auch in die ökonomische Unabhängigkeit zu führen. Dies brachte ihm von Seiten der Kolonialmächte den Vorwurf ein, ein Kommunist zu sein. Am 17. Januar 1961 wurde Patrice Émery Lumumba unter Beihilfe der Belgier sowie des amerikanischen Auslandsgeheimdienstes ermordet.

Ungeachtet dieses Mordes setzte sich die Krise im Land fort – in diesem anhaltenden politischen Wirrwarr riss schließlich General Mobutu am 24. November 1965 mittels eines Militärputsches die Macht an sich. Mobutu konnte auf den starken Rückhalt der USA zählen, die großes Interesse daran hatten, die Rohstoffversorgung ihrer Industrie aufrechtzuerhalten und zu verhindern, dass die Sowjetunion auf dem afrikanischen Kontinent größeren Einfluss gewinnen konnte.

Mobutu wiederum rechtfertigte seinen Putsch mit der Notwendigkeit, dem Chaos im Land ein Ende zu bereiten und die Reichtümer des Kongo seiner Bevölkerung zuzuführen. In Wahrheit sollte Mobutu allerdings eine blutige Diktatur errichten, die die KongolesInnen niemals vergessen haben. Korruption, Hinterziehung öffentlicher Gelder und Missachtung der Menschenrechte waren Teil des von ihm begründeten Systems. Alle, die sich gegen Mobutu zur Wehr setzten, riskierten, verfolgt, inhaftiert, verbannt oder gar ermordet zu werden. Unter Mobutu wurden alle politischen Parteien verboten – ab dem Jahr 1973 wurde die Einparteienherrschaft institutionalisiert, indem die M.P.R., die sogenannte »Volksbewegung der Revolution«, zur Staatspartei erklärt wurde.

Im Jahr 1980 jedoch beschloss eine Gruppe von 13 Parlamentariern, ihre Stimme zu erheben und sich der undemokratischen Führung des Landes entgegenzustellen. Sie verfassten den berühmten 52-seitigen, an Mobutu gerichteten Brief, in dem sie seine Amtsführung der vorangegangenen 15 Jahre harsch kritisierten. Trotz der Einschüchterungen, die ihnen von Seiten Mobutus widerfuhren, gründeten die 13 Parlamentarier am 15. Februar 1982 eine oppositionelle politische Partei, die Union für Demokratie und sozialen Fortschritt, kurz UDPS. Ihre Aufgabe sollte keine leichte sein: Ihre Kader wurden bedroht, eingesperrt, physisch und psychisch gefoltert oder in ihre Heimatregionen verbannt.

Am 24. April 1990 sah sich Mobutu aufgrund des politischen Drucks, der sowohl innerhalb als auch außerhalb des Landes aufgebaut wurde, gezwungen, ein Mehrparteiensystem einzuführen. Dieser Prozess führte dazu, dass im Jahr 1991 eine nationale Konferenz abgehalten wurde, bei der rund 2.800 Delegierte aller sozialen Segmente der Gesellschaft zusammenkamen. Mit dabei waren VertreterInnen der Zivilgesellschaft, der verschiedenen Religionen und Parteien sowie TrägerInnen anderer öffentlicher Funktionen.

Die Konferenz hatte zum Ziel, die Geschichte des Kongo neu aufzurollen und das kongolesische Volk mit sich selbst auszusöhnen. Die Vergangenheit sollte also einer kritischen Analyse unterzogen und weiters sollten transparente und demokratische Strukturen geschaffen werden. Mit diesen Prinzipien hoffte man das Gemeinwesen in der nun beginnenden dritten Republik gestalten zu können. **23**

Bei der Konferenz wurde unter anderem beschlossen, die Wahl eines Premierministers zu organisieren. Dieser sollte das Land während einer zweijährigen Übergangsphase zur Demokratie führen. Im August 1992 wählte die Nationalversammlung Étienne Tshisekedi wa Mulumba von der UDPS mit über 70 Prozent der Stimmen als Premierminister für die Übergangsperiode. Tshisekedi wurde von der Nationalversammlung aufgrund seiner moralischen Integrität sowie seiner oppositionellen Haltung zu Mobutus Regime gewählt. Tshisekedi hatte zwar in den Jahren 1961 bis 1979 mehrere hohe Ämter bekleidet, distanzierte sich aber von Mobutu, als dieser das Einparteiensystem einführte und mit immer undurchsichtigeren Methoden regierte. Tshisekedi ging also damals in die Opposition und ergriff als Spiritus Rector des bereits erwähnten Briefes der 13 die Initiative zur Gründung der UDPS, die die erste Oppositionspartei unter Mobutus Regime werden sollte.

Die Wahl Tshisekedis zum Premierminister wurde von einem großen Teil der Bevölkerung mit Enthusiasmus aufgenommen. In den Reihen der Mobutisten rief die Wahl jedoch Wut hervor. Mobutu war es gewöhnt, das Land zu regieren, als ob es sein privates Unternehmen wäre. Er ließ dem neu gewählten Premierminister keine freie Hand. Tshisekedi hatte sich jedoch bereits als hartnäckiger Oppositioneller herauskristallisiert, der eine radikale Veränderung in der Führung des Landes anstrebte.

In der Folge organisierte Mobutu eine ethnische Säuberung in Katanga, der Heimatregion seines Rivalen Tshisekedi. Der damalige Gouverneur dieser Provinz, Kyungu wa Kumuanza, fungierte dabei als Komplize. Betroffen waren sämtliche BewohnerInnen von Kasai (das sich in einen östlichen und einen westlichen Teil gliedert). Dabei wurden Männer, Frauen und Kinder getötet und vertrieben. Eine Vielzahl ihrer Häuser sowie ihr Besitz wurden von BewohnerInnen Katangas konfisziert. Zehntausende Menschen fanden bei diesen Vorgängen den Tod; viele andere kehrten nach ihrer vorhergehenden Flucht nach Kasai zurück, allerdings perspektivlos und beraubt.

Das Kräftemessen zwischen Mobutu und Tshisekedi nahm kein Ende: Mobutu versuchte, die Armee und die öffentlichen Finanzen unter seine Kontrolle zu bringen. Nur drei Monate nach seiner Wahl zum Premierminister wurde Tshisekedi abgesetzt. Die Krise, von der man gedacht hatte, sie sei ausgestanden, nahm gerade erst ihren Anfang.

Mehrere Verhandlungen wurden angesetzt, um zur politischen Ordnung zurückzukehren, die die nationale Versammlung eingesetzt hatte – aber umsonst. Die Krise dauerte bis zum Jahr 1996, als sich eine Rebellion im Osten des Landes ankündigte, die Laurent Désiré Kabila anführte – ein einstiger Anhänger Lumumbas, der seit 1964 immer wieder an Aufständen gegen Mobutu im Osten des Landes beteiligt war. Die Bewegung, an deren Spitze Kabila stand, hieß Allianz der demokratischen Kräfte zur Befreiung des Kongo (Alliance des Forces Démocratiques pour la Libération du Congo – kurz AFDL). Zu Beginn sprach man davon, dass es sich lediglich um eine Bewegung des Widerstands und der Selbstverteidigung der

Gruppe der Banyamulenga handeln würde, aus Ruanda eingewanderte Tutsi, die seit Jahren den Berg Mulenga in der Provinz Kivu im Osten der R.D.C. bewohnten und sich nunmehr von Hutu bedroht sahen, die sich ab 1994 in den Kongo geflüchtet hatten. Hintergrund war der von Hutu-Milizen verübte Völkermord in Ruanda, dem zwischen April und Juni 1994 über 800.000 Tutsi zum Opfer gefallen waren. Denn trotz des Völkermords war es ruandischen Tutsi-Rebellen gelungen, die Hutu-Regierung zu stürzen und ihren eigenen Anführer, Paul Kagame, zum neuen Präsidenten Ruandas zu machen.

Die massive Fluchtwelle der Hutu in den Kongo ging ohne jegliche Kontrolle vonstatten, sodass schwerbewaffnete und finanzstarke Hutu-Milizen, die zum Teil in die ruandischen Völkermorde involviert gewesen waren, in den Kongo vordrangen. Die Vereinten Nationen sowie bestimmte europäische Länder, darunter Frankreich, unterstützten diese Tendenz, ohne auch nur den Versuch zu unternehmen, die Milizen zu entwaffnen. Dieser schwere Fehler der internationalen Gemeinschaft, die zur Durchsetzung ihrer Strategie auch großen Druck auf die kongolesische Führung ausübte, muss als wichtige Ursache für den Tod von Millionen KongolesInnen angesehen werden. Mit dieser Politik wurde nämlich der ruandische Konflikt zwischen den Hutu und den Tutsi auf kongolesischen Boden exportiert. Die Hutu-Milizen machten sich die Flüchtlingscamps der Hutu-Flüchtlinge im Kongo als Rückzugsbasis zunutze, um einerseits den Krieg gegen die neue Regierung in Ruanda voranzutreiben und andererseits die Banyamulenga, also die kongolesischen Tutsi, zu attackieren.

Folge war, dass sich die neue Regierung um den Tutsi-Präsidenten Kagame in Ruanda durch die Aktivitäten der Hutu-Milizen massiv bedroht sah und Partei für die kongolesischen Tutsi ergriff – zumal es tatsächlich zu Massakern an den kongolesischen Tutsi gekommen war. Wehrlose Männer, Frauen und Kinder wurden ermordet, viele mussten nach Osten Richtung Ruanda fliehen. All das passierte, während die kongolesische Zentralmacht schwieg. Mobutu, der gute Verbindungen mit Juvénal Habyarimana unterhalten hatte, dem im Vorfeld des Genozids ermordeten Hutu-Präsidenten Ruandas, machte sich auf diese Weise ebenfalls mitschuldig.

Ein Freund, der den Banyamulenga angehört und mit dem ich im Zuge der Recherchen für dieses Buch sprach, sagte mir: »Unsere Eltern und Großeltern haben hier im Kongo gelebt. Ich bin im Kongo aufgewachsen, auch wenn ich Kinyaruanda spreche und der ruandischen Kultur verbunden bleibe. Ich sehe mich also als Kongolesen. Als die Hutu uns vertrieben und massakrierten, war ich jedoch empört von der Gleichgültigkeit der kongolesischen Regierung in Kinshasa …«

Die Flucht der Banyamulenga nach Ruanda sollte insofern für den ruandischen Tutsi-Präsidenten Kagame wie gerufen kommen: Er machte sich nun daran, die Flüchtlinge zu formieren, zu bewaffnen und sie in den Kongo zurückzuschicken, um einen Eroberungsfeldzug loszutreten. Mit den Worten meines interviewten Freundes: »Als wir in Ruanda ankamen, wurden wir von Paul Kagame gut empfangen. Er sprach zu uns: ›Ihr seid Kongolesen – aber tötet ein Kongolese seinen eigenen Landsmann? Die Hutu haben eure Geschwister, eure Eltern und eure Freunde umgebracht, denn sie betrachten euch als Ausländer. Eure Aufgabe ist es nun, den Tod der Euren zu rächen.‹ Kagame verschaffte uns blitzschnell eine militärische Ausbildung und Waffen, danach sagte er: ›Jetzt ist der Moment gekommen. Attackiert den Kongo. Ich verspreche euch, dass diese Mission siegreich sein wird, denn hinter mir stehen die Vereinigten Staaten und Großbritannien.‹«

Bei dieser Aufgabe, die Paul Kagame den Banyamulenga anvertraute, handelte es sich jedoch keineswegs nur darum, Rache zu nehmen. Vielmehr versteckte Kagame hinter diesem Motiv seinen strategischen und ökonomischen Plan, Mobutu aus dem Amt zu jagen und einen Mann seines Vertrauens in Kinshasa einzusetzen. Dieser sollte ihm dabei helfen, sowohl die Bedrohung durch die Hutu loszuwerden als auch die Großregion Kivu zu annektieren und auf diese Weise an die dort lagernden Bodenschätze zu kommen.

Derweil wurden die Banyamulenga aufgrund ihrer Bewaffnung sowie der Unterstützung durch die ruandische Armee immer stärker und unkontrollierbarer und stellten für die kongolesische Regierung eine zunehmende Bedrohung dar. Als schließlich der Vize-Gouverneur von Bukavu Öl ins Feuer goss und die Entscheidung traf, dass alle Banyamulenge mit Gewalt nach Ruanda zurückgeschickt werden sollten, war der erste Kongo-Krieg entfesselt. Die **27** kongolesischen Regierungstruppen kämpften gegen die ruandische patriotische Front, Letztere unter dem Vorwand, die Sache der Banyamulenga zu vertreten.

Während man also zu Beginn davon gesprochen hatte, dass sich die kongolesischen Banyamulenga lediglich verteidigten, konnte nun festgestellt werden, dass sie sich zu einem breiten Bündnis zusammengeschlossen hatten: Am 23. Oktober 1996 wurde die Allianz der demokratischen Kräfte zur Befreiung des Kongo, kurz AFDL, gegründet. Die AFDL bestand im Groben aus fünf Rebellenbewegungen und politischen Parteien und war als reines Zweckbündnis gegründet worden – mit Kabila an der Spitze.

Offiziell formulierte sie das Ziel, Mobutu aus dem Amt zu jagen und im Kongo wieder Demokratie herzustellen. Die Bevölkerung nahm diese Nachricht mit Enthusiasmus auf, hatte sie doch von 32 Jahren Mobutu-Herrschaft die Nase voll. Mobutus Armee war schon angeschlagen: In den Einheiten gab es Unmut gegen die Diktatur, außerdem war Mobutu bereits durch die Opposition geschwächt. Dies trug dazu bei, dass die AFDL bei ihrem Marsch von Lemera in Kivu nach Kinshasa leichtes Spiel hatte. Ihre Truppen durchquerten das riesige Land innerhalb von nur sieben Monaten –

und das, obwohl das Straßennetz und die Kommunikationsmöglichkeiten äußerst schlecht waren.

Hinter dem Ziel, Mobutu zu stürzen, verbargen sich aber – wie bereits erwähnt – weitere Ziele: Man hatte vor, einen Teil des Kongo aus dem Staatskörper herauszulösen, um die Territorien der im Rahmen der AFDL verbündeten Staaten Uganda, Ruanda und Burundi zu schützen und zu erweitern. Der Gründungsakt der AFDL schrieb dies sogar im 4. Artikel fest: »Da die Allianz dem Panafrikanismus verpflichtet ist, tritt sie dafür ein, ein Gebiet von 300 Kilometern von den kongolesischen Grenzen ins Landesinnere den Nachbarländern Uganda, Ruanda und Burundi abzutreten, um diese gegen die Rebellionen zu schützen, die sie bedrohen.« Mit der ursprünglichen Idee des Panafrikanismus hatte dies natürlich nur mehr wenig zu tun.

Die Truppen der AFDL nahmen eine Stadt nach der anderen ein, um schließlich am 16. Mai 1997 Mobutu ins marokkanische Exil zu zwingen. Einen Tag später, am 17. Mai 1997, erreichte die Armee von Laurent Désiré Kabila die Hauptstadt Kinshasa. Kabila selbst befand sich zu diesem Zeitpunkt in der Provinzhauptstadt Lubumbashi und erklärte sich von dort aus zum Präsidenten der Republik und zum Nachfolger Mobutus. Der Krieg, der zu diesem Ergebnis geführt hatte und als »Befreiungskrieg« gelten sollte, kostete mehreren Hunderttausend kongolesischen ZivilistInnen sowie ruandischen Hutu, die in den Kongo geflüchtet waren, das Leben.

Am 22. Mai bildete Kabila ein erstes Regierungsteam. Sämtliche oppositionellen Kräfte des Landes blieben allerdings von der Regierungsbildung ausgeschlossen, darunter auch die UDPS. Dies hatte zur Folge, dass in fast allen großen Städten des Landes Demonstrationen organisiert wurden: Die Oppositionsbewegung gegen die Macht Kabilas hatte begonnen.

Kabila war ähnlich vorgegangen wie Mobutu im Jahr 1965: Er rechtfertigte seine Rebellion und den Staatssturz mit der Notwendigkeit, dem vorangegangenen Regime ein Ende zu setzen. An die Macht gelangt, bediente er sich allerdings der gleichen Methoden, die er zuvor so vehement kritisiert hatte: Die öffentlichen Freiheiten sowie die Aktivitäten aller politischen Parteien wurden unterdrückt – ausgenommen jene der AFDL. Korruption und andere Formen der Misswirtschaft, die Kabila während seiner Zeit im Widerstand so sehr beklagt hatte, erschienen wieder auf der Bildfläche.

Ein Jahr nach dem Regimewechsel kam es dann zum Zerwürfnis zwischen Kabila und seinen ugandischen und ruandischen Verbündeten: »Ausländische« Beamte, die bereits hohe Posten in der Regierung und in der Armee innegehabt hatten, wurden gekündigt und in ihre Länder zurückgeschickt. Es war offenkundig geworden, dass Kabila gegenüber seinen Bündnispartnern den oben zitierten Artikel 4 der Gründungserklärung der AFDL nicht mehr einhalten wollte. So kam es, dass sich die ehemaligen Verbündeten Kabilas in Goma, im Osten des Landes, sammelten und einen bewaffneten Angriff auf die Regierungstruppen verübten, die sich in der Militärbasis von Kintona aufhielten. Das Land wurde erneut in verschiedene Teile zerrissen und eine Reihe von Rebellengruppen bildeten sich. Die wichtigsten dieser Rebellengruppen waren: die Kongolesische Versammlung für Demokratie (RCD), die einen großen Teil des östlichen Kongo einnehmen sollte und von Ruanda unterstützt wurde; weiters die von Jean-Pierre Bemba angeführte Bewegung zur Befreiung des Kongo (MLC), die die Provinz Équateur besetzt hielt; sowie die Milizen der RCD/N, einer Abspaltung der RCD, angeführt von Roger Lumbala. Hinzu kamen die Milizen der Mai-Mai und andere Rebellengruppen. Diese komplexe Gemengelage führte zum zweiten Kongo-Krieg. In diesem Krieg ging es in erster Linie um den Zugang zu den kongolesischen Erzvorkommen, die von Uganda und Ruanda beansprucht wurden. Noch heute leiden wir unter den Konsequenzen dieses Krieges, an den Massakern an der Bevölkerung sowie an den Vergewaltigungen von Frauen und Kindern.

Im Juli 1999 fanden schließlich in der sambischen Hauptstadt Lusaka Friedensverhandlungen statt. Die Regierung in Kinshasa wurde von Angola und Zimbabwe unterstützt, die Rebellengruppen von Ruanda, Uganda und Burundi. Die Verhandlungen wurden unter die Aufsicht der internationalen Gemeinschaft gestellt und führten zunächst zu einem Waffenstillstand. Die verfeindeten Parteien erklärten sich weiters bereit, einen nationalen Dialog zu organisieren, bei dem niemand ausgeschlossen sein sollte. Auf diesem Weg wollte man zu einer neuen politischen Ordnung finden. In letzter Instanz weigerte sich jedoch Laurent Kabila, die Vereinbarungen umzusetzen – der Krieg ging weiter.

Am 16. Januar 2001 wurde Laurent Désiré Kabila in seinem Palast in Kinshasa ermordet und sein Sohn Joseph Kabila übernahm die Macht. Diese Entwicklung veranlasste Étienne Tshisekedi, den Vorsitzenden der Oppositionspartei UDPS, eine lange Tournee durch Amerika, Europa und Afrika zu machen, um die internationale Gemeinschaft sowie die Freunde der R.D.C. dazu zu bewegen, Druck auf die Regierung in Kinshasa auszuüben. Es ging darum, den Inter-kongolesischen Dialog erneut einzuberufen, eine neue politische Ordnung zu etablieren und dem Krieg, der das Land völlig zerrissen hatte, ein Ende zu bereiten.

Am 25. Februar 2002 wurde der Inter-kongolesische Dialog tatsächlich wieder aufgenommen, diesmal im südafrikanischen Sun City. Wieder kamen die Konfliktparteien zusammen, wieder hielt die internationale Gemeinschaft den Vorsitz. Die Konferenz wurde von Ketumile Masire, dem ehemaligen Präsidenten von Botswana, geleitet. Und wieder ging es darum, den Krieg zu beenden sowie die politischen Institutionen neu zu besetzen. Neben den kriegführenden Blöcken waren diesmal auch VertreterInnen der Zivilgesellschaft und anderer politischer Parteien bei den Sitzungen anwesend.

Am 14. März 2002 unterbrach die Regierung in Kinshasa ihre Teilnahme am Dialog unter dem Vorwand, dass es von Seiten der

Rebellengruppe RCD zu Angriffen auf kongolesischem Gebiet gekommen sei. Die kongolesische Bevölkerung war über diesen Schritt der Regierung empört. Es kam zu Protestkundgebungen in Kinshasa und Mbujimayi. Die internationale Gemeinschaft setzte die Regierung in Kinshasa unter Druck und erreichte, dass ihre Vertreter wieder an den Verhandlungstisch zurückkehrten, um den Dialog fortzusetzen. Am 17. April 2002 kam es schließlich zur Unterzeichnung eines Vertrags zwischen der Regierung in Kinshasa und Jean-Pierre Bemba, dem Anführer der MLC. Dieser abseits der offiziellen Verhandlungen im Hotel »de Cascade« in Sun City unterzeichnete Vertrag beinhaltete, dass Joseph Kabila Präsident blieb und Bemba zum Premierminister ernannt wurde.

Der Vertrag wurde von der Europäischen Union gutgeheißen, stieß aber sonst auf nicht viel Gegenliebe: Die RCD sowie die großen Oppositionsparteien, darunter die UDPS, sprachen sich gegen die Vereinbarung aus. Auch in der Bevölkerung des Kongo war der Unmut groß: Der Vertrag wurde als Betrug angesehen. Man ging davon aus, dass er zur weiteren Intensivierung der bewaffneten Konflikte führen würde. Kundgebungen und Protestaktionen folgten.

Während die Delegation der Regierung aus Kinshasa und die des MLC Südafrika verließen, blieben die Oppositionsparteien sowie die RCD in Sun City und versuchten die Unterzeichner des Vertrags dazu zu bewegen, an den Verhandlungstisch zurückzukehren. Angesichts der Starrköpfigkeit der Unterzeichner des Vertrags beschloss die UDPS gemeinsam mit der RCD eine Allianz zur Rettung des Inter-kongolesischen Dialogs zu gründen. Die ASD, wie sie abgekürzt hieß, war kein inhaltliches, sondern ein rein strategisches Bündnis: Es ging darum, die Fortsetzung des Dialogs durchzusetzen, um zu einer neuen, konsensuell beschlossenen politischen Ordnung zu kommen. Dabei orientierte sich das Bündnis an den Beschlüssen und den Grundgedanken des Treffens von Lusaka aus dem Jahr 1999.

Der Druck, den die ASD aufbauen konnte, ist nicht zu unterschätzen, handelt es sich bei der USPD und der RCD doch um keine politischen Leichtgewichte: Erstere ist als eine der großen Oppositionsparteien im gesamten Gebiet des Kongo präsent und genießt das Vertrauen eines großen Teils der Bevölkerung; bei Letzterer handelt es sich um die größte bewaffnete Bewegung, die zu diesem Zeitpunkt fast ein Viertel des nationalen Territoriums besetzt hielt.

Nach einigen Monaten stellte sich der gewünschte Erfolg ein: Die Unterzeichner des Vertrags von »de Cascade« kehrten aufgrund des Drucks der ASD sowie der kongolesischen Bevölkerung an den Verhandlungstisch zurück. Im Oktober 2002 wurde der Inter-kongolesische Dialog unter der Führung des senegalesischen Politikers Moustapha Niasse wieder aufgenommen.

Nach langem Hin und Her und nachdem die internationale Gemeinschaft ihren Druck wieder einmal verstärkt hatte, kamen die bei den Verhandlungen involvierten Parteien am 16. Dezember 2002 endlich zu einem Ergebnis, das jedoch den Anschein einer Kriegsprämie für die verfeindeten Gruppen hatte: Joseph Kabila sollte den Posten des Präsidenten während einer Übergangszeit behalten, während ihm vier Vize-Präsidenten, die sich ausschließlich aus den Reihen der bewaffneten Milizen rekrutierten, zur Seite gestellt wurden. Zivile Kräfte oder politische Parteien, die keine bewaffnete Miliz an ihrer Seite hatten, wurden in die Regierung nicht miteinbezogen. Der Vertrag beinhaltete eine Übergangsperiode von zwei Jahren, die einmal verlängert werden konnte und an deren Ende Wahlen im gesamten Kongo stattfinden sollten. Am 2. und 3. April 2003 wurde der Vertrag endgültig besiegelt und der Inter-kongolesische Dialog endete.

Im Juni 2006 kamen durch den Druck der internationalen Gemeinschaft endlich Wahlen zustande. Joseph Kabila ging aus diesen Wahlen als Sieger hervor, jedoch nur unter massiven Wahlfälschungen und Irregularitäten. Zusammenstöße zwischen Regierungstruppen und Truppen von Jean-Pierre Bemba waren vorprogrammiert. Bei den Gefechten in Kinshasa gab es Tote und Verletzte. Ruhe kehrte erst wieder ein, als Bemba gefangen genommen und vor dem Internationalen Gerichtshof in Den Haag angeklagt wurde. Doch bemerkenswerterweise wurde er nicht wegen der Verbrechen gegen die Menschlichkeit angeklagt, die er im Kongo begangen hatte, sondern wegen der Verbrechen, die seine Truppen in der Zentralafrikanischen Republik verübt hatten, als sie an der Seite von Ange Patassé gegen die Rebellion von François Bozizé kämpften.

Kabila blieb also an der Macht. Die fünf darauffolgenden Jahre, in denen er regierte, waren vom Wiederaufflammen der Kämpfe in der Provinz Kivu im Osten des Landes geprägt. Gleichzeitig kam es auf dem gesamten Landesgebiet zu massiven Menschenrechtsverletzungen, zu willkürlichen Verhaftungen sowie zu Morden an Politikern und MenschenrechtsaktivistInnen. Im Juni 2010 wurde der renommierte und hochangesehene Menschenrechtsaktivist Floribert Chebaya ermordet. Chebaya war der Leiter der Menschenrechtsorganisation »Voix des Sans-Voix«, was so viel bedeutet wie Stimme der Stimmlosen. Ich habe diesen glühenden Verteidiger der Menschenrechte selbst kennengelernt. Das letzte Mal sahen wir uns im Juni 2006 bei einem Gegengipfel in Rabat in Marokko, den die Organisation Manifeste Euro-Africain abhielt. Ich führte bei einem Empfang, den ein kongolesischer Freund für ihn organisiert hatte, ein langes Gespräch mit ihm. Gegen Mitternacht begleiteten wir ihn zurück zu seinem Hotel. Auf dem Weg riet er mir noch, in Marokko zu bleiben und nicht in den Kongo zurückzukehren, da die Lage im Land noch immer angespannt sei. Welch ein Unglück! Im Juni 2010 musste ich über die Mailing-Liste von Manifeste Euro-Africain von seiner Ermordung erfahren. Ich rief damals sofort einen Freund in Mbujimayi an, der wie Chebaya Menschenrechtsaktivist war. Er bestätigte mir schluchzend, dass Chebaya ermordet aufgefunden worden sei.

Als im Jahr 2011 erneut Präsidentschaftswahlen stattfanden, gingen nach der Auszählung sämtliche nationalen und internationalen BeobachterInnen davon aus, dass Étienne Tshisekedi die Wahl gewonnen hätte. Doch Joseph Kabila bediente sich mit Hilfe des Militärs erneut massiver Wahlfälschungen und schaffte es so, sich weiterhin an die Macht zu klammern.

Die Krise im Land setzt sich also bis heute fort: Nach wie vor kommt es zu Verhaftungen von PolitikerInnen und RegimegegnerInnen, während gleichzeitig der Krieg im Osten des Landes weitergeht. Inzwischen hat sich die Miliz M23 als neue Rebellengruppe etabliert.

Kurz gefasst: Es herrscht Chaos. Die Kongo-Kriege haben seit ihrem Beginn im Jahr 1996 schätzungsweise sechs Millionen Menschen das Leben gekostet. In den Konfliktzonen werden nach wie vor tagtäglich Frauen und Kinder vergewaltigt, während es in den Gebieten, die unter der Kontrolle des kongolesischen Militärs stehen, zu gezielten und willkürlichen Verhaftungen von RegimegegnerInnen kommt. Die ökonomische Situation verschlimmert sich angesichts der grassierenden Korruption und der Fehlleitung öffentlicher Gelder zusehends. Nichts scheint sich seit der Zeit Mobutus verändert zu haben.

Meine Studienzeit

Die wachsende Armut in der kongolesischen Bevölkerung führte dazu, dass viele Kinder nicht zur Schule gehen konnten. Glücklicherweise waren in meiner Familie genügend finanzielle Mittel vorhanden, damit ich die Schule besuchen konnte. Außerdem waren die Erziehung und die Bildung der Kinder stets die oberste Sorge meiner Eltern. Mein Vater, ein Bauer und Viehzüchter, legte darauf hohen Wert – er gab einen großen Teil seines Einkommens für unsere Schulbildung aus. Er sagte stets: »Ich möchte nicht, dass ich später einmal von euch hören muss, dass ihr im Leben versagt habt, weil euer Vater euch nicht genügend Geld zum Studieren gegeben hat. Falls ihr jedoch wirklich nichts erreicht, dann sollt ihr sagen: ›Wir haben es zu nichts gebracht, weil wir die Möglichkeit zu studieren, die uns unser Vater geboten hat, nicht angenommen haben.‹«

Demgegenüber war es vielen meiner Freunde aufgrund der fehlenden finanziellen Mittel ihrer Familien versagt, zur Schule zu gehen. Andere besuchten Schulen, die in unglaublich baufälligen Gebäuden untergebracht waren. Was die Infrastruktur und die Betreuung anbelangt, so entspricht die größte Zahl der Schulen im Kongo noch heute nicht den notwendigen Standards, die eine Schule aufweisen sollte. Die sogenannten Schulen bestehen oft aus nichts weiter als vier Wänden. Die meisten Schulgebäude haben keine Türen, keine Fenster, keine Bibliotheken oder Labors und sind in einem schrecklichen Zustand. Vor den SchülerInnen, die motiviert sind, etwas zu lernen, steht allzu oft eine Lehrkraft, die demotiviert ist, weil sie selbst nicht gut ausgebildet wurde und keine Unterrichtsmaterialien zur Verfügung hat. Ein weiterer Grund für die fehlende Motivation ist die schlechte Bezahlung des Lehrpersonals. Nicht selten erfolgt die Auszahlung des Lohnes um mehrere Monate verzögert. Der Verwaltungsapparat funktioniert aus ähnlichen Gründen nicht ordentlich und die zuständigen BeamtInnen interessieren sich nicht dafür, was das Lehrpersonal eigentlich tut.

Angesichts der Unfähigkeit der öffentlichen Stellen, die ihnen anvertraute Verantwortung wahrzunehmen und sich um eine ordentliche Ausbildung für alle zu kümmern, bleiben die Kinder aus mittellosen Familien zu Hause. Einige Eltern, die um die Zukunft ihrer Kinder besorgt sind, erklären sich dazu bereit, die Gehälter der Lehrkräfte aufzustocken und einen Teil ihres Einkommens für die Aufrechterhaltung des Lehrbetriebs aufzuwenden. Die Zuschüsse der Eltern, die sich oft selbst in einer Situation extremer Armut befinden, sind weit davon entfernt, den LehrerInnen ein gutes Auskommen zu ermöglichen.

Diese Probleme betreffen nicht nur die Grundschulen, sondern auch die Mittelschulen und die Universitäten.

Dies ist also der Kontext, in dem ich meine Schulzeit verbrachte. Angesichts dieser Tatsachen lernte ich die Liebe meiner Eltern zu schätzen und bemühte mich, noch besser zu lernen und zu studieren. Dies tat ich nicht nur, um sie nicht zu enttäuschen, sondern vor allem auch, weil ich bereits damals vorhatte, später einmal politische Verantwortung zu übernehmen und so zur Entwicklung meiner Region beizutragen.

Meine hohe Motivation führte dazu, dass ich die Grundschule erfolgreich abschloss und mit der Unterstützung meines älteren

Bruders Patrick in eine andere Stadt gehen konnte, um dort meine Schulausbildung fortzusetzen. Patrick hatte auf Anraten unserer Eltern ebenfalls studiert und sein Studium bereits abgeschlossen. Danach hatte er begonnen, als Händler zu arbeiten.

So kam ich also im Jahr 1987 nach Kananga in die Provinz Kasai Occidental, wo mein Bruder beschäftigt war. Er schrieb mich in der Schule »Athénée Royal de Kananga« ein, wo ich zunächst einen zweijährigen Orientierungslehrgang absolvierte. Danach wechselte ich auf das Collège »Saint Pie X«, eine katholische Mittelschule mit sehr gutem Ruf. Mein Bruder wollte, dass ich eine katholische Erziehung bekam. In dieser Schule spezialisierte ich mich auf Fächer rund um die Themen Handel und Verwaltung. **37**

Mein Bruder band mich vom ersten Jahr meiner Ausbildung an in die Geschäfte seines Handelsunternehmens ein. So kümmerte ich mich während der Ferien um den Verkauf und manchmal auch um die Buchhaltung in seinem Unternehmen.

Im Jahr 1991 wurden mein Bruder und ich Opfer eines Überfalls von Seiten des Militärs – die Soldaten plünderten unseren Laden aus. Es war kein Zufall, dass dieser Akt des Vandalismus gerade uns traf: Mein Bruder bot in seinem Bücher- und Zeitschriftensortiment oppositionelle politische Zeitungen an. Vor der Veranda der Buchhandlung waren die Zeitungen in einem großen Schaufenster ausgestellt. Jeden Tag kamen viele Leute, um über die jüngsten Geschehnisse zu lesen und um über die aktuellen politischen Fragen zu diskutieren. Mobutu hatte zu dieser Zeit zwar den politischen Raum etwas geöffnet, dennoch war die Repression nicht zu Ende. Die Mobutisten hatten den Laden meines Bruders bereits im Auge gehabt und zögerten an diesem Tag keinen Moment, das Geschäft zu verwüsten. Es war für uns ein schrecklicher Tag. Die Früchte von zehn Jahren Arbeit wurden innerhalb von wenigen Stunden von Mobutus Soldaten zerstört.

Zu diesem Zeitpunkt befand ich mich im fünften Jahr meiner Handelsausbildung; ein Jahr blieb mir noch, um mein Studium zu beenden. Was sollte ich machen – das Studium aufgeben und nach Mbujimayi zurückkehren oder in Kananga bleiben? Trotz der schwierigen Umstände sagte mein Bruder zu mir: »Emmanuel, lass den Kopf nicht hängen, bleib hier und schließ dein Studium ab. Die Soldaten konnten das Geschäft plündern, aber nicht unsere Köpfe. Ich werde mich weiterhin dafür einsetzen, dass du dein Studium zu Ende bringen kannst.« Ich blieb also ein weiteres Jahr in Kananga. Im Jahr 1992 schloss ich mein Studium mit dem Grad des Bakkalaureats ab. Danach kehrte ich stolz nach Mbujimayi zurück: mein Abschlusszeugnis befähigte mich, meine Universitätsstudien zu beginnen.

Die Universität von Mbujimayi, die den Namen ihrer Stadt trägt, war nur kurze Zeit vor meiner Rückkehr aus Kananga gegründet worden. Ich war froh, dass sich mir die Gelegenheit bot, dort zu studieren. Ursprünglich hatte mein Bruder für mich noch andere Pläne gehabt: Ich sollte ein Studium im Ausland beginnen. Er hatte bereits die entsprechenden Schritte in die Wege geleitet, als die Plünderung seines Ladens all diese Pläne zunichte machte.

Für mich war die Gründung der Universität also ein Glücksfall. Eine Reihe von wichtigen Persönlichkeiten aus der Provinz Kasai Oriental hatten sich dafür eingesetzt, dass es hier eine Hochschule geben sollte. Viele von ihnen hatten während ihrer Studienzeit nach Katanga, Kisangani oder Kinshasa gehen müssen, um eine höhere Ausbildung zu bekommen. Es ist wichtig zu erwähnen, dass ein großer Teil der UniversitätsprofessorInnen, die heute in der R.D.C. lehren, aus der Provinz Kasai Oriental kommen. Viele kongolesische ProfessorInnen, die einen Lehrstuhl an ausländischen Universitäten bekamen, stammen ebenfalls aus dieser Provinz. Nicht wenige von ihnen hatten ihre Laufbahn dank der Stipendien, die es zu ihrer Zeit noch gab, im Ausland fortsetzen können.

Zu den bekanntesten kongolesischen ProfessorInnen, die aus der Provinz Kasai stammen, gehören Kabeya Tshikuku, Kalengayi Mbowa und Nzongola Ntalaja. Doch wie ist es zu erklären, dass so überdurchschnittlich viele Universitätsangehörige im Kongo aus der Provinz Kasai stammen, aus dieser abgelegenen und über lange Zeit vernachlässigten Region? Diese Frage ist schwer zu beantworten, denn es gibt keinen Zusammenhang, der diesen Umstand erklären würde – unbeschadet dessen, dass die Kolonisatoren dieses Phänomen instrumentalisierten, um die Landsleute in den anderen Provinzen gegen die Kasai aufzubringen. Konkreter: Die Kolonisatoren stellten das Volk der Kasai als intelligent, findig und gerissen dar; sie unterstellten den Kasai, die anderen KongolesInnen unterdrücken zu wollen. Diese koloniale Konzeption kam die Kasai teuer zu stehen: Sie lag den ethnischen Säuberungen zugrunde, die die Kasai in den Provinzen Katanga und Kananga in den Jahren 1961 und 1962 erleiden mussten. Mobutu machte sich ebenfalls diese koloniale Logik zunutze, um die Kasai zusammen mit den BewohnerInnen Katangas zu unterdrücken, als Étienne Tshisekedi in den Jahren 1991 bis 1992 Premierminister war und an der Spitze der nationalen Konferenz stand.

Doch zurück zur Gründung der Universität in Mbujimayi, der ersten Universität Kasais. Die Ursache, dass dies dermaßen spät erfolgte, liegt darin, dass die Region niemals von ihrem Reichtum profitieren konnte. Sämtliche Erlöse aus der Förderung von Diamanten und anderen Erzen kamen lediglich einer Minderheit von Superreichen an der Macht zugute oder wurden zum Aufbau und für die Verschönerung europäischer Großstädte verwendet.

Die Universität von Mbujimayi wurde aber auch vor dem Hintergrund der historischen Tragödie des Völkermords gegründet, die ich im ersten Kapitel bereits erwähnt habe. Schlussendlich schaffte man es, durchzusetzen, dass die Minengesellschaft der Provinz sich finanziell am Aufbau der Universität beteiligte. Wichtige Geschäftsleute der Region, darunter der Besitzer des Hotels Tanko, Tatu Nkolongo, außerdem der Besitzer des Vatikan Hotels, Patrick wa Kanyana, sowie Bukasa Nkumbikumbi steuerten finanzielle Mittel bei. Sie sponserten die Einrichtung einiger Arbeitsräume für die ProfessorInnen, die nach der Fertigstellung der Bauarbeiten aus Kinshasa und Lubumbashi anreisten. Ohne die materielle Unterstützung, die diese Persönlichkeiten der Universität zukommen ließen, wäre es mir heute nicht möglich, dieses Buch zu schreiben. Ich möchte ihnen deshalb auf diesem Weg meinen Dank aussprechen.

Im Jahr 1993 schrieb ich mich für das Vorbereitungssemester des Wirtschaftsstudiums ein. Die GründerInnen der Universität hatten stets betont, dass es notwendig sei, Vorbereitungskurse anzubieten, um die Lücken zu schließen, die durch den schlechten Zustand der kongolesischen Mittelschulen in der Regel entstanden waren. Auf diese Weise sollte das Niveau gehoben und sollten die Voraussetzungen geschaffen werden, dass alle Studierenden ihre Arbeiten an der Universität gut meistern konnten.

Doch trotz des Umstands, dass sich die Universität der Unterstützung der oben genannten Persönlichkeiten erfreute und das Niveau der Lehre gut war, blieb die Hochschule ein Ort, der eher der Heranbildung einer Elite diente und nicht der Bildung der Massen. Zum Zeitpunkt der Eröffnung gab es an den vier Fakultäten nicht mehr als 600 Studierende. Des Weiteren musste ich feststellen, dass viele meiner KollegInnen das erste Studienjahr nicht abschließen konnten, weil ihnen schlicht das Geld für die Studiengebühren fehlte. Sie verloren die Zulassung zu den Kursen und wurden nicht mehr in die Hörsäle gelassen. Ihre Lage bereitete mir großen Kummer – gab es doch unter ihnen sehr intelligente und vor allem äußerst motivierte junge Leute. Sie hatten gehofft, mittels ihrer Bildung zur Entwicklung der Region und des Landes beizutragen. Dass sie nun ausgeschlossen werden sollten, nährte unsere Wut, doch wir konnten nichts für sie tun, wir waren an das Regelwerk der Universität gebunden.

Der durch die Armut im Land ausgelöste Mangel an Bildung ist indessen weiterhin bittere Realität. Ich habe diese Realität in der Grundschule kennengelernt und bin ihr auch in Kananga wieder begegnet, in einer Stadt, die aufgrund ihrer Bergbauminen und ihrer Diamantvorkommen reich sein könnte. In Mbujimayi, der Stadt, in der ich studierte, wurden die Jugendlichen ebenso ihrer Bildung und somit ihrer Zukunft beraubt.

Armut und Misere betreffen im Kongo jedoch nicht nur den Ausbildungssektor, sondern sämtliche Sektoren des gesellschaftlichen Lebens.

Angesichts der Reichtümer des Landes ist es schlicht unbegreiflich, dass die Menschen in solcher Armut leben müssen. Mbujimayi **41** gilt als Hauptstadt der weltweiten Diamantenförderung – der Skandal sticht hier also besonders ins Auge.

Mein politisches Engagement

Angesichts dieser Situation muss zweifellos festgestellt werden, dass es ein Problem mit der Regierungsführung des Landes gibt. Sämtliche politischen Figuren, die seit dem Jahr 1965 bis zum heutigen Tag aufeinander gefolgt sind, haben das Land schlecht verwaltet und eine lange Liste an Problemen verursacht. Die Korruption ist wohl eines der zentralsten Übel – sie wurde regelrecht verallgemeinert.

Überall machte sich der Geruch des leicht verdienten Geldes breit, begleitet von Günstlingswirtschaft, Tribalismus und der Hinterziehung öffentlicher Gelder. Gleichzeitig wurden Werte wie Aufrichtigkeit, Integrität und das Interesse am Gemeinwohl auf allen Ebenen der Verwaltung regelrecht bekämpft. Die Besetzung öffentlicher Stellen erfolgte nicht nach der Qualifikation der BewerberInnen, sondern gehorchte ebenfalls dem politischen Klientelismus, dem Tribalismus und nicht selten auch der Laune der Vorgesetzten.

Als Student der ersten Semester meines Ökonomiestudiums an der Universität Mbujimayi fasste ich den festen Entschluss, nicht mehr das Rückrat zu beugen. Ich nahm mir vor, aufzustehen und die historische Rolle einzunehmen, die allen jungen Menschen und besonders der studentischen Jugend zusteht – es ging darum, Veränderungen herbeizuführen. Ich traf meine Entscheidung angesichts der weiter zunehmenden Ungerechtigkeiten und der mangelnden Zukunftsperspektiven für die Jugend des Landes. Gleichzeitig rührte meine Entscheidung aber auch aus den Erfahrungen meiner Kindheit: Schon damals wollte ich immer gegen Ungerechtigkeiten kämpfen; besonders beeindruckt hatte mich der 52-seitige Brief der 13 Parlamentarier, die später die UDPS gründeten. Ich empfand nun, dass ich mittels der Politik einen kleinen Beitrag dazu leisten könnte, einen Wandel für mein Land herbeizuführen.

Kein Wunder, dass mein Vater stets darauf hingewiesen hatte, wie sehr ich meinem Großvater ähneln würde: Auch dieser hätte niemals Ungerechtigkeiten akzeptieren können; die Macht, die ihm aus Tradition zustand, hätte er stets eingesetzt, um sich für zwei Werte stark zu machen: das Teilen und die Gerechtigkeit. Er aß niemals zu Hause, lud aber sehr oft Fremde, die gerade an seinem Haus vorbeigingen, zum Essen ein. Mein Großvater hatte die Eigenschaft, sich bis zur Selbstaufgabe in den Dienst der anderen zu stellen. Er hasste Ungerechtigkeit – diese Haltung sollte er, als die Kolonisatoren kamen, mit seinem Leben bezahlen. Sie betrachteten ihn als Aufwiegler und schickten ihn in die Verbannung, weit weg von seinem Heimatdorf. Einige Jahre später starb er im Gefängnis. Seit meiner Kindheit wiederholte meine Mutter stets, wie sehr ich meinem Großvater ähnlich sei.

So kam es, dass ich mich im Jahr 1994 der UDPS, der Union für Demokratie und sozialen Fortschritt, anschloss.

Die Partei wurde aus der Erkenntnis heraus gegründet, dass wir in einem immens riesigen und reichen Land leben, in dem jedoch gleichzeitig ein Großteil der Bevölkerung große Not leiden muss. Die Nutznießer des Reichtums gehören einer verschwindend kleinen Minorität von Herrschenden an, die sich auf skandalöse Weise bereichern. Das von der UDPS propagierte Gesellschaftsmodell sprach mich daher sehr an: gekämpft wurde in erster Linie um die Etablierung eines demokratischen Rechtsstaats. Wie die anderen AnhängerInnen dieser Partei teilte auch ich die Überzeugung, dass allein ein auf den Prinzipien der Gerechtigkeit und der Demokratie fußender Rechtsstaat imstande wäre, das kongolesische Volk in die Lage zu bringen, seine politischen RepräsentantInnen frei zu wählen und sie auch unabhängigen Kontrollen unterziehen zu können. Auf diese Weise, so unsere Überzeugung, könnte die seriöse und transparente Verwaltung der öffentlichen Angelegenheiten gewährleistet werden und das kongolesische Volk würde endlich von den Reichtümern des Landes profitieren. **43**

Meine politische Ausbildung

Meine politische Ausbildung begann mit einem Kurs zu ideologischen Fragen. Dieser wurde in Form von politischen Matinées in den verschiedenen Bezirksgruppen der Stadt organisiert. Während dieser Zeit konnte ich mich an mein neues Umfeld gewöhnen und mich auf die Welt der Politik vorbereiten. Am häufigsten besuchte ich die Kurse von Jean-Sans-Peur Mbuyi Mulomba, die auf der Avenue Maman Yemo neben dem Markt Bakua Dianga stattfanden. Ich schätzte die Analysestärke in politischen und sozialen Fragen, die Entschlossenheit, den politischen Mut und die Hoffnung, die unser Mitstreiter in uns hervorrief. Ihn hatte ich bereits im Jahr 1983 kennengelernt, als ich noch die Grundschule besuchte. Er war unser Nachbar, doch ich sah ihn nicht oft – er war selten länger als vier Tage hintereinander zu Hause bei seiner Familie. Unsere Eltern verboten uns außerdem, mit seinen Kindern zu spielen. Ich hörte die Leute sagen, dass er jemand von der »zweiten Partei« sei, aber ich wusste nicht, was das bedeutete. Zu jener Zeit konnte ich das noch nicht verstehen – damals existierte noch die Einparteienherrschaft von Mobutus »Mouvement Populaire de la Révolution«. Jeder Kongolese und jede Kongolesin wurde von Geburt an automatisch Mitglied dieser Partei. Es war verboten, sich anderen Parteien anzuschließen. Doch die tapferen Unterzeichner des bereits erwähnten 52-seitigen Briefes wagten es dennoch, eine andere Partei zu gründen, die UDPS. Alle AnhängerInnen dieser Partei wurden mit dem Ausdruck *»Mutu ya deuxième parti«* – »Mitglied der zweiten Partei« – bedacht. Sie waren dazu verdammt, in der Illegalität zu leben – eine solche Person war geächtet; wurden ihre Aktivitäten aufgedeckt, so drohten ihr, ihrer Familie und denjenigen, die Kontakt zu ihr unterhielten, Festnahmen, Haftstrafen und manchmal sogar der Tod.

Es war in Mbujimayi, wo ich im Jahr 1992 Mbuyi Mulomba wieder treffen sollte – diesmal aber nicht im politischen Untergrund, sondern als Aktivisten, der vor seinem Haus frei und offen die politische Linie der UDPS vertrat und lehrte.

Bei ihm erhielt ich meine politische Ausbildung. Er sprach mit uns über die Geburt und den Werdegang der Partei sowie von den Zielen und Methoden der politischen Organisierung. Mbuyi Mulomba bestärkte uns darin, unsere Angst abzulegen und uns in den pazifistischen Kampf zu begeben, dessen Ziel es war, Mobutus Macht zu brechen. In seinen Worten: »Die UDPS ist eine Massenpartei, die von dreizehn tapferen Parlamentariern gegründet wurde, die Nein gesagt haben zu Mobutus Diktatur und zur chaotischen Führung des Landes. Diese Partei, die von sozialdemokratischen Werten inspiriert ist, setzt sich unter anderem folgende Ziele: eine plurale Demokratie einzurichten und zu fördern, um den sozialen Fortschritt und eine gute Regierungsführung zu sichern; gegen die Korruption und andere Missstände zu kämpfen; ein soziales und

gerechtes Justizsystem zu schaffen; die grundlegenden Menschenrechte und die öffentlichen Freiheiten zu sichern und dafür zu
kämpfen, dass unser Land allen Opfern von politischer Intoleranz
und Verfolgung offensteht. Auf internationaler Ebene sieht die
UDPS vor, mit all jenen Staaten und Organisationen zu kooperieren, die den Frieden, die Gerechtigkeit, die Freiheit und den Fortschritt hochhalten. Der von der UDPS begonnene Kampf setzt sich
aber nicht nur zum Ziel, das kongolesische Volk von der Herrschaft
Mobutus zu befreien, sondern auch gegen den Imperialismus und
Neo-Kolonialismus zu kämpfen. Denn nur dank dieser Strukturen
kann der Diktator weiterhin die Ressourcen unseres Landes ausrau-
ben. Unser Kampf wird lange dauern, aber wir werden ihn gewinnen. Wir haben uns entschlossen, gewaltfreie Methoden einzusetzen, da diese mit den universellen Grundsätzen der Vereinten
Nationen übereinstimmen. Wenn das Volk entschlossen ist, so werden sich diese Methoden als effizient erweisen.«

So sprach Mbuyi Mulomba vor seinem Grundstück. Eine ganze Menschenmenge hörte ihm ruhig zu. Vor dem Jahr 1990 hatte
man nur sehr selten eine solche Ansprache öffentlich hören können.

Zu jener Zeit war ich Verkäufer in der Buchhandlung meines
großen Bruders. Ich las viel, vor allem Publikationen, die die politischen Fragen unseres Landes behandelten. So konnte ich mein Ver-
ständnis und meinen kritischen Geist schärfen. Jedoch war ich damals nur ein einfacher Parteisoldat. Man schickte uns oft aus, um
Flugblätter zu verteilen. Ich war von der Politik fasziniert – durch
sie fand ich ein geeignetes Mittel, um an der Veränderung unseres
Landes mitzuwirken.

Meine politischen Aufgaben

Im Jahr 1997 kamen die Truppen der AFDL und mit ihnen
Laurent Désiré Kabila in die Stadt. Die Gesamtheit der Bevölkerung war nach kurzer Zeit von dieser Bewegung und deren Präsi-

denten bitter enttäuscht – sie bedienten sich derselben Methoden wie Mobutu. Dieser Anlass brachte mich dazu, mich zur Gänze dem politischen Leben zu widmen. Bis zu Kabilas Ermordung im Januar 2001 waren wir gezwungen, unsere Tätigkeit in der Illegalität auszuüben.

An dieser Stelle muss ergänzt werden, dass Kabila bei der Einnahme der Stadt Mbujimayi die Abhaltung spontaner Wahlen veranlasste, bei denen Mobutus Leute durch andere ersetzt wurden. Es waren keine geheime Wahlen, sondern Abstimmungen mit Handzeichen. Auf diese Weise wurden der Gouverneur der Provinz, ebenso die Bürgermeister der Stadt und der Gemeinden sowie mit ihnen ihre Beamten neu gewählt. Die UDPS konnte aufgrund ihrer moralischen und sozialen Integrität die Wahlen für sich entscheiden und Jean-Sans-Peur Mbuyi Mulomba, bei dem ich mein politisches Handwerk gelernt hatte, wurde Gouverneur der Provinz. Seine Amtszeit sollte aber nicht lange dauern. Nach sechs Monaten wurde er verhaftet, mit Waffengewalt nach Kinshasa gebracht und dort unter Hausarrest gestellt, weil er sich nicht der neuen Diktatur, die Kabila errichtete, beugen wollte. Mulombas Verhaftung war ein typisches Beispiel für die Taktik der AFDL. Sie hatte sich zunächst der anti-mobutistischen Massenmobilisierung der UDPS bedient, um die kongolesischen Dörfer und Städte auf ihrem Weg nach Kinshasa leichter einnehmen zu können. Sie instrumentalisierte die Ideen der UDPS, um in Kinshasa an die Macht zu gelangen, doch danach kehrte sie sofort wieder ihre alten Reflexe aus der Zeit ihrer Rebellion im Osten des Landes hervor: Sie missachtete den Rechtsstaat, leugnete die Verfassung, missbrauchte die politischen Ämter für ihre Interessen und legte den existierenden politischen Kräften, die ihr zuwiderhandelten, den Maulkorb an – dazu gehörte natürlich auch die UDPS.

Zu dieser Zeit wurde ich damit beauftragt, für die lokale Sektion der Partei eine Jugendstruktur auf die Beine zu stellen. Ich sollte der Sekretär dieser Jugendorganisation werden. Es war das erste Mal, dass ich in der Partei einen verantwortungsvollen Posten übernahm.

Diese Aufgaben wurden mir zu einem Zeitpunkt übertragen, als Laurent Désiré Kabila jegliche Parteiaktivitäten außer denen der AFDL verboten hatte. Ich hatte keine Idee, was mich erwarten würde. Denn Kabila war nicht bereit, sich auf eine demokratische Debatte mit den Oppositionskräften des Landes einzulassen, die ihn auf seine ideologischen Abwege hätten aufmerksam machen können. So bestand kein Zweifel, dass er alle diejenigen, die sich seiner Sicht der Welt nicht unterwerfen würden, mit inhumanen und degradierenden Mitteln bekämpfen würde. Auch Folter kam zum Einsatz. Eine auf Swahili »*Tumbu Yulu*« genannte Methode bestand darin, die Opfer auf einem öffentlichen Platz, der Sonne zugewandt, nackt auszuziehen, ihre Hände auf dem Rücken zu fesseln und sie auszupeitschen. Die Peitschenhiebe zielten auf den Bauch und die Anzahl der Schläge wurde nach den Lebensjahren bestimmt. Alle diejenigen, die sich Kabilas Regime widersetzten, wurden auf diese Art und Weise misshandelt.

Die Lage im Kongo verschlechterte sich immer mehr. Im Jahr 2001 kam es zu geheimen Verhandlungen. Étienne Tshisekedi, der Vorsitzende der UDPS, reiste um die Welt, um die internationale Gemeinschaft dazu zu bewegen, den Inter-kongolesischen Dialog zu unterstützen, um die schwere Krise, in die das Land gestürzt war, zu lösen.

Zeitgleich versuchten wir innerhalb unserer lokalen Struktur eine Vielzahl von Konferenzen und öffentlichen Debatten zu organisieren, um die Bevölkerung über den angestrebten Dialog zu informieren und sie von der Wichtigkeit dieses politischen Schrittes zu überzeugen. Es war eine sehr schwere Zeit für mich. Die Aufgabe nahm mich dermaßen in Anspruch, dass ich mein Studienjahr wiederholen musste. Wir arbeiteten ungeheuer viel und auf allen erdenklichen Ebenen. Wir bemühten uns, innerhalb der Partei eine Mediatorenrolle einzunehmen, um die unterschiedlichen Strömungen, die sich in der Sektion der UDPS in Mbujimayi gebildet hatten, zu einer Einigung zu führen.

So gelang es uns, in der Stadt zu einer beachtlichen politischen Kraft zu werden. Ich führte zu dieser Zeit eine Delegation an, die Professor Lebatt empfing, einen Gesandten des Sonderbeauftragten des Inter-kongolesischen Dialogs, Ketumile Masire. Masire war von den Vereinten Nationen für diese Aufgabe bestellt worden. Lebatt reiste nach Mbujimayi, um sich mit VertreterInnen der Zivilgesellschaft zu beraten. Er empfing unsere Delegation im Motel Nkumbikumbi, wo er mit seiner Delegation untergebracht war.

Wir unterbreiteten ihm unsere Vorstellungen über den nationalen Dialog und bekräftigten unsere Ansicht, dass sich dieser an der nationalen souveränen Konferenz aus der Zeit des Kampfes gegen Mobutu zu orientieren habe. Unserer Ansicht nach war der Grund für die Krise im Kongo die Nicht-Anwendung der damals getroffenen Beschlüsse. Wir bestanden also darauf, dass es ein internationales Komitee geben müsse, das in der Lage wäre, zu kontrollieren, ob die getroffenen Entscheidungen auch tatsächlich respektiert und umgesetzt wurden. Professor Lebatt fand diese Idee sehr interessant und ansprechend; er betonte, dass diese Fragen in keiner anderen Provinz aufgebracht worden waren, und ermutigte uns in unserem Engagement.

Auch während der Abhaltung des Dialogs informierten wir die Bevölkerung der Stadt über die jeweiligen Entwicklungen und sensibilisierten sie dahingehend. Man kann sagen, dass wir den Fortgang der Gespräche wie mit der Lupe verfolgten. Wir riefen eine Gruppe ins Leben, die aus jungen Mitgliedern der UDPS sowie aus Studierenden bestand, die sich für Veränderung einsetzten, und diskutierten jedes Detail der Deklarationen der verschiedenen Parteien und TeilnehmerInnen sowie sämtliche Resolutionen, die bei den verschiedenen Sitzungen verabschiedet worden waren. Über die verschiedenen Sektionen der UDPS in den Gemeinden und den Stadtteilen informierten wir die Bevölkerung über die Ergebnisse unserer Recherchen. Und jedes Mal, wenn die Verhandlungen stockten, reagierten wir mit friedlichen Demonstrationen in der Stadt.

Als am 5. April 2002 die Verhandlungen des DIC (Dialogue Inter-Congolais) wieder einmal nicht vorankamen, organisierten wir eine Konferenz auf dem Campus der Universität Mbujimayi. Diese Konferenz war gewissermaßen ein »Truppenappell«. Sie fiel zusammen mit der Mobilisierung für die Kandidatur von Étienne Tshisekedi für den Posten des Präsidenten der Republik für die Übergangsperiode.

Bei dieser Konferenz sprach unter anderem Ngandu Ntumba, Präsident des föderalen Komitees der UDPS, ein prinzipienstarker und unerbittlicher Mann, der stark von marxistischen Ideen inspiriert war. Er ließ sich durch keinerlei Einschüchterungen verunsichern und positionierte sich klar gegen jede Form der Korruption. Er bedeutete mir sehr viel. Leider musste ich vor wenigen Jahren von seinem Tod erfahren. Er starb nur einige Monate vor den Wahlen des Jahres 2011. Die Umstände seines Todes konnten bis heute nicht vollständig aufgeklärt werden. Wenige Tage, bevor er für immer verschwand, sprach ich mit ihm am Telefon. Er sagte mir: »Emmanuel, es ist nun besonders wichtig, dass ihr, die ihr im Exil seid, entschlossen kämpft. Hier zu Hause hat Joseph Kabila die Auspeitschungen wieder eingeführt. Außerdem finden willkürliche Verhaftungen statt, mittels derer die Bevölkerung terrorisiert wird.« Bei der Konferenz vom 5. April 2002 sprachen weiters Jean-Paul Mbuebue, Bundessekretär der Jugend der UDPS, sowie Richard Babadi. Ich selbst sprach am Ende der Veranstaltung und verlas die Deklaration über die politischen Herausforderungen, die nun anstanden. In der Deklaration wurden die Behauptungen der Regierung widerlegt, die via Radio und Fernsehen verkündet hatte, dass der Inter-kongolesische Dialog für die Regierenden in den Ämtern des Landes keinerlei Bedeutung habe und dass der Posten des Präsidenten der Republik ebenfalls nicht vakant sei. Die Deklaration, die ich verlas, beinhaltete weiters, dass die neue politische Ordnung auch neue Institutionen erfordern würde sowie neue politische Verantwortliche, vom Präsidenten der Republik bis hinunter zum Bürgermeister. Ich nutzte die Gelegenheit auch, um in meiner Rede eine Reihe von westlichen Ländern zu kritisieren, die intransparente Pläne verfolgten, um die Diktatur und den Krieg im Kongo aufrechtzuerhalten. Diese Pläne dienten natürlich dazu, die natürlichen Ressourcen des Kongo weiterhin ungehindert ausbeuten zu können.

Ich verlas die Deklaration im Amphitheater der Universität in Anwesenheit der Presse. Ich muss hinzufügen, dass von all den Radiostationen und Fernsehsendern, die im Saal anwesend waren, lediglich der Radiosender der Diözese von Mbujimayi den Mut hatte, die Informationen zu veröffentlichen. Dennoch war die Deklaration ein harter Schlag für die lokalen Machthaber. Alle wollten wissen, wer hinter uns stand.

Nach der Konferenz erhielt der Präsident des studentischen Komitees eine Einladung eines Vertreters der Universität Mbujimayi. Es ging darum, die Möglichkeit einer großen gemeinsamen Mobilisierung gegen die Machthaber abzuwägen. Kabilas Leute versuchten in der Zwischenzeit weiterhin, den Inter-kongolesischen Dialog mit allen Mitteln zu torpedieren.

Die Einladung war für einen Samstag angesetzt. Wir gründeten eine Kommission und begannen am darauffolgenden Montag sofort mit unserer Arbeit. Wir verteilten uns auf die fünf höheren Institute der Universität und hielten in allen Vorlesungen Mobilisierungsveranstaltungen ab. Ich erinnere mich gut an die Veranstaltungen, die wir am Pädagogischen Institut von Mbujimayi, der größten pädagogischen Einrichtung der Provinz, sowie in der Abteilung der Handelswissenschaften abhielten. Meine Aufgabe war es, bei den Veranstaltungen zu sprechen. Es waren wahrlich revolutionäre Momente – meine Worte überzeugten und motivierten die Studierenden; alle Kurse wurden abgesagt, damit die Versammlungen stattfinden konnten. Die gesamte Abteilung der Handelswissenschaften war bei der Versammlung anwesend und als der Institutsvorstand aus seinem Büro kam, um die Lage in Augenschein zu nehmen, war es bereits zu spät: Unsere Botschaft war angekommen, der Funke war übergesprungen.

Die Mobilisierung war äußerst gut verlaufen; unsere Aktion hatte Früchte getragen. Der Tag der großen Demonstration wurde für den 17. April 2002 angesetzt. **51**

Der 17. April 2002, Tag der Herausforderung und der Gefahren

Die Mobilisierungskampagne, die wir gestartet hatten, war natürlich auch bis zu den Augen und Ohren der Sicherheitskräfte und der Geheimdienste durchgedrungen. Sie waren dabei, alle nur denkbaren Maßnahmen zu treffen, um unsere Demonstration im Keim zu ersticken. Unsere Parole war jedoch, dass wir diesmal aufs Ganze gehen würden.

Das Ziel der Demonstration bestand darin, gegen den betrügerischen Vertrag zu protestieren, der in Sun City zwischen den Machthabern und Jean-Pierre Bemba unterzeichnet worden war. Weiters unterstützten wir die Kandidatur von Étienne Tshisekedi für den Posten des Präsidenten während der Übergangsperiode. Der Marsch sollte auch die Rolle der nicht bewaffneten Opposition und somit die Rolle des Volkssouveräns stärken. Dies erschien uns besonders wichtig, waren doch die Konfliktparteien um Bemba und Kabila allein deshalb im Rampenlicht der Verhandlungen, weil sie bewaffnet waren. Die Rebellengruppen zogen sich jedes Mal, wenn sie ihre Gesichtspunkte nicht berücksichtigt sahen, aus den Gesprächen zurück und setzten die Kampfhandlungen fort. Den Preis dafür musste die Zivilbevölkerung bezahlen, die durch den Krieg ohnehin bereits sehr geschwächt war. Die einzigen Profiteure des Krieges waren die multinationalen Konzerne sowie die Machthaber im Kongo.

Der 17. April war auch ein Tag großer Gefahren. Ab den Morgenstunden waren an allen Hauptverkehrsstraßen der Stadt Polizei und Militär aufgestellt. Als ich aus dem Haus ging, um den Bus zur Universität zu nehmen, sah ich, wie ein Militärlastwagen Richtung Campus fuhr. In diesem Moment wurde mir bewusst, dass ich mich auf diesen Tag gut vorbereiten musste. Ich besuchte zuerst ein Restaurant, um eine große Portion Reis und Bohnen zu essen. Danach ging ich nach Hause, um Kleider anzuziehen, die für die kommende Auseinandersetzung besser geeignet waren. Zurück auf der Straße sah ich, dass im Bus zur Uni fast ausschließlich Soldaten saßen. Ich stieg ein und begriff, dass ich diese Gelegenheit nutzen konnte, um mehr über die Strategien des Militärs herauszubekommen. Ich setzte mich also neben einen Soldaten und fragte ihn, ob denn heute eine Militärparade angesetzt sei. Der Soldat verneinte und sagte, sie müssten heute in Tshikama, dem Universitätscampus, Ruhe und Ordnung herstellen – denn die Studierenden hätten vor, auf die Straße zu gehen. Ich fragte ihn, was denn der Grund für ihren Protest sei und ob es etwas mit den Stipendien zu tun habe. Mein »Freund«, der wohl eher mein Feind war, antwortete mir: »Wir, wir wissen von nichts, wir haben lediglich den Auftrag, für Ordnung zu sorgen und mit allen Mitteln zu verhindern, dass die Studierenden den Campus verlassen. Wir sollen verhindern, dass sie in die Stadt ziehen.« Er fuhr fort: »Weißt du, die Studierenden kennen die Leute, die an der Macht sind, sehr gut, sie wissen, was los ist, und wenn sie demonstrieren wollen, dann heißt das, dass etwas ernstlich schiefläuft. Weißt du, die Machthabenden sind nur an ihrem eigenen Wohlergehen und dem Wohlergehen ihrer Kinder interessiert – wie es der Bevölkerung ergeht, schert sie in keiner Weise. Selbst wir sind nur dann wichtig, wenn es nicht gut läuft. Aber wenn alles ruhig ist im Land, dann vergessen sie plötzlich, dass ein Soldat auch das Recht hat, zu essen.« Ich antwortete ihm mit einer erneuten Frage: »Wenn die Studierenden aber mit Gewalt versuchen sollten, den Campus zu verlassen, was werdet ihr dann tun?« Er antwortete: »Wir haben den Befehl erhalten, sie mit allen Mitteln daran zu hindern. Unser Kommandant wird mit uns sein und uns die notwendigen Anweisungen geben.«

Der Bus erreichte den Campus, wir stiegen aus. Vor dem Eingangsbereich waren bereits überall Streitkräfte postiert – die Studierenden und das akademische Personal konnten den Campus zu diesem Zeitpunkt jedoch noch ungehindert betreten und auch ich begab mich auf das Gelände der Universität.

Gegen 9 Uhr morgens war ein Pfiff zu hören – das Zeichen dafür, dass wir mit einer Gruppe von Studierenden über die Mauer kletterten, die den Campus umgab, um in die Grundschulen und Sekundärschulen des Viertels zu gehen. Während die LehrerInnen die Flucht ergriffen, forderten wir alle SchülerInnen auf, die Klassenräume zu verlassen. Ich erinnere mich besonders an den Moment, als wir in den geschlossenen Gebäudekomplex der Schule des Stadtteils Mulacom kamen. Dort setzte ich mich dafür ein, die Kinder der ersten, zweiten und dritten Schulstufe nach Hause gehen zu lassen. Aber einer meiner Mitstreiter bezog gegenteilige Stellung und sagte: »Mbolela, auf diese Weise gedenkst du also, Revolution zu machen? Wenn das so ist, dann geh besser nach Hause und ruh dich aus. Wir sind hier mitten im Kampf für die gerechte Sache, also müssen alle Kinder mitmachen!« Ohne auf ihr Alter zu achten, brachten wir also sämtliche Kinder aus den umliegenden Schulen in den Campus. Die SchülerInnen begannen nun in dieser chaotischen Situation die Soldaten mit Steinen zu bewerfen. Letztere antworteten, indem sie Schüsse in die Luft abgaben. Wir versuchten nun, den Campus zu verlassen – die Soldaten schossen daraufhin wieder in die Luft. Je stärker wir in ihre Richtung drängten, desto mehr schossen sie und prügelten uns mit ihren Schlagstöcken. Sie waren in großer Zahl angerückt und verfügten über Schuss- und Stichwaffen, mit denen sie uns bis zum Gelände des Campus zurückdrängten.

Ich muss hinzufügen, dass es bereits in den ersten dreißig Minuten der Auseinandersetzungen einige Schwerverletzte in unseren Reihen gab. Ich sah Blut fließen, und oft waren sich die Betroffenen dessen gar nicht bewusst. Unser wichtigstes Ziel bestand darin, den Campus zu verlassen, um in die Stadt zu gelangen und dort mit unseren Gefährten aus den anderen Institutionen zusammentreffen zu können. In der Zwischenzeit wurde der Sekretär der UDPS, Jean-Paul Mbuebue, auf dem Campus verhaftet – er war zu uns gekommen, um uns Nachrichten aus der Stadt zu überbringen und sich ein Bild von unserer Lage zu machen.

Während das Militär weiterhin versuchte, uns auf dem Campus zu blockieren, hatte die Bewegung eine solche Dimension erreicht, dass die Stadt praktisch nicht mehr unter Kontrolle zu bringen war: Die Studierenden des universitären Zentrums schafften es trotz der Anstrengungen des Militärs, den Campus zu verlassen und den großen Kreisverkehr zu besetzen, wo schon die Leute der UDPS versammelt waren. Somit waren die Pläne der Sicherheitskräfte durchkreuzt. Alle öffentlichen Ämter mussten geschlossen werden. Den Studierenden der Pädagogischen Hochschule gelang es, den Kreisverkehr »de l'Étoile« zu besetzen und somit die Geschäfte auf dem Markt Bakua Dianga lahmzulegen. Die Handelshäuser, in denen Diamanten feilgeboten wurden, wurden ebenso geschlossen wie alle umliegenden Geschäfte.

Die Soldaten versuchten daraufhin, alle diejenigen Studierenden festzunehmen, die noch auf dem Campus verblieben waren. Als Reaktion darauf begannen einige durch ein Loch in der Mauer zu schlüpfen, das normalerweise an den Tagen genutzt wurde, an denen es Schulgeld-Kontrollen gab. Diejenigen, die nicht bezahlen konnten, nutzten stets dieses Schlupfloch – in der aktuellen Situation fand die Lücke Verwendung, um ungesehen vor dem Militär fliehen zu können. Ich entkam ebenfalls auf diese Weise und nahm gemeinsam mit anderen die Straße, die den Campus entlang führte, um weiter unten in Richtung des Stadtteils Tshikama zu laufen und von dort in die Gässchen zu gelangen, die uns zum Justizpalast führten. Von dort kamen wir zur großen Avenue Kalonji, zum zentralen Markt von Mbujimayi und schlussendlich zum großen Kreisverkehr, den die UDPS besetzt hielt.

Die Soldaten waren nun in höchster Alarmbereitschaft und folgten uns in ihren Jeeps. Sie waren bis an die Zähne bewaffnet und einige zielten auf die Menge. Plötzlich sah ich die Körper zweier junger Männer, die von den Kugeln getroffen worden waren, auf **55** dem Boden liegen. Es war der Anfang vom Ende: Ohne dass ich begriff, wie mir geschah, fand ich mich in einem Jeep wieder, mein Hemd voller Blut. Ich hatte Schläge am Kopf und am linken Bein abbekommen. Ich selbst blutete stark, andere Genossen waren schwer verletzt worden. Über 150 Demonstrierende, unter ihnen StudentInnen sowie AktivistInnen der UDPS, wurden verhaftet, in die Kerker der Sonderdienststellen geschafft und dort gefoltert. Eingesperrt in kleine Zellen von gerade einmal zehn Quadratmetern, fanden dort einige den Tod – sie starben an Sauerstoffmangel oder am Durst.

Das Martyrium, das wir in den Verliesen der Spezialkräfte erleiden mussten, kann nicht mit Worten beschrieben werden. Ich denke aber, dass diese Erlebnisse zweifellos zu dem Kampf gehören, für den wir uns aus freien Stücken entschlossen hatten. Dieser Kampf war bereits von Millionen von KongolesInnen verinnerlicht worden – er konnte weder durch Verhaftungen noch durch Folter oder Ermordungen aufgehalten werden. Patrice Émery Lumumba hatte den Kampf begonnen. Er hatte gegen die Kolonisatoren gekämpft und sein Engagement mit dem Leben bezahlt. Dieses Erbe wurde sodann von den 13 Parlamentariern, an deren Spitze Étienne

Tshisekedi wa Mulumba stand, fortgesetzt – diesmal ging es nicht mehr gegen die Kolonisatoren, sondern gegen ihre Quislinge.[1]

Dieser Kampf ist heute zu einer Sache des gesamten kongolesischen Volks geworden und wir haben den unerschütterlichen Glauben, dass wir eines Tages siegen werden. Ich möchte hier die Gelegenheit nutzen, um diejenigen zu würdigen, die während der Auseinandersetzungen gestorben sind – darunter auch die beiden jungen Männer, die ich vorhin erwähnt habe. Ihr einziger Fehler war, mit friedlichen Mitteln die Fortsetzung des Inter-kongolesischen Dialogs gefordert und die Kandidatur von Étienne Tshisekedi zum Präsidenten der Übergangsregierung unterstützt zu haben.

Nachdem wir eine Woche in den Verliesen der Spezialkräfte zugebracht hatten, wurden wir zum Obersten Gerichtshof transferiert, wo uns ein korrupter Richter wegen öffentlicher Unruhestiftung und Landfriedensbruch zu zwei Jahren schwerer Kerker verurteilte. Mittels dieses schändlichen Urteils wurden die Opfer kriminalisiert, während die Schuldigen straflos ausgingen. Die gedemütigten und schwer verletzten Studierenden wurden verurteilt, ohne dass es irgendeine Art von Untersuchung über die Vorfälle gegeben hätte. Die Militärs und Polizisten, die die Gerichtsakte verfassten, waren zur Zeit des Geschehens nicht einmal vor Ort gewesen. Dies nennt man in der Demokratischen Republik Kongo Gerechtigkeit.

Im Gefängnis verschlimmerte sich unsere Situation noch weiter. Die Regierungsmächte fürchteten eine Allianz zwischen der UDPS und der RCD und beschuldigten uns, wir seien die Milizen der UDPS. Regierung und Polizei drohten uns ohne jegliche Skrupel mit dem Tod. Wir mussten um jeden Preis einen Weg finden,

---

1   Kollaborateur. Nach dem norwegischen Faschistenführer Vidkun Quisling (1887–1945).

zu fliehen. Meine Familie brachte jedes nur erdenkliche Opfer, um das Leben ihres Sohnes, der sich in einer so wichtigen Angelegenheit engagiert hatte, zu retten.

Sie hatten Erfolg – ich kam frei, war allerdings gezwungen, ins Exil zu gehen.

III. KAPITEL
MEINE FLUCHT AUS DEM KONGO

Ich war also gezwungen, mein Land zu verlassen, um der Barbarei und dem Tod zu entkommen. Das war im Jahr 2002. Ich ging weg, ohne zu wissen, wohin ich mich begeben sollte. Ich konnte zwar auf die finanzielle Unterstützung meiner Familie zählen, die mir über Western Union Geld zukommen ließ. Doch auf dem Pfad, den ich nun beschreiten musste, war Geld manches Mal gänzlich unnütz und während etlicher Wegstücke war es sogar unmöglich, damit zu einem Glas trinkbaren Wassers zu kommen.

Ich verließ also mein Land und fühlte mich wie ein Nomade: Nachdem ich gerade noch in Kongo-Brazzaville gewesen war, gelangte ich bald nach Kamerun, nach Nigeria, nach Benin, Burkina Faso und schließlich nach Mali. Ich wurde zu einem Mitläufer – ich reiste plötzlich mit einer Menge fremder Menschen: Einige waren so alt wie ich, andere älter, einige jünger, und sogar Kinder waren darunter; man ging ein Stück des Weges gemeinsam. Woher kamen all diese Reisenden und warum hatten sie sich auf den Weg gemacht? Nachts, in den Bussen oder Lastwagen, erzählten wir uns unsere Geschichten. Manche, die ich traf, waren Kriegsflüchtlinge aus dem Osten des Kongo – sie berichteten mir, dass sie tagelang durch den Äquatorialwald irren mussten, um außer Landes zu gelangen. Ihre Gesichter verrieten, wie sehr sie gelitten hatten und welche schmerzlichen Erinnerungen sie in sich trugen. Einige hatten sehen müssen, wie ihre Eltern bei lebendigem Leib verbrannt waren. Andere waren vergewaltigt oder unter Androhung des Todes gezwungen worden, ihre eigenen Eltern, Brüder und Schwestern zu vergewaltigen. Ich erinnere mich an einen Mitreisenden, der mir sagte, dass seine Gedanken noch immer zur Gänze im Kongo seien – er könne nicht vergessen, was er erlebt habe; die grauenvollen Bilder der Vergewaltigung und Entführung seiner Schwestern durch die Soldaten gingen ihm nicht aus dem Kopf. Er wiederholte ohne Unterlass die Frage, ob er sie eines Tages wiedersehen würde.

Es gab aber nicht nur solche, die vor Verfolgung flohen. Andere waren weggegangen, um ihr Glück anderswo zu suchen. Sie sagten: »*Mboka eza ya kokufa, bakonzi na biso baza na mawa na biso te, bazo sala kakan mpona ba famille na bango. Soki otali bien, bana na bango nionso baza kaka na poto.*« Das bedeutet in etwa: »Der Kongo liegt im Chaos, unsere Machthaber haben keinerlei Mitleid mit uns, sie trachten nur nach dem Wohlergehen ihrer eigenen Familie; sieh nur, alle ihre Kinder leben in Europa!« **59**

Die Geschichten, die ich entlang des Weges zu hören bekam, bestärkten mich noch mehr in der Gewissheit, dass unser Kampf wichtig und zweckmäßig war. Denn die Sicherheit, die durch die Demokratie gewährleistet wird, wiegt mehr als die Sicherheit, die durch Waffengewalt entsteht.

Auf der Reise von Kongo-Brazzaville bis nach Mali gab es für mich keine gröberen Probleme. Die Reisefreiheit ist gegeben und hängt im Wesentlichen vom Inhalt der Geldbörse ab. Wenn man Geld hat, kann man leicht von einem Land in das nächste reisen. Grenzen zu überschreiten bedeutet hier immer, mit den Grenzposten zu kooperieren.

Allerdings war das Ziel der Reise für diejenigen, die vor politischer Verfolgung oder vor bewaffneten Konflikten flohen, oft schlicht unbekannt. Diese Männer, Frauen und Kinder konnten ihre Reise nicht vorbereiten. Andere wussten, wohin sie ihr Weg führen sollte. Das betraf oft diejenigen, die sich »auf der Suche nach dem Leben« befanden, wie sie zu sagen pflegten. Ihr Ziel war Europa. Aber selbst diese Kategorie von Reisenden wusste oft nicht, wo sie eigentlich genau hinsteuerten und welche Länder sie durchqueren mussten. So kam es, dass man selten die Reise mit denselben Leuten fortsetzte, mit denen man in ein bestimmtes Land eingereist war. Meistens reiste man mit Menschen weiter, die man erst in dem neuen Land kennenlernte. Voraussetzung war natürlich, die notwendigen Mittel zur Weiterreise zur Verfügung zu haben oder aber rasch in der Lage zu sein, sich die entsprechenden Mittel zu besorgen. Diejenigen, die ihre Reise nicht planen konnten, die keine Verwandten in Europa oder zu Hause in ihren Heimatländern hatten, blieben zurück. So kam es, dass sich Freundschaften bildeten und wieder auseinandergingen, bei jedem Mal, da man in ein neues Land aufbrach. Nichtsdestotrotz tauschte man Telefonnummern und vor allem E-Mail-Adressen aus, um in Kontakt bleiben zu können.

In dem Maß, wie ich vorankam, traf ich unterwegs nicht nur meine Landsleute aus dem Kongo, sondern auch Mitreisende aus anderen Ländern – vor allem aus zentral- und westafrikanischen Ländern. Die Geschichten, die ich von ihnen hörte, waren fast die gleichen wie die meiner Landsleute – zusätzlich erfuhr ich noch Geschichten von sozialer und kultureller Verfolgung. So wurde mir zum ersten Mal bewusst, dass es Frauen gab, die mit ihren kleinen Töchtern vor der Praxis der weiblichen Genitalbeschneidung flohen. Eine Frau, die ich unterwegs traf, erzählte mir, ihre Schwägerin hätte darauf bestanden, dass ihre Tochter beschnitten würde. Dies hätte ein Zerwürfnis zwischen ihr und der Familie ihres Mannes zur Folge gehabt, und so war sie gezwungen gewesen, sich von dem Mann zu trennen und mit ihrer kleinen Tochter das Land zu verlassen. Die Frau erklärte mir, dass es sich in solchen Fällen oft um einfache Abrechnungen zwischen Familienmitgliedern handelte: Frauen, die aufgrund ihrer eigenen Beschneidung die Fähigkeit verloren hätten, Kinder zu kriegen, würden anderen Frauen das gleiche

Schicksal aufzwingen wollen. Und so sei es auch bei ihrer Schwägerin gewesen.

Oft hörte ich auch von ökonomischen Beweggründen für die Migration. So erzählte mir ein junger Kameruner, dass er nach Europa gehen wolle, um nach einem besseren Leben zu suchen. Er sagte mir, dass der Präsident seines Landes, seit Jahren an der Macht, nichts für die Bevölkerung tun würde. Er selbst sei arbeitslos und hätte nicht einmal genügend Geld, um seinen Eltern ein würdiges Begräbnis zu ermöglichen. Er erzählte von einem jungen Emigranten, der nach Europa gegangen war und von dem er wusste, dass er innerhalb von wenigen Monaten so viel Geld verdient hatte, dass er seine Familie unterstützen konnte – ja er hätte es seinen Brüdern **61** sogar ermöglicht, zur Schule zu gehen.

Alle diese Geschichten zeigten mir, dass es diejenigen gab, die weggingen, um ein neues Leben zu beginnen, und diejenigen, die weggingen, um ihr Leben zu retten. Je mehr ich von diesen Geschichten hörte, desto mehr bedauerte ich, dass ich mein Land hatte verlassen müssen. Man muss den Kampf doch im Inneren des Landes führen! Ich sagte mir, dass ich eines Tages wieder zurückgehen sollte, um auf diese Weise eine Veränderung herbeizuführen – zwar nicht an der Situation meiner Familie, sondern vielmehr an der Situation des Landes und, wieso nicht, auch an der Situation des gesamten afrikanischen Kontinents. Denn die chaotische Lage im Kongo ist sehr vergleichbar mit der Situation der meisten anderen afrikanischen Länder. Ich gewann diese Erkenntnis auf meinem Weg ins Exil, durch alle die Geschichten meiner ReisegefährtInnen.

Schon bei meiner Ankunft in Brazzaville hatte ich eine Vielzahl anderer Flüchtlinge getroffen, viele davon noch aus der Zeit Mobutus. Hier hielten sich auch Mitglieder unserer Partei auf, die wie ich ins Exil gezwungen worden waren. Doch die Atmosphäre in Brazzaville behagte mir nicht. Das Land steckte im Krieg fest: Präsident Pascal Lisuba war von den Truppen von Denis Sassou-Nguesso gestürzt worden. Als ich dort war, war das Säbelrasseln noch immer nicht vorbei. Zudem wurden viele Flüchtlinge, die aus der R.D.C. gekommen waren, verhaftet und nach Kinshasa rückgeschoben. Für mich wäre es also ein großes Risiko gewesen, in diesem Land zu bleiben.

Ich machte mich auf den Weg Richtung Kamerun. In Brazza-ville hatte ich jemanden kennengelernt, der mir erzählt hatte, dass seine Brüder seit mehreren Jahren in Yaoundé, der Hauptstadt Kameruns, lebten und dass man dort sicher sein könne. Ich hatte keine andere Wahl als ihm zu folgen.

Nachdem wir in Kamerun angekommen waren, erwies sich die ganze Sache jedoch als relativ kompliziert: Meine Reisebekannt-schaft aus Brazzaville konnte seine Brüder nicht auffinden und so mussten wir, obwohl nicht mehr viel Geld da war, in einem Hotel nächtigen. Wie lange würden wir uns das wohl leisten können?

Ich machte in Yaoundé noch die Bekanntschaft von mehreren anderen KongolesInnen, die mir rieten, in die Stadt Garoua zu fahren. Dort würde sich das Büro des Hochkommissariats der Vereinten Nationen zum Schutz der Flüchtlinge oder kurz UNHCR befinden und dort könnte ich, so sagten sie, einen Asylantrag stellen. Mir war diese Idee vorher noch nie gekommen und ich fragte mich, ob sich dieses Vorhaben wohl umsetzen ließ. Erst nach einer Woche entschloss ich mich, den Bus nach Garoua zu nehmen. Als ich ankam, war das Büro des UNHCR zu meinem Unglück geschlossen. Ich traf einige kongolesische und tschadische Flüchtlinge, die mir berichteten, dass es wohl ein Zentrum gab, in dem sie untergebracht waren, dass dieses aber geschlossen wurde. Sie sagten zwar, das Büro würde wieder geöffnet werden, aber nachdem wir einige Zeit ausgeharrt hatten und das Lokal noch immer nicht geöffnet wurde, sprach mich ein kongolesischer Freund an und fragte mich, ob ich mich nicht mit ihm nach Benin durchschlagen wolle – dort würde das UNHCR gut funktionieren.

Wir trafen alle Vorbereitungen für die Abreise und machten uns auf den Weg. Bevor wir nach Benin gelangen konnten, mussten wir aber noch Nigeria durchqueren – eine schwirige Angelegenheit, waren doch die Grenzkontrollen bei der Einreise nach Nigeria sehr streng. Ich hatte keine Reisedokumente bei mir und fragte mich, wie ich vorgehen sollte. Der Freund, mit dem ich reiste, schien jedoch die Regeln, die man auf dieser Route befolgen musste, gut zu beherrschen. »Keine Angst«, sagte er, »immerhin sind wir noch immer in Schwarzafrika.« An einem Samstag fuhren wir in einem Jeep Richtung Nigeria. Mein Reisekamerad versicherte mir, dass es bei der Einreise weniger darauf ankam, ob man Papiere hatte oder nicht, sondern vielmehr danach, wie viel Geld man in der Tasche hatte und ob man wusste, wie man »kooperiert«. Dieses »Wissen über Kooperation« sollte uns die Einreise nach Nigeria ermöglichen. Wir reisten bei der Stadt Bauchi ein, bevor wir in Richtung Katano weiterfuhren. In dieser Stadt finden fortwährend Auseinandersetzungen zwischen christlichen und muslimischen Bevölkerungsgruppen statt. Wir mussten äußerst achtsam sein und verbrachten nahezu eine ganze Woche bei einem kongolesischen Landsmann. Der Umstand, dass ich Christ bin, machte den Aufenthalt für uns sehr risikoreich. Erst nach einer Woche war es möglich, einen Lastwagen Richtung Benin zu nehmen.

Wir hatten gedacht, dass das UNHCR in Benin gut funktioniere – aber weit gefehlt. In diesem Land trafen wir Flüchtlinge, die völlig auf sich gestellt waren. Einige von ihnen erzählten uns, dass die Polizei sogar in ihr Lager gekommen sei und sie geschlagen habe, nur weil sie auf ihr Recht beharrt hatten, in ein sicheres Drittland gebracht zu werden. Diese Neuigkeiten machten mir nicht gerade Mut – im Gegenteil. Ich war ratlos und wusste nicht, was ich als nächstes tun solle. Wenigstens konnte ich noch aus der Tatsache Zuversicht schöpfen, dass ich zu Hause anrufen konnte, um mir Geld schicken zu lassen. Dennoch erschien mir das Leben, das ich jetzt zu führen gezwungen war, äußerst befremdlich. Ich hatte mein Land zuvor noch nie verlassen. Dazu kam, dass die Umstände meiner Reise außergewöhnlich waren und ich die Spielregeln, die ich zu befolgen hatte, noch nicht kannte. Die Flüchtlinge, die ich hier traf, lebten unter Bedingungen, die mir Angst machten. Hier, in Benin, begann mich die Frage des Asyls zum ersten Mal zu beschäftigen. Ich fragte mich, ob es wohl die richtige Entscheidung sei, in diesem Land und unter solchen Umständen Schutz zu suchen.

Während zwei Monaten war ich zur Untätigkeit verdammt. So entschloss ich mich, nach Mali weiterzureisen. Die Route führte über Burkina Faso, wo ich allerdings nur wenige Tage verbrachte, um einige Formalitäten zu erledigen und das Transportmittel zu wechseln.

Meine Ankunft in Mali

Im Dezember 2002 kam ich in Bamako, der Hauptstadt Malis, an. Ich wohnte bei einem gewissen Serge M., der mir von meinem Freund in Yaoundé empfohlen worden war. Der Freund meines Freundes ist auch mein Freund, so sagt man. Später wurden wir tatsächlich enge Vertraute. Serge lebte bereits seit über fünf Jahren in Mali. Er war mit sehr vielen MalierInnen befreundet, war in vielen Ecken der Stadt bekannt und beherrschte die lokale Sprache Bambara perfekt. Bei ihm zu Hause gingen Menschen aus fast allen Ländern Afrikas ein und aus. Es schien sogar so zu sein, als ob alle Passagiere aus Zentralafrika, die in Bamako strandeten, ihm eine Visite abstatten mussten. Üblicherweise empfing Serge die Reisenden, half ihnen, eine Wohnung zu finden, und unterstützte sie bei allen anderen Maßnahmen, die für die Weiterreise getroffen werden mussten. Serge war ein sehr gastfreundlicher Mensch. Die MalierInnen respektierten ihn; vor allem diejenigen, die mit dem Kongo vertraut waren.

Während der gesamten Zeit, die ich bei Serge verbrachte, sah ich Menschen aus und ein gehen. Sie kamen aus Kamerun, aus Guinea oder aus Nigeria. Serge empfing Telefonanrufe aus Algerien, Marokko und sogar aus Europa. Die Reisenden, die ich in seinem Haus traf, erzählten alle fast ausnahmslos die gleiche Geschichte: Sie hatten ihr Land aufgrund der dort herrschenden Misere, aufgrund von Krieg, Diktatur oder politischer Instabilität verlassen müssen. Die Mehrheit der Flüchtenden waren junge Menschen, die die politische Führung ihres Landes verfluchten; sie sahen bei sich zu Hause keine Zukunft; ihre einzige Hoffnung bestand darin, wegzugehen. Das Haus von Serge war wie eine Wegkreuzung, ein Zentrum für Debatten. Manchmal wurden unsere Gespräche durch das Klingeln der Telefone unterbrochen: Reisende, die gen Norden aufgebrochen waren, bestätigten ihre Ankunft in Algerien, in Marokko oder anderswo. Andere berichteten am Telefon von ihrem Leidensweg und informierten uns über die Vorsichtsmaßnahmen, die wir für unsere eigene Reise treffen sollten. Manches Mal hörten wir **65** Freudenschreie, manches andere Mal wurden uns tragische Neuigkeiten übermittelt. So erfuhren wir auch, wenn ein Reisegefährte in der Wüste gestorben war …

Die Geschichten meiner temporären MitbewohnerInnen im Haus von Serge hinterließen einen starken Eindruck bei mir: Mich beeindruckte nicht nur die Entschlossenheit, wegzugehen, sondern auch ihr fester Wille, der eigenen Familie zu helfen. Ich erinnere mich an einen Jungen, der nicht müde wurde zu wiederholen, dass er seiner Mutter mit dem Geld, das er in Europa verdienen werde, ein Auto kaufen würde. Er würde ihr diesen Plan aber nicht verraten – vielmehr wolle er sie mit dem Auto direkt am Hafen überraschen. Er war bereit, dafür jede nur erdenkliche Arbeit anzunehmen, selbst wenn er 20 Stunden am Tag schuften müsse. Danach, so sagte er, wolle er eine Parzelle kaufen und ein schönes Haus bauen.

Andere hatten sich in den Kopf gesetzt, für den Ankauf großer Busse zu sparen – solche, wie man sie im Fernsehen sieht. Diese sollten dann für den öffentlichen Verkehr in ihrem Heimatland zu Verfügung stehen. So wollten sie das tun, wozu die politischen Verantwortlichen ihres Landes nicht imstande waren. Kurz: Alle suchten in der Ferne, was zu Hause fehlte; und alle waren getrieben von dem Wunsch, ihre Familien glücklich zu machen.

Ich blieb fast ein ganzes Jahr über in Mali. Meine Hoffnung war, in den Kongo zurückzukehren, um den Kampf fortzusetzen. So wartete ich die zweite Runde des Inter-kongolesischen Dialogs ab, um danach eine Entscheidung zu treffen. Ich dachte, dass die Wiederaufnahme des Dialogs zur Unterzeichnung eines umfassenden Vertrags führen würde – ein Vertrag, der dem Land eine neue politische Ordnung bringen würde, basierend auf den Werten der Demokratie, der Gerechtigkeit und der guten Regierungsführung. Ich hoffte, dass die Institutionen von kompetenten, glaubwürdigen und auf das Gemeinwohl bedachten BeamtInnen geführt werden würden. Mit einem kleinen Radio, das ich mir gekauft hatte, konnte ich Tag für Tag die Neuigkeiten aus meinem Land hören. Die Informationen, die ich über Radio France International, BBC und andere Kanäle empfing, teilte ich mit meinen Landsleuten. Sie hatten mir dafür den Beinamen »Präsident« gegeben. Die meisten von ihnen waren pessimistisch eingestellt und glaubten nicht daran, dass die Verhandlungen ein gutes Ende nehmen würden. Sie sagten mir fortwährend: »*Président luka nzela okende, batu wana bakosala eloko ya malonga te*« – was so viel bedeutet wie: »Präsident, es wird besser sein, dass wir nach Möglichkeiten suchen, wegzugehen – diese Leute, die die Verhandlungen führen, werden nichts Gutes zustandebringen.« Ich hingegen war zuversichtlich und versuchte sie zu überzeugen. Ich hatte mir schon ausgerechnet, dass ich nach meiner Rückkehr in den Kongo die zwei Jahre Übergangszeit zur Demokratie, die in den Gesprächen gefordert wurden, nutzen würde, um meine Studien zu beenden. Danach wollte ich meine politische Karriere beginnen. Ich war der Auffassung, dass die Politik ein gutes Mittel sei, um zu einer Veränderung beizutragen, die die Entwicklung des Landes fördern würde.

Nun, die Analyse meiner Landsleute sollte sich als richtig herausstellen.

Enttäuschte Hoffnungen

Am 3. April 2003 kam der Inter-kongolesische Dialog in der Stadt Pretoria zu seinem Ende. Es wurde eine umfassende Übereinkunft getroffen; diese war jedoch in erster Linie eine Belohnung für die kriegführenden Parteien. Während also die Regierung in Kinshasa, die RCD/Goma, die MLC und andere militärische Gruppen bevorzugt wurden, wurde die nicht bewaffnete Opposition, allen voran die UDPS, in den Hintergrund gedrängt. Es war so, als ob man uns dazu aufgefordert hätte, zu den Waffen zu greifen und unsere Landsleute zu töten und zu vergewaltigen, da man nur auf diese Weise zu einträglichen Ministerposten kommen könne.

Die Verwaltung des Landes während des Übergangs wurde auf eine Art geregelt, die sonst nirgends auf der Welt existiert: Es war die berühmte Formel 1+4, die garantierte, dass dem Präsidenten vier Vizepräsidenten zur Seite gestellt wurden. Jeder dieser Vizepräsidenten führte eine autonome Regierungskommission. Ich begriff, dass die getroffene Übereinkunft eine Rückkehr der Mobutisten zur Macht miteinschloss; gleichzeitig blieben die Kabilisten nach ihrer erfolgreichen Palastrevolution fest im Sattel.

Tags darauf ging ich in das Internet-Café der Stadt, das regelmäßig von vielen KongolesInnen frequentiert wurde, und las die Informationen auf der Seite der UDPS. Dort stieß ich auf das Pressekommuniqué, das die Vertretung der UDPS/Benelux ausgesendet hatte. In dem Schreiben wurde bedauert, dass 80 Prozent der an den Verhandlungen beteiligten PolitikerInnen, die während der Übergangszeit mit verantwortungsvollen Posten bedacht worden waren, sich nicht der Aufgabe bewusst waren, die ihnen übertragen worden war. Es wurde darauf hingewiesen, dass der Großteil der PolitikerInnen fest entschlossen sei, die Ausbeutung der Reichtümer des Landes fortzusetzen. Weiters wurde betont, dass die UDPS nicht bereit sei, Teil einer Regierung zu werden, die die Ausbeutung der

Ressourcen des Landes fortsetzen und somit das Leiden der Bevölkerung noch weiter vergrößern würde.

Nachdem ich das Kommuniqué zu Ende gelesen hatte, wurde mir bewusst, dass wir keinen Schritt vorwärts gekommen waren: Das Land, für das Patrice Émery Lumumba sein Blut vergossen hatte, wurde nun von Neuem den Mördern des kongolesischen Volkes und den Ausbeutern seiner Ressourcen anvertraut. Das Szenario von 1992, als die nationale souveräne Konferenz gescheitert war, wiederholte sich nun zehn Jahre später.

Ich lag die ganze Nacht wach und dachte nach. Ich musste eine Entscheidung treffen. Ich konnte und wollte nicht länger warten und ausharren. In Mali hatte ich keine Perspektiven. Ich konnte hier auch kein Asyl bekommen. Entweder ich ging zurück in mein Heimatland und nahm die Drohungen und Verfolgungen, deretwegen ich geflohen war, von Neuem auf mich, oder aber ich setzte meinen Weg fort, auf der Suche nach einem Land, in dem ich Asyl bekommen würde. In dieser Nacht erinnerte ich mich auch an die grauenhaften Behandlungen, denen ich und meine Freunde ausgesetzt gewesen waren; ich erinnerte mich an meinen Genossen Jean-Paul Mbuebue, den ich im zentralen Gefängnis von Mbujimayi zurücklassen hatte müssen; ich erinnerte mich auch an die beiden Jungen, die bei unserer Demonstration getötet worden waren, sowie an die Folter, die Mukeba Dierbé erdulden musste … ich erinnerte mich an all dies, doch konnte ich keine zufriedenstellende Lösung für meine missliche Lage finden.

Schließlich fasste ich den Entschluss, meinen Weg ins Exil fortzusetzen – ich wollte in ein Land gehen, in dem ich meinen Kampf würde fortsetzen können. Ich wollte ein Land finden, in dem mein Einsatz für die Errichtung eines Staats, in dem Recht und Demokratie herrschten, von den wichtigen EntscheidungsträgerInnen dieser Welt gewürdigt würde.

Ich würde also weggehen – aber wohin? Diese Frage sollte mich von nun an nicht mehr in Ruhe lassen. In diesem Zustand der Ungewissheit entschied ich mich schließlich dazu, mich denjenigen anzuschließen, die sich anschickten, nach Algerien aufzubrechen. All das mit dem Ziel, schlussendlich in einem Land anzukommen, in dem Ordnung, Friede und vor allem Freiheit herrschten. Solche Länder sind auf dem afrikanischen Kontinent äußerst rar – nicht einmal in Nordafrika findet man sie wirklich. Ich musste mich also darauf einstellen, mich nach Europa durchzuschlagen, um dort Asyl zu beantragen. Einige Leute, die ich während meines Aufenthalts in Bamako weggehen sah, riefen uns an und teilten uns mit, dass sie bereits in Europa angekommen seien.

Aber nach Europa zu gehen, das bedeutet, eine neue Etappe im Leben zu beginnen. Ich war in katholische Schulen gegangen und hatte eine rationale, verstandesbetonte Haltung entwickelt – es war für mich nicht leicht vorstellbar, mich auf ein solches Abenteuer einzulassen. Ich hatte in Bamako ausgeharrt und gehofft, von hier aus in mein Land zurückreisen zu können. Ich wollte nicht aufs Geratewohl aufbrechen – bereits die Reise von Burkina Faso nach Mali hatte unter gefährlichen Umständen stattgefunden. Ich hatte ja keine Papiere und musste während der ganzen Reise stumm bleiben, um meinen zentralafrikanischen Dialekt nicht preiszugeben und mich nicht der illegalen Einreise verdächtig zu machen. Auf dieser Strecke hatte es auch Spione gegeben, die die Illegalen auf ihrem Weg zwar nicht aufhielten, jedoch mit den Grenzbeamten kooperierten und den Reisenden Geld abpressten. Spätestens bei diesem Streckenabschnitt habe ich verstanden, dass die Armut der Grenzbeamten auf dem gesamten afrikanischen Kontinent der Grund für diese Situation ist.

Ich rief also meine Familie an, um sie von meiner Entscheidung zu informieren. Es dauerte allerdings über ein Monat, bis ich sie von meinem Vorhaben überzeugt hatte. Sie waren voller Vorbehalte und hatten große Angst, da sie die Bilder der im Mittelmeer ertrunkenen MigrantInnen im Fernsehen gesehen hatten. Vor allem meine Mutter wollte nicht, dass ich von Bamako aufbrach. Schließlich gewann ich ihre Zustimmung, aber nur unter folgender Bedingung: Ich sollte auf keinen Fall in eine Piroge – also ein Fischerboot – steigen, um nach Europa zu gelangen. Ich musste ihnen versprechen zu warten, bis sich eine Möglichkeit bot, mit dem Flugzeug zu reisen. Einige Wochen nach diesem Gespräch schickten mir meine Eltern eine Summe von 1.000 Dollar via Western Union. Auf der nun folgenden Etappe meiner Reise würde es nicht einfach sein, mit ihnen in Kontakt zu treten.

Der Streckenabschnitt von Kongo-Brazzaville bis nach Bamako konnte noch vergleichsweise leicht gemeistert werden. Es war einfach, in losen Gruppen zu zweit oder dritt zu reisen. Nichts dergleichen für die Etappe, die nun vor mir lag. Sie erforderte minutiöse Vorbereitungen. Wir würden in einen neuen Raum eintreten, mit neuen BewohnerInnen, neuen Kulturen und neuen Sprachen. Praktisch alles würde neu sein für uns. Bisher hatten die Grenzbeamten Mühe gehabt, uns auf den ersten Blick nach unserer Nationalität zu identifizieren. Im Gegensatz dazu verriet uns unsere Hautfarbe nun schon von Weitem. Selbiges galt auch für die Sprache. Die Kulturunterschiede waren ebenfalls nicht zu vernachlässigen. Wir waren es durchaus gewohnt, unbemerkt ein paar Scheine in die Hand des Grenzbeamten gleiten zu lassen, damit er uns durchließ. Doch existierten diese Praktiken auch in diesem neuen Terrain? Zu all dem kam noch, dass wir die Sahara durchqueren würden – eine Unternehmung, die besonderer Vorbereitung bedurfte.

Zum Glück kannte Serge, bei dem wir in Bamako wohnten, die Eigenheiten der Reiseroute. Man hätte sogar meinen können, dass er die Route bereits selbst beschritten habe – was nicht der Fall war. Er war ohne Unterlass in Kontakt mit MigrantInnen, die weggegangen waren und deren Geldmangel sie an manchen Zwischenetappen dazu zwang, länger als vorgesehen auszuharren. Diese Personen wurden in dem von Serge aufgebauten System zu »Schleppern«. Sie dienten als Verbindungsleute oder ersetzten die alten Verbindungsleute, wenn diese weitergereist waren. Außerdem musste man gewährleisten, dass die Verbindungsleute entlang der gesamten Route ständig auf dem aktuellen Stand der Dinge waren, man musste die Funktionsmechanismen der Route zu jedem Zeitpunkt kennen; ja manchmal war es sogar notwendig, den Namen des diensthabenden Polizisten verfügbar zu haben, der die entscheidenden Straßen kontrollierte.

Zwei Monate benötigte ich, um die Reise vorzubereiten: Ich sammelte alle möglichen Informationen über die Strecke und machte die FreundInnen ausfindig, mit denen ich in Bamako angekommen war und die bereits weitergereist waren. Schließlich fand ich gemeinsam mit anderen Reisewilligen eine Gelegenheit, von Bamako nach Gao zu kommen. Gao, eine kleine Stadt im Nordosten Malis, liegt an der Grenze zur Sahara.

Abfahrt nach Gao

Eines Abends im September 2003, um 18 Uhr, fuhren wir nach Gao los. Der Bus war voll besetzt, ich kannte einige Leute aus unserer »Verbindung«.

Während des ersten Streckenabschnitts gab es keinerlei Probleme. Wir sprachen von allem und nichts, es gab keine Polizeikontrollen und der Bus folgte während zwei Tagen und zwei Nächten der Überlandstraße. Am Morgen danach trafen wir unmittelbar vor Gao bei der Fähre ein, die über den Niger führt. Wir mussten aussteigen, der Bus wurde zuerst hinübergebracht. Danach war die Reihe an den PassagierInnen. Alle sollten auf der anderen Seite des Flusses wieder in den Bus einsteigen, um zum Bahnhof der Stadt gebracht zu werden. Doch hier begannen die ersten Schwierigkeiten: Einzig die Händler, die gekommen waren, um Geschäfte zu machen, schienen ihre Reise ohne Probleme fortsetzen zu können. Für uns wäre es leichtsinnig gewesen, einfach weiterzufahren – denn weiter vorne an der Straße sahen wir eine Polizeiabsperrung, bei der Personenkontrollen stattfanden. Ich und meine Reisebekanntschaften hielten keine von der Migrationsbehörde ausgestellten Papiere in Händen – unsere Papiere waren rein informell und halfen uns in dieser Situation nicht weiter. Aus diesem Grund zogen wir es vor, den Bus nach der Überfahrt über den Fluss ohne uns wegfahren zu lassen. Wir hingegen machten uns aus dem Staub.

In Vierergruppen versuchten wir unsere Verbindungsperson ausfindig zu machen, bei der wir in Gao zwischenzeitlich untergebracht sein würden. Diese Person, eine Frau, sollte alle notwendigen Vorkehrungen für unsere Weiterreise treffen. Offenbar war vorgesehen, dass wir in einem vierradgetriebenen Pick-Up nach Kidal gebracht werden sollten.

Wir erreichten das Haus unserer Verbindungsfrau nach einer Stunde Fußmarsch. Sie war bereits über unsere Ankunft informiert; die Neuankömmlinge wurden in sieben verschiedene Gruppen geteilt und an mehreren Orten untergebracht.

Gao ist eine kleine malische Stadt mit nicht besonders vielen EinwohnerInnen. Neuankömmlinge werden sofort bemerkt und jeder Mensch, der sie beherbergt, ist verpflichtet, dies unverzüglich der Polizei zu melden. Obwohl wir uns nach der Fahrt über den Niger-Fluss aus dem Staub gemacht hatten, sprach sich unsere Ankunft bald in der Stadt herum. So kam es, dass noch in derselben Nacht plötzlich die Polizei an unsere Tür klopfte. Nach einer Diskussion mit zwei Mitgliedern unserer »Verbindung« wurden drei junge Frauen, die mit uns auf der Reise waren, gerufen – sie verschwanden, um erst am darauffolgenden Morgen wiederzukommen. Als sie zu uns zurückgekehrt waren, waren sie traurig und ihre Gesichter sagten alles – niemand hatte den Mut, sie zu fragen, was passiert war. Ich begriff in diesem Moment, warum die Frauen auf alle Untergruppen aufgeteilt worden waren. Den ganzen Tag lang sollte ich mich angesichts der Gewalt, die gegen sie ausgeübt worden war, unruhig und schwach fühlen. Ich begriff, dass die Mitglieder unserer Verbindungsstelle mit der Polizei paktiert hatten und die weiblichen Passagiere an sie auslieferten, um ihre Geschäfte durchführen zu können. Einmal mehr begriff ich den Sinn unseres politischen Kampfes: Wären unsere Länder gut regiert und um das Wohlergehen ihrer Bevölkerungen bemüht, so hätten diese Frauen sich nicht auf den Weg machen und solche Erniedrigungen erleben müssen. Wir waren in dieser Situation dazu gezwungen, uns den unmenschlichen Gesetzen dieser Reise zu beugen. In der dritten Nacht kamen die Polizisten ein weiteres Mal: Wir wurden gezwungen, pro Person 1.000 Francs CFA[2] zu bezahlen. Die Frauen hingegen wurden erneut entführt.

Die Etappe nach Tinzaouten

Wir verließen Gao auf einem Pick-Up. Der Fahrer zog es vor, nachts zu reisen, um nicht die Aufmerksamkeit der Polizei zu erregen. Tagelang waren wir in der Sahara unterwegs, nur selten fuhren wir auf der Überlandstraße. Wir kamen an mehreren Militärlagern vorbei. Unser Fahrer hatte eine Waffe bei sich. Wir tranken Wasser, das in Schläuchen aufbewahrt wurde und aufgrund der Hitze warm und ungenießbar geworden war. In der Wüste verliert das Geld seinen Wert – was zählt, ist einzig und allein, das eigene Leben zu retten. Die Reisenden hatten aufgehört, miteinander zu sprechen. Manches Mal verlor der Fahrer die Fährte. In solchen Fällen hielt er an und verrichtete das traditionelle Gebet, um den Weg wiederzufinden. Die 200 Kilometer lange Reise von Gao nach Kidal war weit beschwerlicher als die 1.400 Kilometer lange Reise von Bamako nach Gao. Als wir schließlich in Kidal angekommen waren, verwies uns der Fahrer auf eine andere Verbindungsperson, die uns nach Tinzaouten bringen sollte. Es handelte sich um einen älteren Herrn, der bereits seit mehreren Jahren in Kidal lebte. Er kümmerte sich

2   Entspricht ca. 1,50 Euro.

um unsere Angelegenheit und trieb einen vierradgetriebenen Jeep auf. Jeder Passagier und jede Passagierin musste dem alten Herrn ein »Eintrittsgeld« bezahlen.

Schlussendlich wurden wir auf zwei Pick-Ups aufgeteilt, auf denen wir aneinandergepresst wurden wie die Sardinen in einer Dose. Wie immer wurde darauf Acht gegeben dass auf jedem Pick-Up auch Frauen mitfuhren. Ohne aufzumucken sahen wir den zwei Fahrern zu, wie sie sich um die weiblichen Passagiere stritten: »Du da, steig hier ein!« – »Nein, diese hier fährt bei mir mit!«

So waren wir nun auf dem Weg von Kidal nach Tinzaouten. Aus Angst, angehalten zu werden, vermieden es die beiden Fahrer auch hier wieder, sich auf der Hauptstraße blicken zu lassen. Lediglich in ausgewählten Augenblicken begaben sie sich auf die Hauptroute, und das nur für kurze Zeit. Wir fuhren im Konvoi – die Aufgabe des ersten Wagens war es, den zweiten zu verständigen, sollte er in einen Hinterhalt geraten.

Eines Nachts wurden wir bei einer Straßensperre angehalten. Wir wussten nicht, wer uns da eigentlich stoppte. Nachdem wir gezwungen worden waren, abzusteigen, folgte eine lange Diskussion mit dem Fahrer. Dieser wies uns schließlich an, pro Kopf 3.000 Francs CFA zu bezahlen. Wir kamen dieser Aufforderung nach – und trotzdem wurden die weiblichen Passagiere wieder aus der Gruppe entfernt und fortgeführt. Uns zwang man, die Nacht vor Ort zu verbringen und zu warten, bis die Frauen zurückgebracht wurden. So schien das hier also zu laufen – wir sollten richtig liegen in der Annahme, dass auch hier wieder der Fahrer Komplize der Erpressungen war. Er verschwand an diesem Abend und kam erst am Morgen wieder zurück. Niemand wagte zu fragen, wo er die Nacht zugebracht hatte. Später vertraute mir eine der mitreisenden Frauen an, dass sich der Fahrer und die Aggressoren gut kannten – sie teilten das Geld untereinander auf und auch die Verfügungsgewalt über die Frauen.

Gegen 22 Uhr kamen wir schlussendlich in Tinzaouten an, im Grenzgebiet zu Algerien. Ein *No Man's Land*, wie man auf Englisch sagt, mitten in der Sahara. Wir hatten gerade die Grenze überquert, da wurde plötzlich offenbar, dass uns ein algerischer Militärjeep verfolgte. Unser Fahrer wies uns überstürzt an, auszusteigen – Hals über Kopf liefen wir davon, um uns in den Sanddünen zu verstecken. An diesem Tag war ich meines Lebens überdrüssig. Ich befand mich am Ende meiner Kräfte. Zum Glück folgten die Soldaten nicht uns, sondern dem Jeep. Obwohl es sehr kalt war, blieben wir über eine Stunde lang liegen, um nicht entdeckt zu werden. Danach machten wir uns auf, um die »Ghettos« der Stadt zu suchen (als Ghettos bezeichneten wir die provisorischen und prekären Behausungen der MigrantInnen). Wir fanden sie nach drei Stunden. Einige Frauen blieben zurück im Sand, sie hatten keine Kraft mehr, sich fortzubewegen. Erst nachdem wir die Ghettos gefunden hatten, wiesen die »Chairmen«[3] der unterschiedlichen Communities die Ihren an, sich mit Wasserkanistern auszurüsten und die Frauen zu suchen.

Sobald wir die Ghettos gefunden hatten, mussten wir nun einen Ort finden, an dem wir würden schlafen können. Jede Community brachte ihre jeweiligen Landsleute unter. Wir gingen also zum Ghetto der KongolesInnen. Doch hier scherte sich keiner um seinen Nächsten. Wir waren zwölf kongolesische Neuankömmlinge und fanden etliche Landsleute vor, die bereits seit einiger Zeit hier lebten. Wir stritten um das Trinkwasser. Über dreißig Personen mussten sich zusammengepfercht auf rund zehn Quadratmetern einrichten. Männer, Frauen und Kinder schliefen auf dem Boden. Wenn man das Glück hatte, einen Platz zu finden, musste man in derselben Position liegenbleiben, in der man sich hingelegt hatte,

---

3   Als »Chairmen« werden die informellen Chefs der nach Ländern organisierten Communities bezeichnet.

und konnte sich nicht bewegen. Nur aufgrund der Müdigkeit gelang es uns, einzuschlummern. Wir schliefen bis zum nächsten Morgen durch.

Das Leben im Ghetto

Jede Community hatte ihr Ghetto mit ihrer eigenen Organisation. Jedes Land hatte seinen Chairman. Dieser trug die Verantwortung für seine Landsleute und war stets darüber informiert, wer unterwegs nach Tinzaouten war und wer nach Algerien aufbrach. Was die Neuankömmlinge betraf, so war es der Chairman, der sie in die Regeln und Gesetze einwies. Der Ort des Ghettos wurde »Territorium« genannt. Der Chairman hatte Kontakte zu Leuten, die ein Auto besorgen konnten oder Dokumente für die Papierlosen zur Weiterreise nach Algerien. Bei unserer Ankunft gab es vier Ghettos: das der KongolesInnen, der KamerunerInnen, der LiberierInnen und der NigerianerInnen.

Unser Chairman informierte uns also am Morgen über die Gesetze, die es auf unserem »Territorium« zu respektieren galt. Es gab Gesetze, die alle Communities beachten mussten, und spezifische Gesetze, je nach Herkunftsland. Unter den Gesetzen, die alle beachten mussten, war eines, das besagte, dass jeder Neuankömmling 20 Euro zu bezahlen hatte. Weiters mussten alle, die Richtung Algerien aufbrechen wollten, zusätzlich 10 Euro bezahlen. Dieses Geld diente den Chairmen dazu, die Ghettos instand zu halten und um bei Notfällen Mittel parat zu haben. Manchmal konnten sich ein Chairman und die Mitglieder seines »Büros« auf diese Weise ihre Reisekosten finanzieren. Ein anderes allgemeines Gesetz besagte, dass es keinem Konvoi gestattet sei, nigerianische junge Frauen mitzunehmen, ohne davor das Einverständnis des Chairman ihrer Community einzuholen. Ein spezifisches Gesetz, das jede Community für sich anwandte, war die Pflicht zur Solidarität unter den Landsleuten.

Das Frappierendste an diesen »Territorien« war mit Sicherheit die Existenz des nigerianischen Prostitutionsnetzwerks. Die Kunden dieser Sexarbeit waren in erster Linie algerische Polizisten. Aus diesem Grund waren sie dem nigerianischen Chairman wohlgesonnen.

Oft kam es zwischen den verschiedenen Ghettos zu Konflikten um den Führungsanspruch. Diese Konflikte wurden nicht selten von Mitgliedern der nigerianischen Community entfacht, die neben den Geschäften mit den Reisenden auch noch in Netzwerke des Drogenhandels und der Prostitution involviert waren. Sie mussten aufgrund ihrer Machenschaften mehr Disziplin und Kontrolle aufwenden, um die Sicherheit ihres »Territoriums« zu gewährleisten. Der Umgang mit Frauen in den verschiedenen Ghettos erwies sich als weiterer Anlass für Konflikte. Wenn ein Chairman in einer anderen Community eine Frau sah, die ihm gefiel, dann schickte er seine Leute aus, um sie mit Gewalt zu ihm zu bringen.

So konnte ich ein weiteres Mal ermessen, welcher Gewalt die Frauen, die in diesen Gebieten reisten, ausgesetzt waren. Junge Frauen aus Nigeria waren davon besonders betroffen: Mitglieder ihrer eigenen Community missbrauchten sie sexuell und verkauften sie gegen Geld an Mitglieder anderer Ghettos weiter. Es war schrecklich für sie. Das Geld aus diesen Geschäften gelangte auf direktem Weg in die Hände des Chairman. Im Gegenzug gewährleistete er den »Schutz« dieser Frauen, die oft sehr jung waren. Ich stellte mir fortwährend die Frage, in welche Taschen die ungeheuren Reichtümer Nigerias denn verschwinden würden – das Land besitzt riesige Mengen an Erdöl und gleichzeitig schien es nicht möglich zu sein, den Schutz der jungen nigerianischen Frauen zu gewährleisten. Sie wurden ohne Mitleid missbraucht, mussten unter entwürdigenden Bedingungen leben und waren hohen Ansteckungsrisiken ausgesetzt. Ich war schockiert, im nigerianischen Ghetto minderjährige Frauen zu sehen, die schwanger waren. Ich erinnere mich an eine dieser jungen Frauen, die bereits hochschwanger war und sich ständig übergeben musste. Unter welchen Bedingungen würde sie entbinden?

Die nigerianischen jungen Frauen wurden in vielen Fällen von einem Mann begleitet, der für sie »verantwortlich« war. Diese Männer hatten die Frauen bis hierher gebracht – ihnen, den Männern, mussten sie überall hin folgen, bis nach Europa. Die Frauen standen meist total unter ihrer Fuchtel. Sie waren gezwungen, alle Instruktionen zu befolgen, die ihnen erteilt wurden. Manche Ghettobewohner, die bereits seit längerer Zeit hier waren, erklärten mir, dass die Frauen von ihren »Chefs« nach Europa gebracht würden, um dort »Business« zu machen. Dieses Schicksal traf jedoch nicht nur Frauen aus der nigerianischen Community – Frauen aus sämtlichen Ghettos wurden in solche oder ähnliche Verhältnisse gezwungen. Dazu kam die Gewalt der Soldaten und Polizisten, die sie terrorisierten und nachts entführten. Das Spezielle war, dass die nigerianischen Frauen meist von den Mitgliedern der verschiedenen Ghettos missbraucht wurden; die Soldaten höherer Dienstgrade bevorzugten Frauen aus anderen afrikanischen Ländern. Diese kamen am Morgen mit Mineralwasser und Nahrung zurück. Dieser Umstand führte zu Eifersucht und manchmal auch zu Schlägereien. Die Frauen, die zu den Polizisten gingen, ermöglichten es den »Verbindungsleuten«, zu algerischen Visa zu kommen. Es kam aber auch vor, dass einem Polizisten eine Frau besonders gefiel – dann behielt er sie bei sich und ließ sie erst nach zwei Wochen wieder fort. Frauen, die mit Polizisten gingen, hatten größere Chancen, temporäre Visa oder malische Pässe zu bekommen. Denn diese waren oft zuvor von den malischen Behörden konfisziert worden.

Es war auch in Tinzaouten, wo ich die Gräber von Menschen sah, die während einer Konfrontation zwischen NigerianerInnen und KamerunerInnen umgekommen waren. Der Konflikt hatte mehreren Männern und Frauen das Leben gekostet.

Während der zwei Wochen, die wir in Tinzaouten verbrachten, wuschen wir uns nur ein einziges Mal. Wasser tranken wir aus einem Brunnen. Da ich mich mit den in den Ghettos anwesenden Frauen gut verstand, gaben sie mir manches Mal Mineralwasser, das sie von den Soldaten erhalten hatten. Das Angebot an Nahrungsmitteln war äußerst mager und wir durften nicht wählerisch sein. Überall war Sand, auch im Essen, da ohne Unterlass starker Wind blies.

Schließlich trieb der Chairman eine Verbindung für uns auf. Zwei Pick-Ups sollten uns nach Tamanrasset bringen.

Die Etappe Tamanrasset – der Hinterhalt

Tamanrasset ist eine Stadt im Süden Algeriens. Die Reise dorthin war der härteste und schwierigste Teil meines Parcours. Wir brachen nachts auf – zu Fuß. Die Pick-Ups warteten in der Wüste auf uns, rund einen Kilometer von der Stadt entfernt. Auf diese Weise sollten Polizeikontrollen vermieden werden. Ein Anführer ging uns voran, er wusste, wo die Autos versteckt waren. Bevor wir wegfuhren, musste ihm jeder Reisende fünf Euro aushändigen. Es war an einem Mittwoch gegen 22 Uhr – wir stiegen in die beiden Pick-Ups und die Reise begann. Wir waren wieder im Konvoi unterwegs, damit im Falle einer Panne ein Wagen dem anderen zu Hilfe kommen konnte. Auf diese Weise sollte auch vermieden werden, dass einer der beiden Jeeps von der Route abkam. Ich fragte mich dennoch, was uns all das im Fall einer Panne helfen würde – war doch jeder der beiden Jeeps schon übervoll; die Menschen waren wie Sardinen dicht aneinandergedrängt.

Bis zum nächsten Tag um 14 Uhr waren wir ohne Probleme unterwegs. Einzig Hunger und Durst quälten uns – daran waren wir jedoch bereits gewöhnt. Nachmittags hatten wir eine Panne. Die Reparatur nahm über eine Stunde in Anspruch. Zum Glück konnten wir unsere Reise danach fortsetzen. Doch nur zwanzig Minuten später tauchte eine Gruppe Menschen vor uns auf. Sie trugen allesamt Djellabas[4], ihre Köpfe waren mit Turbanen bedeckt. Sie deuteten den Fahrern, anzuhalten. Uns wiesen sie an, auszusteigen und uns auf den Boden zu legen. Hier ging es nun nicht mehr darum, einen Tribut zu zahlen. Die Männer begannen uns einen nach dem anderen zu durchsuchen. Wir wurden allesamt gezwungen, uns auszuziehen. Sogar der Anus jeder reisenden Person wurde untersucht. Bei einer Reihe von Frauen, die ihr Geld in ihren Intimbereichen versteckt gehalten hatten, fanden sie 800 Dollar. Eine andere Frau hatte kein Geld bei sich – diese schlugen sie und drohten, sie bei sich zu behalten. Mir stahl man 520 Dollar, die ich in meiner Hose aufbewahrt hatte. Zwei Frauen, die neben mir lagen, wurden die Mobiltelefone abgenommen. Innerhalb einer Viertelstunde wurde auf diese Weise unser gesamtes Hab und Gut geraubt.

Nachdem wir wieder aufgestanden waren und unseren Weg fortsetzten, sprach keiner von uns ein Wort. Männer wie Frauen weinten. Wir fragten uns alle, ob das, was wir gerade erlebt hatten, ein schlimmer Zufall gewesen war oder ob die beiden Fahrer mit den Dieben unter einer Decke steckten. Ich fand keine Antwort auf diese Frage …

Am Tag danach, es war etwa 20 Uhr, wiesen uns unsere Fahrer plötzlich an, auszusteigen. Wir befanden uns noch mitten in der Wüste. Dennoch sagten sie uns, dass wir in Tamanrasset angekommen seien. Sie wiesen auf einen Stromleitungsmast, der in der Ferne zu sehen war. Um in die Stadt zu gelangen, sollten wir diese Richtung einschlagen. Die Fahrer machten sich aus dem Staub, da sie fürchteten, von der Polizei, die diese Gegend nach Schleppern absuchte, erwischt zu werden. So gingen wir also los, ohne den Weg zu kennen. Nach einer Weile schien es, als ob der Mast, den wir zu-

---

4   Die Djellaba ist ein lang wallendes traditionelles Gewand. Sie wird (meist einfarbig von Männern und bunt gemustert von Frauen) in den Ländern des Maghreb, besonders in Marokko, getragen.

nächst vor uns gesehen hatten, hinter uns liegen würde. Wir marschierten bis Mitternacht – selbst in diesen vier Stunden gelang es uns nicht, den Mast zu erreichen. Wir waren alle müde und abgekämpft. Nach und nach brachen Leute aus unserer Gruppe vor Hunger und Durst zusammen. Zudem war es sehr, sehr kalt. Niemand kam uns in dieser Wüste zu Hilfe. Die Frauen begannen zu weinen, doch niemand kümmerte sich darum. Jeder und jede war nur um das eigene Schicksal besorgt. Ein weiteres Mal auf dieser Reise sollte ich mich meines Lebens überdrüssig fühlen. Ich hatte mein Land verlassen, um mein Leben zu retten, und nun sollte ich es hier in der Wüste verlieren? Zu Hause riskierte ich mein Leben für eine bedeutungsvolle Angelegenheit, ich hätte mich in die Annalen der Geschichte eingeschrieben; mein Tod wäre von meiner Familie, meinen FreundInnen und meinen Bekannten beweint worden. Hier in dieser Wüste sah ich den Tod umherstreichen; wir liefen Gefahr, von ihm plötzlich überrascht zu werden. Wer würde meine Eltern darüber informieren? Unter den Reisenden war ich der einzige Angehörige meiner Region. Diese Gedanken überwältigten mich, als ich bemerkte, dass ich zu schluchzen begonnen hatte. Meine Eltern hatten recht gehabt, mich vor diesen Plänen zu warnen. Doch nun war es zu spät – wir waren verloren, uns fehlte jegliche Orientierung. Der Strommast war immer noch sichtbar, und dennoch war es unmöglich, ihn zu erreichen. Bevor wir weggefahren waren, hatte uns der Chairman gesagt, was zu tun wäre, wenn wir uns in der Wüste verirrten: Wir sollten stehenbleiben, uns ausruhen, schlafen. Ein Reisekamerad erinnerte uns an diesen Rat, doch niemand hörte ihm zu und wir setzten unseren Marsch fort. Nachdem eine weitere Stunde vergangen war, fasste ich mir ein Herz, ergriff das Wort und erinnerte abermals an die Worte des Chairman. Diesmal klappte es und die Leute hörten zu. Wir blieben stehen, um uns auszuruhen. In der Morgendämmerung hörten wir Motorenlärm. Es handelte sich jedoch um ein Fahrzeug der algerischen Polizei – wir riefen nicht um Hilfe, denn wir wären doch nur ins Gefängnis geworfen und nach Tinzaouten abgeschoben worden. Schließlich übermannte uns wieder die Müdigkeit und wir schliefen ein.

Wir hatten Glück im Unglück: Der Chairman von Tinzaouten hatte unseren Fahrer angerufen, der ihm mitteilte, dass er uns einige Kilometer vor Tamanrasset in der Wüste hatte aussteigen lassen. Ersterer hatte dann den Chairman von Tamanrasset verständigt, der ihm wiederum mitteilte, dass wir nicht angekommen waren. So kam es, dass der Chairman von Tamanrasset ein fünfköpfiges Team ausschickte, das uns suchen sollte. Als ich die fünf sah, wie sie sich uns näherten, fragte ich mich zuerst, ob sich diese Menschen wohl auch verirrt hätten oder ob sie uns zu Hilfe kommen würden. Und welch ein Wunder, sie kamen, um uns zu retten! Wir marschierten mit ihnen eine Stunde lang und erreichten schließlich die Stadt.

Wir kamen also in Tamanrasset an und hatten unser gesamtes Hab und Gut verloren. Als wir unseren Freunden erzählten, was uns widerfahren war, entgegneten sie, solche Dinge würden häufig geschehen. Das Wichtigste sei, mit dem Leben davonzukommen. Etliche seien in der Wüste gestorben. Sie fügten hinzu, dass wir Glück gehabt hätten, Geld bei uns zu tragen – die Banditen wären sonst bestimmt gnadenlos gewesen. Sie hätten gut und gern einige von uns töten können.

Nachdem ich diese Worte gehört hatte, kümmerte mich das verlorene Geld nicht mehr. Ich hatte zwar keinen Cent mehr in der Tasche, um zu Hause anzurufen, doch, so dachte ich, wäre es nicht ohnehin besser, gar nichts zu sagen? Würde meine Familie erfahren, was geschehen war, würden sie sich bestimmt dagegen sperren, dass ich meinen Weg fortsetzte …

Einige meiner Mitreisenden riefen ihre Bekannten in Europa an. Doch ich kannte niemanden dort und konnte auf keine Hilfe zählen. Ich erlebte aber auch, dass denjenigen, die ihre Verbindungsleute und Bekannten in Europa anriefen, manches Mal die Unterstützung verwehrt wurde: Man glaubte ihnen nicht, was sie am Telefon erzählten. So blieb den meisten als einzige Wahl, auf den Feldern und Baustellen der Stadt zu arbeiten, um das Geld für die Weiterreise zusammenzubekommen.

Das Leben in Tamanrasset

Tamanrasset ist die Wegkreuzung aller MigrantInnen, die, vom Niger, aus Mali oder aus Libyen kommend, hier zusammentreffen. Ich blieb über vier Monate. In dieser Stadt gab es ungeheuer viel Durchreiseverkehr; Menschen aus den verschiedensten afrikanischen Ländern kamen hier durch. Ich traf FreundInnen wieder, die ich auf meiner Reise durch Benin kennengelernt hatte. Sie hatten die Route über den Niger genommen. Andere hatte ich in Mali kennengelernt. Sie sagten mir, dass sie bereits seit fünf Monaten hier ausharren würden. Ich traf Männer, Frauen und Kinder aus meinem Heimatland, aus Kamerun, aus Guinea, Mali, Niger, der Elfenbeinküste, Liberia, Sierra Leone, Nigeria und anderen afrikanischen Ländern.

Das Leben hier war beschwerlicher als an den anderen Aufenthaltsorten, die ich bisher kennengelernt hatte. Hier gab es kein Ghetto für die MigrantInnen. Wir schliefen auf offener Straße. Tag und Nacht verbrachten wir hier, Männer und Frauen zusammengemischt. All die Menschen, mit denen ich hier zusammentraf, waren in der Wüste Opfer von Raubüberfällen geworden. Niemand hatte genügend Mittel, um nach Algier oder Oran weiterzureisen. Alle mussten sich irgendwie verdingen, um ein wenig Geld zu verdienen. Jeden Morgen gingen wir zum Place Tchad, wo die Algerier Arbeitskräfte für ihre Baustellen oder für die Plantagen suchten. Man konnte sich glücklich schätzen, einen Job am Bau zu ergattern, denn während dieser Zeit schlief und aß man auf der Baustelle. Gleichzeitig arbeiteten wir allerdings unter sklavenähnlichen Bedingungen. Wir wurden zur Demolierung von alten Gebäuden oder zum Schleppen von Zementsäcken eingesetzt. Man hetzte uns während der Arbeit. Wir arbeiteten sehr hart, um danach allzu oft einen lächerlich geringen Lohn zu bekommen. Manchmal mussten wir unter den unhygienischsten Bedingungen Toiletten entleeren. Wir waren jeglicher Möglichkeit beraubt, unsere Rechte einzufordern. Seine Stimme zu erheben bedeutete, sich den Drohungen seines Chefs auszuliefern. Dieser zögerte meist nicht, beim geringsten Anlass die Polizei zu rufen. Unsere Arbeitsbedingungen waren dermaßen hart, das wir nicht einmal die Kraft hatten, zu fliehen, wenn die Polizei plötzlich auftauchte. Manches Mal kam es vor, dass uns unsere Chefs nach getaner Arbeit schlichtweg den Lohn vorenthielten und drohten, dass sie die Polizei rufen würden.

Der Place Tchad war aber auch ein Treffpunkt für die MigrantInnen. Jeden Tag trafen wir uns hier und diskutierten. Jede Gruppe berichtete von der Route, die sie genommen, und von dem Leiden, das sie durchgestanden hatte. Wir stellten fest, dass diejenigen, die über den Niger gereist waren, und diejenigen, die die Route über Mali gewählt hatten, sehr ähnliche Dinge durchmachen mussten. Jede Person, die ihre Geschichte erzählte, endete mit den Worten: »Wenn ich jemals in Algerien ankommen sollte, werde ich allen raten, diese Route nicht zu nehmen.«

Nachdem wir einander über unsere Reiseerlebnisse erzählt hatten, sprachen wir meist von politischen Themen. Auch hier wurde wiedergegeben, was ich bereits an vielen anderen Stationen meiner Reise gehört hatte: Man beklagte die schlechte Verwaltung des Heimatlandes und beschrieb, auf welche Weise die afrikanischen Politiker ihr eigenes Volk berauben und einzig und allein für die Interessen ihrer eigenen Familien arbeiten würden. Wir verglichen auch die Reichtümer Afrikas mit denen der restlichen Welt. Jede Person, die sprach, erwähnte dabei die ungeheuren Reichtümer des Kongo und den Umstand, dass dieses Land alleine ganz Afrika ernähren könnte. Unsere malischen Freunde wunderten sich stets, dass »Zairer«, wie sie uns nannten, ins Exil gehen mussten, denn sie kannten keinen Krieg und keine politische Verfolgung – sie waren auf der Suche nach einem besseren Leben. Es gab aber auch Reisende aus dem Kongo, die das Land aus ökonomischen oder persönlichen Gründen verlassen hatten. Einige Frauen erzählten, dass sie ihren Ehemännern, die bereits in Europa lebten, nachreisen würden und dass ihnen die Konsulate die Einreisevisa verwehrt hätten. Ich traf Menschen aus Liberia und der Elfenbeinküste, die aufgrund des Krieges weggegangen waren und die mir erzählten, wie sie nur knapp dem Tod entgangen waren. Die meisten von denen, die ich in Tamanrasset traf, hatten jedoch ihr Land verlassen, weil sie in **85** ökonomischen Schwierigkeiten waren und bei sich zu Hause keine Zukunft für sich sahen.

So sprachen wir am Place Tchad über Politik, Wirtschaft, Kultur und Religion. Wir entwickelten sogar Vorschläge, wie unsere Länder regiert werden müssten, damit die Reichtümer allen zugänglich wären. Einige hatten vor, nach ihrer Reise zurückzukehren und Fabriken zu bauen oder Landwirtschaft zu betreiben. Ein junger Migrant erzählte von seinem Vorhaben, nach seiner Reise zurückzugehen und in seinem Land ein Unternehmen aufzubauen. Er schwor sich, keine Steuern zu bezahlen, da diese ohnehin nur in die Taschen der Machthaber fließen würden.

Alle hier hatten ihr »Projekt«. Einige bekundeten, dass sie jede Arbeit annehmen würden, die sich ihnen in Europa böte. Sie würden auf den Feldern arbeiten, auf den Straßen, ja sogar in den Leichenschauhäusern. Das einzig Wichtige sei, genügend Kapital zusammenzubekommen, um danach zu Hause investieren zu können. Andere widersprachen und gaben an, nur für das Wohlergehen ihrer Eltern arbeiten zu wollen. In Afrika zu investieren sei hingegen zu riskant: Man würde Gefahr laufen, durch Plünderungen und Kriege alles von einem Moment zum anderen wieder zu verlieren. Um ihr Argument zu untermauern, sprachen sie über alle die afrikanischen Machthaber, die ihre Reichtümer ins Ausland gebracht hatten. Sie zählten die Villen, Schlösser und Bankkonten auf, die die Präsidenten ihrer Länder in diesem oder jenem europäischen Land innehätten.

Und als ich aufs Neue begriff, dass jeder seine eigenen Gründe für seine Reise hatte, dass jeder sein eigenes Projekt verfolgte, begriff ich auch den Inhalt meines eigenen Projekts: Ich wollte die EuropäerInnen darüber aufklären, welche Konsequenzen damit verbunden waren, dass Europa so viele afrikanische Diktatoren unterstützte.

86 Der Place Tchad war aber nicht nur ein Ort der Debatte. Es war auch ein Ort, an dem regelrechte Verfolgungsjagden stattfanden. Zu jedem Zeitpunkt konnte die Polizei auftauchen, und diejenigen, die erwischt wurden, wurden nach Tinzaouten rückgeschoben. Gleichwohl hatten die MigrantInnen den Platz strategisch klug ausgewählt: Die Zufahrt war für die Polizeijeeps nicht einfach – bevor die Polizei den Platz erreichen konnte, hatten sich die Illegalisierten oft schon aus dem Staub gemacht.

Abfahrt nach Algier

Eines Tages gelang es der Polizei mittels einer groß angelegten Razzia, eine beträchtliche Zahl von MigrantInnen festzunehmen und nach Tinzaouten rückzuschieben. Viele Baustellen wurden geräumt, während die MigrantInnen, die auf den Feldern arbeiteten, meist unbehelligt blieben. Zu meinem großen Glück war die Baustelle, auf der ich arbeitete, nicht von der Razzia betroffen. Ein Freund, mit dem ich nach Mali eingereist war und den ich dabei unterstützt hatte, malische Papiere zu bekommen, rief nach diesen Ereignissen seinen Bruder in Europa an und bat ihn um finanzielle Unterstützung, um nach Algier weiterreisen zu können. Nachdem er von ihm 200 Euro erhalten hatte, fragte er mich, ob ich mit ihm die Reise antreten wolle.

Wir bereiteten also alles für die Abreise vor. Unser Reiseorganisator kaufte am Busbahnhof die Tickets. Wir waren eine Gruppe von zwanzig; der Organisator teilte uns in zwei Zehnergruppen auf – eine sollte nach Oran, die andere nach Algier fahren. Ich wurde der zweiten Gruppe zugeteilt. Des Nachts wurden wir zum Haus eines Kameruners geführt, der in unmittelbarer Nähe des Busbahnhofs wohnte. Bei ihm verbrachten wir die Nacht. In der Früh musste ihm jeder von uns einen Betrag zahlen. Um 4 Uhr morgens fanden wir uns beim Busbahnhof ein, um den ersten Bus zu nehmen. Vor Ort wartete bereits eine große Anzahl an Menschen – alle sahen uns an. Wir hatten ja bereits unsere Tickets und konnten in den bereitgestellten Bus einsteigen. Dennoch verzögerte sich die Abfahrt, bis schließlich um etwa 6 Uhr ein Polizeijeep auftauchte. Wir mussten allesamt wieder aussteigen und unsere Papiere wurden kontrolliert. Wir waren alle im Besitz von malischen Pässen sowie von Visa, die wir uns in Tinzaouten organisiert hatten. Dennoch wollte uns die Polizei ganz offensichtlich Schwierigkeiten machen. Unser Reiseorganisator hatte uns angewiesen, in solch einem Fall den Polizisten zuzuflüstern: »Moi j'ai le café.« Wir taten dies auch, worauf uns die Polizisten zu einem ihrer Jeeps geleiteten. Das altbekannte Spiel: Wir wurden zur Kasse gebeten – einige gaben 100 Dinar, andere 200. Danach wurden wir zum Bus zurückgebracht und konnten wenige Minuten später abfahren. Hier begriff ich, dass wohl die Polizei in ganz Afrika nach dieser Methode verfuhr.

Fast drei Tage waren wir unterwegs. Auf der Strecke passierten wir mehrere Absperrungen. Bei manchen reichte es, den Pass vorzuzeigen, bei anderen mussten wir die Polizisten abermals schmieren. Drei unserer Reisegefährten wurden festgenommen – sie kamen aus dem Niger und die Visa, die man ihnen in der nigerischen Stadt Arlit ausgestellt hatte, waren offenbar nicht gültig. Kein Flehen half ihnen, sie wurden mitgenommen und abgeschoben.

Schließlich kamen wir in Algier an. Hier dachte ich, dass nun das Ende unseres Leidenswegs gekommen sei. Doch wir standen erst an seinem Beginn.

Als wir den Busbahnhof erreichten, war meine Freude noch ungebremst. Ich dachte, dass ich nun am Ende meiner Strapazen angekommen sei und hier in Frieden leben könnte. Doch als ich das Ghetto der MigrantInnen im Stadtteil Dely Ibrahim erreichte, waren all meine Hoffnungen zunichte. Zu keinem Zeitpunkt meiner Reise hatte ich gedacht, dass in einer großen Stadt wie Algier Menschen in derart miserablen Zuständen leben könnten. Nirgends in ganz Afrika hatte ich jemals gesehen, dass Menschen gezwungen waren, im Unterholz von Wäldern zu hausen. Ich musste nach Algier, der Hauptstadt Algeriens kommen, um dies mit eigenen Augen zu sehen. Wir waren abgekämpft und erschöpft angekommen und nun hatten wir nicht einmal einen Ort, an dem wir uns ausruhen konnten.

Gegen 19 Uhr kamen junge Leute ins Ghetto. Ich fragte sie, woher sie kämen, und sie erwiderten, sie kämen von ihrer Arbeit. Sie brachten Mineralwasser, Saft, Brot, Joghurt und andere Lebensmittel. Die Qualität dieser Nahrungsmittel ließ mich etwas Hoffnung schöpfen – im Kongo hätten sich nur die Bourgeoisie und die Kreise der Machthaber solche Esswaren leisten können. Ich bekam bald eine Antwort auf meine brennende Frage, warum die MigrantInnen gezwungen waren, unter freiem Himmel zu schlafen: Papierlosen – Sans Papiers –, so bekam ich zu hören, sei es in Algier verboten, ein Haus zu mieten. Jeder Sans Papier, der dies wagte, würde im Gefängnis landen.

Algier ist stolz auf die Gebäude und die Autobahnen der Stadt. Die MigrantInnen jedoch sind gezwungen, unter freiem Himmel zu schlafen. Sie verstecken sich in den Wäldern und den Brachflächen der Stadt, doch die Polizei weiß genau, wo sie sind – die Männer, Frauen, Kinder und Babys.

Die Ankunft in Algerien sollte also nur der Beginn eines Martyriums sein, das weit schlimmer werden würde als all das, was ich in Kamerun, in Benin oder in Mali erlebt hatte. In jenen Ländern war es für die Behörden schwierig zu unterscheiden, wer Einheimischer war und wer nicht, wer Papiere hatte und wer Sans Papier war. Hier verriet uns unsere Hautfarbe von Weitem.

Die erste Nacht verbrachte ich auf einem einfachen Sack, unter einer Decke, die mir ein Freund gab. Ich hatte mich im Laufe meiner Reise bereits an solcherlei Lebensbedingungen gewöhnt. Was mich jedoch erschütterte, war der Umstand, dass die Gebäude und die Straßen in so gutem Zustand waren, während wir unter furchtbaren Bedingungen hausen mussten. Nicht der Geldmangel war es, **89** der uns in diese Situation brachte, sondern die Tatsache, dass wir Papierlose waren. Keine Papiere zu haben bedeutet in Algerien, keinen Wert zu haben, keine Würde und keine Rechte. Doch Algerien ist gleichzeitig ein Land der Emigration – die Menschen zieht es nach Europa. Die subsaharischen MigrantInnen dienen hingegen als Sündenböcke. Indem mit dem Finger auf sie gezeigt wird, kann verschleiert werden, dass auch algerische StaatsbürgerInnen den Pfad der illegalen Auswanderung beschreiten, sei es aus politischen oder aus ökonomischen Gründen. Die SubsaharierInnen hingegen würdigt man herab, man misshandelt sie, man weist sie auf rassistische Art zurück – und gleichzeitig bedient man sich ihrer: Algerien bezieht aus der Verwaltung der subsaharischen Migration politische und ökonomische Dividenden. Die EU bezahlt die Länder des Maghreb, damit sie den Wachhund für Europa spielen.

Während meines Aufenthalts in diesem Land gewann ich den Eindruck, dass die AlgerierInnen keinerlei Achtung vor den subsaharischen MigrantInnen haben. Selbst kleine Kinder hatten keinerlei Wertschätzung für uns. Sie waren es bereits gewöhnt, zu sehen, wie wir von der Polizei verfolgt, gefesselt, auf Lieferwagen verfrachtet und eingesperrt wurden. Wenn sie uns sahen, riefen sie ohne

Unterlass: »Freund, wo ist denn dein Pass?« Wir wurden wie Bettler betrachtet, man sah uns als wenig intelligent und ungebildet an.

Wir bekamen diese Geringschätzung auch in den Krankenhäusern zu spüren. War man krank und beantragte ärztliche Hilfe, so wurde oft die Polizei gerufen – die Leute wurden einfach mitgenommen, ohne behandelt worden zu sein. Doch nicht nur die Polizei missachtete unsere Rechte – die gesamte Bevölkerung wies uns zurück und sah auf uns herab. Für sie waren wir nur dann von Nutzen, wenn wir körperlich schwere Arbeiten verrichteten – wenn wir also ökonomisch ausgebeutet werden konnten. In den Straßen Algiers, vor allem in den ärmeren Bezirken, wurden wir als Sklaven,

als »Azzi«, beschimpft. Manche Jungen beschimpften uns auf diese Weise und warfen Steine nach uns. Ich selbst wurde mehrere Male Opfer und Zeuge dieser Angriffe. Ich war der Überzeugung gewesen, dass diese Dinge einer längst vergangenen Epoche angehörten, als die Araber mit schwarzen Sklaven handelten. Doch diese Praktiken der Erniedrigung existierten noch immer – Sklaverei und Entmenschlichung waren nicht vorüber. Für mich war es unvorstellbar, dass gerade die jungen AlgerierInnen, die genauso wie wir potentielle EmigrantInnen waren und nach Europa wollten, uns diesen Rassismus entgegenbrachten. Der rassistische Diskurs wurde auch von der algerischen Presse begleitet, die ein ausschließlich negatives Bild der subsaharischen MigrantInnen zeichnete.

Im Laufe meiner Tätigkeit für ARCOM (siehe Kapitel 5) sollte ich feststellen, dass die inhumane Behandlung, der wir papierlosen SubsaharierInnen in sämtlichen Ländern des Maghreb ausgesetzt waren, sich noch verstärkte, sobald Europa den Druck auf die Grenzen verstärkte. Die EU bedient sich ständig der Länder Nordafrikas, um ihre Migrationspolitik durchzusetzen. Die Externalisierung der EU-Grenzpolitik, die dazu dienen soll, die sogenannte illegale Migration aufzuhalten, verursacht somit den gewaltsamen Tod von MigrantInnen, sei es in der Wüste oder auf dem Meer. Diese Politik verstärkt außerdem den Rassismus und die Fremdenfeindlichkeit und vergiftet die Beziehungen zwischen den Völkern. Europa gewährt den Ländern Nordafrikas beträchtliche politische und ökonomische Unterstützung, um die Grenzen zuzumachen, obwohl klar ist, dass in diesen Ländern die Menschenrechte oft mit Füßen getreten werden. Als ich die letzten Änderungen für dieses Buch eingab, gingen die schrecklichen Bilder der Bootsunglücke von Lampedusa um die Welt.[5] Ebenso konnte man die Bilder der unmenschlichen Behandlung der MigrantInnen sehen, die in den Durchgangslagern eingesperrt wurden. All diese Dinge sind ebenfalls eine unmittelbare Konsequenz der Politik der Schließung und weiterer Externalisierung der Grenzen der EU. Anstatt einzulenken, intensiviert Europa diese Strategien weiter. Man ist der Auffassung, sich auf diese Weise des Problems der sogenannten illegalen Einwanderung zu entledigen. Doch statt das Problem zu lösen, wird es nur an einen anderen Ort verschoben.

Ich denke, dass die Bilder von Lampedusa, die wir im Oktober 2013 sehen mussten, der EU die Gelegenheit geben sollten, sich über die Sinnhaftigkeit ihrer Politik Gedanken zu machen. Nun wäre der Moment gekommen, dass Europa über Ursache und Wirkung seiner politischen Maßnahmen nachdenkt.

Die Intensivierung der Migrationsbewegungen aus Afrika, die wir heute beobachten können, ist nichts als die Enthüllung und Offenbarung einer chaotischen Situation, die über lange Zeit maskiert wurde und nun deutlich zutage tritt. Afrika wurde von den multinationalen Konzernen und den internationalen Finanzinstitutionen, die dem Kontinent ihre Strukturanpassungsprogramme aufgezwungen haben, arm gemacht. Die Unterstützung, die die westlichen Länder den afrikanischen Diktaturen angedeihen ließen, die bewaffneten Konflikte, die gekonnt angefacht wurden, um die

5   Am 3. Oktober 2013 ertranken rund 390 Menschen bei einem großen Bootsunglück vor Lampedusa. Kurze Zeit später, am 11. Oktober 2013, kamen zwischen Malta und Lampedusa weitere 34 Flüchtlinge ums Leben.

Plünderung der natürlichen Ressourcen des Kontinents in großem Stil fortsetzen zu können – all das spiegelt sich in den Bootsunglücken von Lampedusa wider.

Razzia und Rückschiebung – eine Tür öffnet sich

In Algier mussten sich alle MigrantInnen stets vor Razzien und den damit verbundenen Rückschiebungen in Acht nehmen. Selten sah man subsaharische MigrantInnen, die sich frei in der Stadt bewegten. Oft wurden sie festgehalten und in die Wüste abgeschoben. Einzig Frauen und Babys wurden verschont – doch nicht selten mussten die Frauen dafür einen hohen Preis zahlen. Es waren die selben Polizisten, die während des Tages eine Razzia im Ghetto machten und daraufhin den Frauen nachts unter der Androhung von Abschiebung sexuelle Dienstleistungen abpressten. Die Frauen waren schutzlos – sie wussten nur zu gut, wie schwer es sein würde, nach einer Abschiebung wieder nach Algier zurückzugelangen.

Die Regel war, dass MigrantInnen, die der Polizei in die Fänge fielen, für mehrere Monate ohne Gerichtsverfahren ins Gefängnis gingen. Einige mussten über vier Monate dort ausharren, bevor sie schließlich abgeschoben wurden. Das System sah vor, dass sie von einem Gefängnis ins nächste verlegt wurden, bis man sie schließlich nach Tamanrasset brachte. Doch damit nicht genug: Von Tamanrasset wurden sie an die algerisch-malische Grenze abgeschoben, in eine Ortschaft namens Chibriche.

Die Inhaftierungsbedingungen in den algerischen Gefängnissen waren grauenvoll. Ein Freund, der drei Monate inhaftiert war, bevor er nach Tinzaouten abgeschoben wurde, berichtete uns: »Man wird mit Kriminellen, Banditen, Drogenschmugglern und anderen Straftätern in die selbe Zelle gesperrt. Die Insassen, die meisten von ihnen Algerier, foltern und vergewaltigen ihre Mitinsassen. Sie fügen uns alle nur erdenklichen Gräueltaten zu. Jedes Mal, wenn man in ein neues Gefängnis kommt, wird man wieder als Neuankömmling angesehen und geht durch dieselbe Hölle wie zuvor.«

Mittlerweile waren zwei Monate vergangen, seitdem ich zum ersten Mal in das Wäldchen gekommen war, das »Zala« genannt wird. Wir wurden ohne Unterlass von der Polizei verfolgt. Eines Tages, gegen 13 Uhr, lud mich ein Freund, der das Viertel gut kannte, zum Essen ein. Nach kurzer Zeit ließ er mich allein und ging ein Stück weiter weg in ein anderes Restaurant. Diese Vorsichtsmaßnahmen waren wichtig, da die Polizei schneller aufmerksam wurde, wenn man zu zweit oder in Gruppen unterwegs war. Im Restaurant beobachtete mich eine junge Malierin; nach einer Zeit kam sie auf mich zu und fragte mich, ob ich einen Saft trinken wolle. Ich sagte zu. Wir tranken zusammen den Saft und begannen zu plaudern. Sie fragte mich, wo ich wohnte, und als ich ihr zur Antwort gab, dass ich in Dely Ibrahim zu Hause sei, rief sie aus: »Du machst einen gebildeten Eindruck auf mich – Dely Ibrahim ist ein Viertel, in dem nur Illegale wohnen, du kannst dort nicht bleiben!« Ich erklärte ihr, wie ich nach Algerien gekommen war, und sie begriff, dass ich mich nicht von all den anderen unterschied, die in Dely Ibrahim lebten. Sie fragte mich, ob ich eine Ausbildung gemacht hätte, und ich antwortete, dass ich im Abschlussjahr der Wirtschaftswissenschaften an der Universität Mbujimayi im Kongo gewesen sei. Ich hatte den Eindruck, dass sie nun gar nichts mehr verstand – meine Biographie stimmte nicht mit dem Bild überein, das sie von einem illegalen Migranten hatte. Wie die meisten afrikanischen Studierenden, die im Ausland eine Hochschule besuchen, hatte auch sie ein sehr negatives Bild von MigrantInnen. Um im Ausland studieren zu können, muss man aus einer reichen Familie kommen. Nur den Wohlhabenden gelingt es, an Stipendien zu kommen. Nachdem wir eine ganze Weile nichts gesprochen hatten, sagte mir die junge Frau, dass Dely Ibrahim kein guter Ort für mich sei. Sie schlug mir vor, dass sie mich mit den kongolesischen Studierenden der Stadt in Verbindung bringen könnte. Ich willigte ein, und so fuhren wir mit dem Taxi ins Stadtzentrum. Dort setzte sie sich mit mir in ein Café, bestellte etwas für mich und ging weg. Nach einer Stunde kam sie mit einem Kongolesen aus Brazzaville zurück, der mir vorschlug, dass ich mit ihm zum Universitätscampus Bab Ezzouar mitkommen könne. Die junge Malierin bezahlte noch das Taxi und wir fuhren los. An der Universität wurde ich von zwei sehr sympathischen jungen Studenten, Ernest und Chris, empfangen. Wir verstanden uns auf Anhieb und sie schlugen mir vor, dass ich bei ihnen bleiben könne.

So verbrachte ich diese Nacht zum ersten Mal, seit ich in Algerien war, in einem Haus.

Ich möchte hier die Gelegenheit nutzen, um der jungen Malierin, die mich mit den Studenten zusammenbrachte, von ganzem Herzen zu danken. Auch den beiden Freunden, die mich dann zwei Monate lang beherbergten, gebührt mein Dank.

Ich hatte es sehr gut auf dem Uni-Campus, doch Anfang Oktober konnten meine beiden Freunde mich nicht mehr bei sich behalten: Das Semester begann und es gab überall auf dem Campus Kontrollen. Ich wurde eine zunehmende Gefahr für sie. Sie selbst wussten keinen Ausweg. Um sie nicht in Unannehmlichkeiten zu bringen, schlug ich ihnen vor, sie zu verlassen und zurück nach Dely Ibrahim zu gehen. Sie jedoch hielten mich davon ab. Ein kongolesischer Student, den ich ebenfalls auf dem Campus kennengelernt hatte und der meine politischen Überzeugungen teilte, schlug mir vor, nach Marokko zu reisen. Ich willigte ein, und so rief er den Chairman von Dely Ibrahim an. Er sollte meine Reise organisieren …

Aufbruch nach Marokko

Die Reise von Algerien nach Marokko war keineswegs so einfach, wie man denken möchte – sie erforderte penibelste Vorbereitungen. Man musste zunächst warten, bis der Chairman einen Konvoi zusammengestellt hatte. Mindestens vier Personen mussten sich zur Reise angemeldet haben. Auch hier in Algier war der Chairman selbst ein Migrant, der aus irgendwelchen Gründen seine Reise nicht fortsetzen konnte und sich deshalb darauf spezialisiert hatte, den Neuankömmlingen, die nach Marokko weiterreisen wollten, gegen Bezahlung zu helfen. Auf diese Art und Weise konnte er das Geld verdienen, das er selbst für die Weiterreise brauchte. Er hielt direkten Kontakt mit den anderen Chairmen in Marokko: in Maghnia, Oujda und selbst in den Wäldern von Bel Younech[6]. Er verfügte also über alle notwendigen Informationen.

Eines Sonntags, gegen 21 Uhr, kam der Chairman, um mich nach Dely Ibrahim mitzunehmen. Von dort sollte die Reise losgehen. Ein Taxi brachte uns um 4.30 Uhr morgens zum Bahnhof von Algier. Wir waren eine Gruppe von drei Kongolesen und einem Nigerianer. Wir nahmen nur das Notwendigste mit – die Kleidung, die ich mir gekauft hatte, um im Umfeld des Universitätscampus nicht aufzufallen, musste ich in Algier lassen. Wir wurden angewiesen, einen Mantel und ein Paar Pantoffeln mitzunehmen sowie einen Rucksack, in dem wir Brot, Joghurt und andere Lebensmittel einpacken sollten.

Am Montag um 4.30 Uhr brachen wir auf. Zusammen mit unserem Reiseorganisator stiegen wir in den Zug nach Oran. Die Zugfahrt war auf acht Stunden angesetzt und verlief reibungslos. Am Bahnhof von Oran verließen wir unbehelligt den Zug. Unser Chairman rief von Algier aus einen Taxifahrer an, der uns von Oran nach Maghnia, der Grenzstadt zu Marokko, bringen sollte. Der Taxifahrer kam, war aber nicht bereit, uns vor 18 Uhr mitzunehmen, da wir uns im Fastenmonat Ramadan befanden. Er forderte uns auf, in einem Hotel zu warten. Meine drei Mitreisenden hatten dafür aber nicht genug Geld. Wir befanden uns in einer misslichen Lage: Der Taxifahrer begann nervös zu werden und wir riskierten, auf offener Straße von der Polizei verhaftet zu werden. Schließlich brach-

6   Bel Younech grenzt an die spanische Exklave Ceuta an. Eine Vielzahl von MigrantInnen versucht von hier aus, auf europäisches Territorium zu gelangen.

ten wir ihn dazu, uns bis zu einem Wald am Stadtrand zu fahren. Dort sollten wir uns verstecken und bis zum Abend auf ihn warten. Der Fahrer bestand darauf, dass wir uns auf den Boden legen sollten, um nicht von den Polizeihelikoptern, die die Region nach Terroristen absuchten, entdeckt zu werden. Man darf sich den Wald, von dem ich hier spreche, nicht wie einen Wald vorstellen, wie man ihn im holländischen Nunspeet findet, mit hohen Bäumen und dicht bewachsen. Wir befanden uns praktisch in der Wüste und die Bäume, die uns umgaben, waren klein und boten kaum Schutz. Über uns kreisten die Hubschrauber. Wir hatten ungemeine Angst, dazu kamen der Hunger und der Durst. Obwohl wir in Oran Brot und Saft gekauft hatten, wagten wir nicht, zu essen und zu trinken. Drei Stunden lang blieben wir regungslos liegen und warteten. Die schmerzlichen Erinnerungen an die Reise durch die Sahara kamen in mir hoch. Erneut waren wir allen Gefahren schutzlos ausgeliefert.

Zum Glück tauchte schließlich das Auto unseres Fahrers auf. Er hupte, wir eilten zu dem Wagen und stiegen ein. Nach fünfzehn Kilometern trafen wir bei einer Tankstelle mit einem zweiten Taxi zusammen, in dem etliche Malier befördert wurden. Wir fuhren im Konvoi weiter. Unterwegs erzählte uns unser Fahrer – er mochte um die fünfzig sein –, dass er schon seit fünfzehn Jahren als Schlepper zwischen Algerien und Marokko arbeiten würde und viel Erfahrung in diesem Metier habe. »Ich habe bereits viele afrikanische Freunde nach Maghnia gebracht. Einige von ihnen sind schon in Europa angekommen und rufen mich von Zeit zu Zeit an. Ich arbeite meist mit meinem Kollegen in dem zweiten Auto zusammen. Er ist ebenfalls korrekt und hat noch niemals Reisende im Stich gelassen.« Er sprach die Wahrheit – später, als ich in Rabat angekommen war, sollte ich feststellen, dass ihn alle meine FreundInnen kannten und dass er unter ihnen einen guten Ruf genoss.

So waren wir unterwegs Richtung Marokko. Wir wurden von unserem Fahrer angewiesen, seinen Instruktionen punktgenau zu folgen. Sollte er stehenbleiben und die Worte »Camarade Aya Aya« aussprechen, so sollten wir, so schnell es ging, aussteigen und uns verstecken. Er trat während der Reise des Öfteren in telefonischen Kontakt mit dem anderen Fahrer, der unseren kleinen Konvoi anführte. Seine Aufgabe war es, uns zu verständigen, falls Gefahr im Verzug war. Unsere Fahrer hatten gute Verbindungen und so passierten wir ohne Probleme mehrere Polizeikontrollen. Bei einer Kontrolle jedoch verweigerten die Polizisten uns die Weiterfahrt. Unsere Fahrer kannten die Polizisten auch in diesem Fall. Dennoch wurden wir genötigt, auszusteigen. Es hieß, wir müssten auf den Einsatzwagen warten, um aufs Kommissariat gebracht zu werden. Erst nach einer langen Diskussion auf Arabisch zwischen den Polizisten und unseren Fahrern ließen sie uns weiterfahren. Wieder unterwegs sagte uns unser Fahrer, dass er den Polizisten Versprechungen gemacht habe, die er nicht einhalten würde …

Gegen 22 Uhr kamen wir in Maghnia an. Unser Fahrer rief einen anderen Fahrer an, der uns bis zur marokkanischen Grenze bringen sollte. Als dieser ankam, hieß es plötzlich, dass jeder von uns 20 Euro zahlen müsse. Zwei meiner Mitreisenden wiesen diese Forderung zurück; sie sagten, dass sie vom Chairman in Algier nicht über diese Kosten informiert worden wären. Der Fahrer ließ jedoch nicht locker. Er begann uns zu drohen und wir waren in ernster Gefahr, an die Polizei ausgeliefert zu werden. Wir wussten auch, dass es in Maghnia viele algerische Landstreicher gab, die dafür bekannt waren, schwarze MigrantInnen gewalttätig anzugreifen. Wir verfluchten den Chairman in Algier, der uns nicht korrekt informiert hatte. Die Malier, die mit uns reisten, wussten von der zu leistenden Abgabe, bezahlten und fuhren weiter. Ich versuchte meine beiden Reisegefährten dazu zu bringen, auch zu zahlen – umsonst. Schließlich willigte ich ein, 40 Euro vorzustrecken, und bezahlte 60 Euro an den Fahrer. Wir verabschiedeten uns von dem Fahrer, der uns bis hierher gebracht hatte, stiegen um und fuhren zur marokkanischen Grenze.

All dies ereignete sich am 22. Oktober 2004. Um 22.30 Uhr hielt der Fahrer plötzlich das Auto an und befahl uns, auszusteigen und uns unverzüglich hinter einem Haus zu verstecken. Es war bereits ziemlich dunkel und wir sahen das Haus kaum. Wenige Minuten, nachdem wir uns versteckt hatten, hörten wir, wie ein paar junge Leute ankamen und mit dem Fahrer zu diskutieren begannen. Kurze Zeit später wurden wir gerufen. Es stellte sich heraus, dass es sich bei den jungen Leuten um Subsaharier handelte. Sie begrüßten uns auf Lingala und begannen uns zu erklären, wie wir die Grenze nach Marokko überqueren sollten. Sie wiesen uns darauf hin, dass die Straßenlaternen auf der algerischen Seite weiß, auf der marokkanischen Seite hingegen rot seien. Dann gaben sie uns Anweisungen, was wir beim Marschieren zu beachten hätten und wie wir uns verhalten sollten, wenn wir von Gewalttätern oder von der Polizei überrascht würden. So brachen wir Richtung Oujda auf. Wir gingen einer hinter dem anderen. Zwei der Subsaharier, die uns empfangen hatten, begleiteten uns. Einer ging voran, der zweite ging in der Mitte. Keiner sprach. Einzig unsere Schritte waren zu hören. Ab und zu fiel einer von uns und richtete sich wieder auf. Auf den rund zwölf Kilometern, die die beiden Grenzstädte voneinander trennen, lauert eine Vielzahl an Gefahren: Dornen, Steine und Löcher im Weg, jedoch vor allem die Wachhunde der umliegenden Bauernhöfe, Banditen oder Polizeieinheiten. Drei Mal griffen uns Hunderudel mit bis zu sieben Tieren an. Für unsere zwei Guides war dies nichts Neues – sie wiesen uns an, uns mit Steinen zu bewaffnen und die Hunde so zu verjagen. Die letzte Attacke war entsetzlich: Ein Hund verfolgte uns und griff uns trotz der Steinwürfe an. Ich begann um Hilfe zu rufen, obwohl ich damit riskierte, die Aufmerksamkeit von Polizisten oder Banditen auf uns zu ziehen. Damit zog ich mir den Unmut unserer Reiseführer zu – wir bekamen zu hören, dass wir alle unsere bisherigen Bemühungen zunichte machen würden und dass es uns jederzeit passieren könne, nach Tinzaouten abgeschoben zu werden. In dieser Nacht spürte ich den Tod ganz nah. Es war etwas kalt, dennoch schwitzten wir. Zweimal hörten wir Schüsse. Ich erinnerte mich plötzlich an den Tag, an dem die Rebellentruppen von Laurent Désiré Kabila, die sich selbst als Befreier ansahen, nach Mujimayi kamen. Jedes Mal, wenn Schüsse fielen, mussten wir uns auf den Boden werfen und warten, bis uns unsere Reiseführer das Signal gaben, unseren Marsch fortzusetzen.

Oujda

Nach zwei Stunden Fußmarsch erreichten wir einen Ort im Wald, an dem uns ein Auto erwartete. Wir stiegen ein und der Fahrer raste mit voller Geschwindigkeit los. Die Scheinwerfer blieben ausgeschaltet, um nicht die Aufmerksamkeit der Polizei auf uns zu ziehen. Zwanzig Minuten später kamen wir in Oujda an. Die Straßenlaternen, die wir zum Zeitpunkt unseres Abmarsches von Weitem gesehen hatten, waren nun in unmittelbarer Nähe. Unsere beiden Reiseführer stießen einen Seufzer der Erleichterung aus. Ab nun änderte sich auch die Art, wie sie mit uns sprachen. Sie stimmten einen brüderlichen Ton an und erzählten uns, was ihnen eine Woche zuvor widerfahren war: Die MigrantInnen, die sie über die Grenze führen sollten, kamen nicht an – man sagte ihnen, sie seien verschwunden. Der marokkanische Fahrer verdonnerte sie dazu, den Verlust, der so für ihn entstanden war, zu bezahlen. So mussten sie für jeden verschwundenen Passagier 200 Dirham[7] zahlen.

Unsere beiden Reiseführer brachten uns in ein Gebäude, in dem ein Mann, offenbar ihr Boss, auf uns wartete. Ihm erstatteten sie Bericht. Die zwei Jungen verschwanden, wir blieben im Haus und wurden von dem Chef in ein kleines Zimmer geleitet. Hier

---

7   Entspricht einem Betrag von rund 17 Euro.

hielten sich bereits rund zwanzig Menschen auf – es waren MigrantInnen wie wir. Der Boss rief uns einen nach dem anderen auf. Wir mussten unsere Herkunft und unsere Reiseroute nennen. Daraufhin bläute uns der Mann ein, dass der Ort, an dem wir uns befanden, eine Durchfahrtsstation sei und dass wir morgen nach Rabat weiterfahren müssten. Er erklärte uns die Reisemodalitäten und nannte den Preis, den wir zu bezahlen hätten. Ich erschrak ob der immensen Höhe des Betrages und setzte an, zu verhandeln. Doch nichts zu machen – der Mann begann obendrein, mir zu drohen, und sagte, dass seine Vasallen mich verprügeln würden, sollte ich nicht gehorchen. So blieb mir nichts anderes übrig als zu zahlen. Dies bedeutete jedoch, dass ich unserem jüngsten Mitreisenden, Alain, den ich bisher unterstützt hatte, die Reisekosten nicht mehr vorschießen konnte. Alain kam ebenfalls aus dem Kongo. Er war in Kinshasa aufgewachsen, doch hatte er familiäre Verbindungen in meine Heimatregion und wir hatten sogar gemeinsame Bekannte. Alain hatte seine Reise im Alter von 14 Jahren begonnen, kurz nachdem sein Vater gestorben war. Nun war er gerade 19 Jahre alt. Der Arme war von den schrecklichen Dingen, die er während der Durchquerung der Wüste erlebt hatte, völlig traumatisiert. Während seines Aufenthalts in Algerien war er dreimal nach Tinzaouten abgeschoben worden. Diese Qualen hatten Spuren hinterlassen. Ich hatte ihn in Algier kennengelernt und ihn damals in einem äußerst kritischen Zustand vorgefunden. So hatte ich mich dazu entschlossen, ihm zu helfen, und ihm einen großen Teil der Reisekosten vorgestreckt. Und nun sollte er hier in Oujda hängenbleiben? Ich war in großer Sorge um meinen Alain. Was tun, um zu verhindern, dass er wieder rückgeschoben wurde? Ich fand keine Antwort auf diese Frage. Das Einzige, was mir blieb, war, ihm das wenige Geld, das ich noch hatte, zu überlassen. Alain musste in Oujda bleiben.

Bevor wir nach Rabat aufbrachen, verbrachten wir noch eine Nacht in dem schäbigen Quartier unseres Verbindungsmannes. Von dem Marsch über die Grenze waren wir allesamt hungrig und abgekämpft. Ich nahm eine Dusche, das Wasser war eisig kalt. Zu essen gab es nichts. Wir mussten uns auf dem nackten Asphalt niederlegen, ohne Matratze oder Decke. Gegen 3 Uhr morgens packte mich ein schrecklicher Schüttelfrost. Ich glaubte, mein letztes Gebet sprechen zu müssen. Doch Gott beschützte mich und ich sollte auch diese furchtbare Nacht überleben.

Ich erwachte sehr früh am Morgen. Nicht etwa wegen der Abfahrt, sondern wegen des Hungers, der mich nicht schlafen ließ. Nur diejenigen, die das Vertrauen des Chefs genossen, durften den Raum verlassen, alle anderen blieben eingesperrt. Die, die gehen durften, kauften für uns Kleider und Nahrung ein.

Wir unterhielten uns. Ich erfuhr, dass einige bereits seit Wochen hier waren, weil ihnen das Geld für die Weiterreise fehlte. Das Schicksal eines kongolesischen Landsmannes ging mir besonders nahe. Er war bereits seit drei Monaten blockiert, hatte jeglichen Kontakt zu seiner Familie verloren und lebte von der Großzügigkeit der anderen Reisenden, die ihm ab und zu 20 oder 30 Dirham zusteckten. Er hatte es besonders schwer, da er hinkte. Er bat mich, per E-Mail Kontakt mit seinen Eltern aufzunehmen und ihnen seine Situation zu erklären, was ich auch tat, nachdem ich in Rabat angekommen war. Sechs Monate später kam auch er an. Er hatte wie so viele andere vor, nach Europa überzusetzen, und begab sich an die Grenze zur spanischen Enklave Ceuta. Er lebte in den Wäldern von Bel Younech, die an die spanische Stadt angrenzen. Doch als die Polizeirazzien zunahmen, beschloss er, nach Libyen zu gehen und von dort die Überfahrt nach Italien zu wagen. Zwei Monate später erfuhren wir von unseren kongolesischen Freunden aus Libyen von seinem Tod. Er war bei einem Bootsunglück ertrunken. Gestorben, nach all den erlittenen Qualen, fern seiner Eltern, die davon vielleicht nicht einmal etwas erfahren hatten. Möge die Erde unserer Vorfahren ihn sanft betten!

Gegen 18 Uhr rief mich der Boss zu sich und erklärte mir den Weg zum Bahnhof. Er gab mir die letzten Instruktionen für die Reise. Bevor ich wegging, flüsterte er mir noch zu, dass ich am Bahnhof eine kongolesische Frau mit drei Kindern sehen würde – ich sollte sie im Auge behalten, mich aber vor ihr in Acht nehmen und mich ihr nicht nähern, sonst könnte es passieren, dass ich abgeschoben würde.

Ich nahm ein Taxi und kam zehn Minuten vor der Abfahrt des Zuges am Bahnhof an. Ich ging zum Schalter und sah tatsächlich die Frau mit den drei Kindern. Sie sprach mich auf Lingala an und sagte, sie heiße Brigitte. Sie bat mich, ihr zu helfen, da ihr verwehrt würde, ein Ticket nach Rabat zu kaufen. Ich hatte ungeheure Angst, dass sie tatsächlich für die Polizei arbeitete und dass sie mich ausliefern könnte, und so antwortete ich ihr nicht. Ich fürchtete, dass man auch mir das Ticket verweigern würde, doch meine Sorge war unbegründet. Ich nahm das Ticket entgegen und ging, ohne die Kongolesin und ihre Kinder weiter zu beachten, zum Zug. Dort wurden alle PassagierInnen von der Polizei kontrolliert. Ich wies die Aufenthaltserlaubnis vor, die mir der »Chef de Connexion« nicht einmal 24 Stunden zuvor ausgehändigt hatte, und konnte in den Zug einsteigen. Vom Zug aus warf ich einen Blick zum Schalter hin und sah, wie Brigitte weinte und um ein Ticket bettelte. Mir brach das Herz. Als auch die Kinder zu weinen begannen, wurde ihr plötzlich ein Ticket verkauft. Sie kam zum Zug gelaufen, und die Polizisten hatten nun seltsamerweise keine Zeit mehr, ihre Papiere zu kontrollieren. Trotz all dieser höchst merkwürdigen Umstände konnte ich mich nicht mehr zurückhalten und lief zur Tür, um ihr und den Kindern beim Einsteigen zu helfen. Ich suchte für sie einen Platz in einem anderen Zugabteil und ging zurück zu meinem Platz.

Ob die Ereignisse während der Fahrt mit Brigitte zu tun hatten, kann ich nicht beurteilen. Jedenfalls wurde ich vier Mal von der Polizei kontrolliert. Bei einer Kontrolle meinte ich, meine Abschiebung stehe kurz bevor. Die Polizei zweifelte an der Gültigkeit meiner Aufenthaltserlaubnis und verlangte meinen Pass. Natürlich konnte ich keinen Pass vorweisen. Nach einer halbstündigen Diskussion ließen sie mich schließlich doch weiterfahren.

Der 24. Oktober 2004 – die Ankunft in Rabat

Der Zug erreichte Rabat um 6 Uhr morgens. Ich ging zum Taxistand, um in den Stadtteil Hay Nahda zu fahren, wie mir in Oujda empfohlen worden war. Brigitte war mir bis hierher gefolgt und sprach mich abermals an. Sie fragte mich, ob ich ihr bei der Weiterreise helfen könne. Ich wusste, dass ich bereits ein Risiko eingegangen war, als ich ihr in Oujda geholfen hatte, und tat so, als ob ich sie nicht gehört hätte. Ich beeilte mich, in mein Taxi einzusteigen und davonzukommen.

Als wir auf dem Weg waren, bat ich den Taxifahrer um sein Handy und rief Abdoul an, den kongolesischen Verbindungsmann, der mir genannt worden war. Er beantwortete meinen Anruf und versprach, mich am vereinbarten Ort abzuholen.

Die Wohnung, in die er mich bringen sollte, bestand aus drei Zimmern, in denen über 15 Menschen wohnten. Man wies mir ein Zimmer zu, in dem bereits sieben Personen Quartier bezogen hatten: vier minderjährige Jungen, zwei Frauen Ende zwanzig und eine weitere Frau, die um die vierzig war. Im nächsten Zimmer waren eine schwangere Frau mit ihrem Mann sowie drei junge Burschen einquartiert, das dritte Zimmer war von weiteren fünf Männern belegt. Ich legte mich zum Schlafen hin und wachte erst gegen 13 Uhr auf.

Nachdem ich aufgestanden war, befragten mich meine neuen MitbewohnerInnen über meine Reise. Sie wollten jedes Detail wissen. Ich sprach vor allem davon, was ich in Oujda erlebt hatte, und erwähnte auch mein Zusammentreffen mit Brigitte. Wir stellten fest, dass wir im Zug sehr ähnliche Dinge erlebt hatten. Einen der minderjährigen Migranten hatte es allerdings besonders schlimm getroffen: Er wurde im Zug von der Polizei festgenommen, in eine

Gefängniszelle geworfen und nach Maghnia rückgeschoben. Dort wurde er überfallen und all seiner Habseligkeiten beraubt.

Die Frau, die um die vierzig war, erzählte mir vom Leben in Rabat. Für die MigrantInnen gäbe es hier keine Arbeit, man lebe nur von den »zehn Ziffern«. Die zehn Ziffern, das war der Ausdruck für den Code, den man für die Überweisungen mit Western Union verwendete. Wer also kein Geld von Verwandten oder FreundInnen aus der Heimat oder aus Europa zugeschickt bekam, musste ohne Mittel bleiben. So sei das Leben hier sehr hart, und man müsse sehr sparsam sein. Zudem sollte man vermeiden, das Haus öfter zu verlassen als unbedingt notwendig, da die Gefahr sehr groß sei, von der Polizei angehalten und rückgeschoben zu werden.

Die Frau betete den ganzen Tag über in ihrem Zimmer. Sie war Christin, befolgte aber dennoch den Ramadan. Sie hatte auf der Reise die Spur ihres Ehemannes verloren und hoffte auf diese Weise, Gott gnädig zu stimmen und ihn wiederzufinden.

Bereits nach zwei Tagen schlugen sich mir diese Wohnung und die Menschen, die darin lebten, ungeheuer aufs Gemüt. Einer der Männer, mit denen ich die Wohnung teilte – er war Boxer –, bemerkte meinen Missmut und schlug mir vor, an einen Ort in der Nähe umzuziehen, an dem ich zufriedener sein würde. Gesagt, getan. Am nächsten Morgen wechselte ich in eine Wohnung, die ebenfalls drei Zimmer hatte, jedoch von wesentlich weniger Menschen bewohnt war. Hier lebten eine Reihe von jungen Männern sowie eine Frau mit ihrem zweijährigen Sohn. Ihr fehlten die Mittel für die Miete und sie wurde von den anderen Bewohnern unterstützt. Hier war es sehr ruhig. Man blieb untertags zu Hause und verbrachte die Zeit damit, zu beten. Alle im Haus waren christlichen Glaubens. Die meisten standen erst nach Mittag auf. Sollte man die Wohnung verlassen, so die Vorschrift, dann musste man sich möglichst rasch vom Haus entfernen, um nicht die Aufmerksamkeit der Polizei auf die Gemeinschaft zu ziehen.

Ich war mit einem Jungen im Zimmer, der einen Gipsfuß hatte. Er erzählte mir, dass er versucht habe, nach Spanien zu gelangen, und dass er allerdings nach der Überfahrt von Algeciras zurück nach Marokko abgeschoben worden sei. Man habe ihn in Tanger in eine Zelle gesteckt und bis zur algerischen Grenze rückgeschoben. Von dort aus habe er sich von Neuem zum Mittelmeer aufgemacht und sich bis zum Wald von Bel Younech durchgeschlagen. Er erzählte, dass er von dort aus erneut über die Zäune klettern wollte, die Marokko von der spanischen Enklave Ceuta trennen. Doch die Umstände seien immer schwieriger geworden – man musste Wochen, Monate, ja sogar Jahre warten, bis sich eine passende Gelegenheit bot, um das gefährliche Wagnis auf sich zu nehmen. Zudem musste man für das Leben im Wald gewappnet sein, man brauchte Nerven aus Stahl. Nach einigen Wochen hatte sich Bay – so lautete sein Name – dafür entschieden, nach Rabat zurückzukehren. Doch auf dem Weg von Bel Younech hierher war er von marokkanischen Landstreichern überfallen worden. Sie brachen ihm das Bein und stahlen ihm all sein Hab und Gut. Die Dorfbewohner, die ihn nach dem Überfall fanden, riefen die »Ärzte ohne Grenzen«, mit deren Hilfe er in ein Krankenhaus in Rabat gebracht werden konnte. Ich möchte die Gelegenheit nutzen, um mich von ganzem Herzen bei »Ärzte ohne Grenzen« für die Hilfe zu bedanken, die sie den illegalisierten MigrantInnen zukommen ließen. Dank ihrer Aktivität konnten viele Leben gerettet werden.

IV. KAPITEL

DAS LEBEN IN RABAT

Im Gegensatz zu den Versprechungen, die mir mein Freund in Algier gemacht hatte, verbesserte sich meine Situation in Rabat keineswegs. Mein Leben gestaltete sich sogar noch beschwerlicher als zu der Zeit, als ich in Algier war. Dort hatte man als Migrant immerhin noch Schwarzarbeit auf den Baustellen machen können. Man arbeitete bei Umzügen, beim Auf- und Abladen von Waren oder bekam andere Gelegenheitsjobs, die manchmal besser, manchmal schlechter bezahlt waren. All das gab es in Rabat nicht. Die MigrantInnen durften nicht arbeiten. Diejenigen, die »Afrikaner« genannt wurden – als gehörte Marokko nicht zu Afrika –, wurden auf allen Gebieten des öffentlichen Lebens diskriminiert. Im Gegensatz zur gängigen Praxis in Algier akzeptierten die Immobilienbesitzer hier zwar subsaharische MieterInnen, dennoch war unsere Lage extrem prekär.

Wohnbedingungen

Ein Haus oder eine Wohnung in Rabat zu finden stellte also in der Regel kein Problem dar. Vor allem in den Arbeitervierteln der Stadt war es einfach, eine Herberge zu mieten. Die Kehrseite war allerdings, dass den MigrantInnen für dieselbe Wohnung ein viel höherer Mietzins abgeknöpft wurde als Einheimischen. Dieser Umstand zwang uns dazu, uns in Gruppen zusammenzuschließen. Oft teilten sich zehn Personen eine Wohnung von nur zwei Zimmern.

Die Beengtheit in den Wohnungen blieb nicht ohne Konsequenzen. Frauen und Mädchen waren sexuellen Übergriffen ausgesetzt, es kam zu Fällen von Missbrauch durch die Mitglieder der eigenen Community, zu ungewollten Schwangerschaften und Abtreibungen. Gleichzeitig erpressten die Vermieter denjenigen Frauen, die sich die Miete nicht leisten konnten, in vielen Fällen sexuelle Dienstleistungen ab. Die Frauen wurden so auf den Status von Zwangsprostituierten reduziert. Viele minderjährige und schutzlose Frauen wurden in eine solche Situation gedrängt. Es gab eine Menge minderjähriger Mütter. Sie wurden noch mehr unterjocht als alle anderen, da sie meist noch weniger in der Lage waren, alleine für ihr Auskommen und das ihrer Kinder zu sorgen. Zu dieser ohnehin schlimmen Ausgangslage kam noch hinzu, dass die MigrantInnen unter miserablen hygienischen Bedingungen leben mussten. Es bestand also große Gefahr, sich mit sexuell übertragbaren Krankheiten oder mit Tuberkulose anzustecken.

Die Frau, die mit ihrem Kind in der Wohnung lebte, in die ich nun übersiedelte, war eine der vielen Migrantinnen, die zur Prostitution gezwungen waren. Sie verfügte gemeinsam mit ihrer Tochter über ein eigenes Zimmer und bezahlte dafür nicht mehr als die Migranten, die sich das andere Zimmer zu sechst teilten. Dafür stand sie allerdings unter der sexuellen Verfügungsgewalt eines älteren Migranten, der als Chairman der Wohnung galt. Als sie sich eines Tages weigerte, seinen Befehlen Folge zu leisten, warf er sie aus der Wohnung.

Besonders berührte mich die Geschichte von Octavie, einer minderjährigen Migrantin, die ich in Rabat kennengelernt hatte. Sie suchte mich eines Tages auf. Ihr Gesicht verriet, dass ihr etwas Schreckliches widerfahren war. Die Qualen, die sie erlitten hatte, brachten sie dazu, mir Dinge anzuvertrauen, die ein afrikanisches Mädchen unter normalen Umständen keinem Mann erzählen würde. So wie viele andere nannte sie mich »Papa Emman«, und sie erzählte mir: »Bitte hilf mir, einen anderen Schlafplatz zu finden. Ich muss mit fünf Jungen das Zimmer teilen. Ich halte es dort nicht mehr aus, jede Nacht bedrängen sie mich.« Ich versuchte, etwas für sie zu finden, aber es war mir nicht möglich. Nach wenigen Monaten wurde diese junge Frau schwanger. Man wusste nicht, wer der Vater war, doch ich bin sicher, dass es sich um einen ihrer fünf Mitbewohner handelte.

Zugang zur Gesundheitsversorgung

In Marokko wurde papierlosen MigrantInnen der Zugang zu den Spitälern der Stadt systematisch verwehrt. Man begründete dies damit, dass eine Behandlung von Sans Papiers noch mehr Migration zur Folge haben würde. Viele Menschen mussten diese Haltung mit dem Leben bezahlen. Während meiner Zeit in Rabat starben einmal in einem Zeitraum von zwei Monaten zwölf kongolesische MigrantInnen.

Mir liegt es besonders am Herzen, hier die Geschichte von Maman Marie Mfunyi zu erzählen. Ich lernte sie über Albert kennen, der Pastor war und mit mir in der selben Wohnung wohnte. Marie Mfunyi war schwer krank; ihr Mann, mit dem sie zusammenwohnte, scheute sich allerdings davor, mit ihr ins Krankenhaus zu gehen, da sie beide keine Papiere hatten. Ich rief Doktor Anaclet Kalonji an, einen kongolesischen Arzt, der vor langer Zeit zum Studieren nach Marokko gekommen war. Er war ein außergewöhnlicher Mann und erwies den subsaharischen Flüchtlingen und MigrantInnen stets unbezahlbare Dienste. Er war unter den subsaharischen EinwandererInnen aller Nationalitäten bekannt. Man konnte ihn zu jeder Tages- und Nachtzeit anrufen. Er kannte unsere Situation nur zu gut. Doktor Kalonji erklärte sich also bereit, zu kommen, untersuchte die Kranke und versprach uns, dass sie im »Hôpital des Spécialités« von Rabat behandelt werden würde. Dank der Intervention unseres Freundes klappte dort alles gut, es wurden Voruntersuchungen angestellt und wir wurden an ein anderes Krankenhaus weiterverwiesen. Doktor Anaclet machte auch dort seinen Einfluss geltend, und die Probenentnahmen der Patientin wurden ins Labor geschickt. Sobald Doktor Kalonji allerdings den Schauplatz verlassen hatte, um zu seiner Arbeit zurückzukehren, begannen die Probleme. Wir warteten Stunden über Stunden auf die Ergebnisse der Laboruntersuchung. Inzwischen war es Mitternacht. Dann tauchte auf einmal ein Arzt auf, der uns sagte, dass die Probenentnahmen verschwunden seien und dass neue angefertigt werden müssten. So geschah es zunächst auch, doch als zwei weitere Stunden vergangen waren, kam ein anderer Arzt und teilte uns ohne irgendwelche Erklärungen mit, dass wir mit der Kranken in die »Maternité des Orangers« wechseln müssten. Wir versuchten noch zu verhandeln, aber es war nichts zu machen. Es blieb uns nichts anderes übrig, als der Aufforderung nachzukommen. Als wir dort ankamen, wurden wir jedoch nicht einmal aufgenommen – man verjagte uns einfach. Wir riefen abermals Doktor Kalonji an. Dieser war über die Geschehnisse empört, aber nicht besonders überrascht. Was sollten wir nun tun? Wir standen am Straßenrand, es war eine kalte Nacht. Maman Marie weinte und schluchzte: »C'est parce que je suis noir!« – »Weil ich schwarz bin, passiert mir das!«

Ich hatte seit dem Morgen nichts gegessen und war vollkommen entmutigt. Wir versuchten ein Taxi anzuhalten, doch angesichts des Zustandes der Kranken wollte uns niemand mitnehmen. Erst nach einer Stunde gelang es uns, jemanden zu finden, der uns beförderte. Um 4 Uhr nachts erreichten wir Maries Haus.

Nicht das Geld hatte uns in dieser Nacht gefehlt. Marie wurde nicht behandelt, weil sie keine Papiere hatte.

Am nächsten Tag nahmen wir mit Doktor Kalonji einen erneuten Anlauf, doch die Sache sollte einen noch tragischeren Verlauf nehmen, als wir jemals gedacht hätten. Marie, die sich in einem kritischen Zustand befand, wurde in ein Krankenhaus gebracht, doch während ihres Aufenthalts starb zu Hause ihr Mann. Er hatte die Ereignisse der letzten Zeit nicht verkraftet. Ich lancierte daraufhin einen Aufruf an eine Reihe von karitativen Organisationen sowie an die E-Mail-Liste von Manifeste Euro-Afrique. Meine Initiative griff und die Caritas, die Médecins du Monde und das Comité d'Entraide Internationale setzten sich nun dafür ein, dass Marie ordentlich behandelt würde. Doch alles umsonst: Marie starb wenige Tage danach. Als ich sie das letzte Mal gemeinsam mit meinem Freund Jean Baptiste, der ebenfalls Pastor war, besuchte, beteten wir zusammen. Marie sprach zu mir: »Papa Emman, ich danke dir für alles. Man hat mir gesagt, dass du das Begräbnis für meinen Ehemann organisiert hast. Wenn ich sterbe, so sorge dafür, dass auch ich in Würde beigesetzt werde.«

Die Weigerung, den MigrantInnen eine adäquate Gesundheitsversorgung zukommen zu lassen, verursachte auch den Tod des jungen Tony Mbombo. Der tragische Tod dieses Jungen versetzte die gesamte migrantische Community in Rabat in Aufruhr. Auch Hilfsorganisationen in Marokko und in Europa, VertreterInnen des UNHCR sowie eine ganze Reihe von JournalistInnen brachten ihre Betroffenheit zum Ausdruck. Niemand konnte glauben, was passiert war. Das Begräbnis von Tony fand auf dem christlichen Friedhof von Rabat statt – Hunderte Menschen kamen, um ihm die letzte Ehre zu erweisen. Niemand konnte die Tränen zurückhalten. Ich hielt mich an Doktor Kalonjis Arm fest. Wir weinten beide. Unsere Freundin Astrid hielt Tonys Mutter zurück, als sie sich aus Verzweiflung zu ihrem Sohn ins Grab werfen wollte. Ich sah, wie sogar der Chef der UNHCR-Mission Marokkos, der persönlich zur Beisetzung gekommen war, schluchzte.

Tony war ein Junge von acht Jahren. Er war äußerst intelligent und besuchte die Schule der Caritas in Rabat. Seine Mutter war ein vom UNHCR anerkannter Flüchtling. Eines Tages wurde Tony in Sidi Moussa, einem Vorort von Rabat, von einem marokkanischen Kind überfallen und schwer misshandelt. Man brachte ihn in ein marokkanisches Benefiz-Krankenhaus, behandelte ihn dort aber so unzureichend, dass sich seine Verletzungen im Laufe des darauffolgenden Monats entzündeten. Ein JournalistInnen-Team des spanischen Fernsehsenders TVE, das in Marokko die Lage der MigrantInnen recherchierte, stieß auf Tony und beschloss, ihm zu helfen. Mit der Hilfe von Doktor Kalonji gelang es, einen neuen Aufnahmetermin in einem Krankenhaus zu bekommen. Er und die SpanierInnen brachten Tony zu der geplanten Operation. Zunächst wurde gesagt, dass nur ein leichter chirurgischer Eingriff vorgenommen werden müsste und innerhalb einer Viertelstunde alles erledigt sei. Doch es stellte sich heraus, dass die diensthabenden Ärzte Tony alles andere als freundlich gesinnt waren. Der Junge fürchtete sich sehr und vertraute Doktor Kalonji an, was sie ihm auf Arabisch zugeflüstert hatten: »Warte nur, du wirst sterben. Du bist gar nicht krank.« Sie hätten auf die SpanierInnen gedeutet und gesagt: »Du bist ein Simulant, du willst nur, dass die da glauben, du würdest leiden.« Doktor Kalonji blieb bei Tony, bis dieser um 23.30 Uhr einschlief. Danach verließ er das Krankenhaus, da er der Überzeugung war, die Operation würde erst am darauffolgenden Tag vorgenommen werden. Er hatte vor, am nächsten Morgen wiederzukommen, um der Operation beizuwohnen. Doch um 2 Uhr nachts läutete bei Doktor Kalonji das Telefon. Es war Tonys Mutter, die ihm mitteilte, dass ihr Sohn gestorben sei.

Man hatte den Jungen eine halbe Stunde, nachdem Doktor Kalonji das Krankenhaus verlassen hatte, in den Operationssaal geholt. Wenige Minuten später sei er wieder auf den Gang gebracht worden, wo seine Mutter wartete. Tony war regungslos und zu Beginn dachte sie noch, dass er unter Anästhesie stehe. Doch Tony sollte nie wieder aufwachen. Wir werden wohl niemals erfahren, was sich in diesem Operationssaal wirklich zugetragen hat.

Die Todesfälle der KongolesInnen, die ich hier beschrieben habe, konnten nur deshalb ans Licht der Öffentlichkeit kommen, weil wir organisiert waren. Welch hohen Stellenwert diese Organisierung für uns hatte, werden wir im folgenden Kapitel sehen.

Neben den beiden Fällen, die ich hier beschrieben habe, gab es eine Vielzahl weiterer, die niemals aufgeklärt wurden. So wurden beispielsweise in der Leichenhalle des Spitals von Casablanca die Körper von 13 subsaharischen Migranten gefunden. Niemand wusste, wodurch ihr Tod verursacht worden war. Wir hätten von dem Verbleib der Leichen nicht einmal etwas erfahren, hätte die marokkanische Organisation AFVIC[8] uns nicht davon in Kenntnis gesetzt.

Schulausbildung

Kinder aus Familien, die vor Krieg, Verfolgung oder ökonomischen Desastern geflohen sind und sich heute in Marokko befinden, werden an den öffentlichen Schulen nicht zugelassen, da ihre Eltern keine Papiere haben. Selbst Kindern von anerkannten Flüchtlingen oder AsylbewerberInnen wird der Schulbesuch verwehrt. Diese Kinder leben also in großer Ungewissheit, was ihre Zukunft angeht. Kein Kind hat sich diese Situation ausgesucht; kein Kind hat seine Eltern dazu genötigt, sich auf den Weg in die Emigration zu begeben. Dennoch wird den Kindern das fundamentale Recht auf Bildung streitig gemacht – sie werden ausgeschlossen. Dabei trennen nur rund 14 Kilometer Marokko von Europa, dem Kontinent, in dem die Rechte der Kinder durch die Staaten und die internationalen Institutionen gesichert werden. In Marokko gibt es zusätzlich zu den marokkanischen Schulen – seien sie öffentlich oder privat – noch europäische Bildungsinstitutionen. Diese stehen vor allem unter spanischer oder französischer Leitung. Doch die Kinder der MigrantInnen haben auch zu diesen Schulen keinen Zugang – welch ein Skandal!

---

8   AFVIC (Association des Amis et Familles des Victimes de l'Immigration Clandestine) ist eine Organisation, die sich um die Angehörigen der illegalisierten marokkanischen MigrantInnen kümmert, die ihr Leben bei der Überfahrt nach Europa verloren haben.

Eines Tages lud mich ein marokkanischer Mitarbeiter des UNICEF ein, an einem internationalen Kolloquium zum Thema Kinderrechte teilzunehmen. Ich hatte vor, die TeilnehmerInnen über die Situation der Flüchtlingskinder in Marokko zu informieren, doch man verweigerte mir den Zutritt zum Veranstaltungssaal.

Oft wird darüber berichtet, wie in bestimmten Teilen der muslimischen Welt Eltern ihre Kinder nicht zur Schule schicken. Dies kommt in Afghanistan vor, aber auch in Marokko. Man hört, wie internationale Organisationen sich mit den Eltern oder mit religiösen Verantwortungsträgern über dieses Thema streiten. Im Vergleich dazu wird wenig darüber berichtet, dass unzähligen Kindern subsaharischer MigrantInnen systematisch der Zugang zu einer Ausbildung verwehrt wird. Wir werden im folgenden Kapitel noch näher auf dieses Thema zu sprechen kommen.

Arbeitswelt

Sans Papiers und AsylbewerberInnen haben in Marokko keinerlei Zugang zu irgendeiner Form von entlohnter Arbeit. Selbst irregulär zu arbeiten ist unmöglich. Die Wurzel des Problems liegt bei der Illegalisierung, auch wenn oft behauptet wird, dass auf dem marokkanischen Arbeitsmarkt nicht genug Anstellungsmöglichkeiten vorhanden wären.

Während ich in Marokko lebte, organisierte der damalige Verantwortliche des UNHCR, Johannes van der Klaauw, ein Ausbildungsprogramm für Flüchtlinge. Gemeinsam mit der marokkanischen Stiftung »Orient-Occident« wurden Kurse im Bereich der Pflege, der Hotellerie sowie der Call-Centers angeboten. Eine Reihe von französischen Unternehmen, die in Marokko Call-Centers betrieben, hätten sich sogar darauf spezialisiert, Flüchtlinge anzustellen, die diese Ausbildung abgeschlossen hatten und gut Französisch sprachen. Die marokkanischen Behörden machten diesen Unternehmen jedoch einen Strich durch die Rechnung: Der Verantwortliche der Stiftung »Orient-Occident« gab an, Instruktionen erhalten zu haben, denen zufolge Personen, die über keinen Aufenthaltstitel verfügten, nicht eingestellt werden dürften.

Der Mangel an entlohnter Arbeit hatte schwerwiegende Konsequenzen für die Gesamtheit der Flüchtlinge und MigrantInnen in Marokko. Frauen waren oft besonders negativ betroffen – viele von ihnen wurden durch das faktische Arbeitsverbot in die Sexarbeit gedrängt.

Asyl, Razzien und Rückschiebungen

Die Frau, die eines der Zimmer unseres Appartements in Rabat bewohnte, war anerkannter Flüchtling und besaß einen vom Büro des UNHCR ausgestellten Ausweis. Einige Wochen nach meiner Ankunft bat ich sie, mich zum Sitz des UNHCR, der sich zu dieser Zeit in Casablanca befand, zu begleiten. Ich hatte vor, ebenfalls einen Asylantrag zu stellen.

Wir standen in der Morgendämmerung auf und fuhren nach Casablanca. Vor dem UNHCR warteten bereis rund zehn Personen. Nach einiger Zeit wurden wir von einem Herrn empfangen, der uns lediglich darum bat, unsere Namen und Telefonnummern auf ein Blatt Papier zu schreiben. Wir erhielten keinerlei andere Informationen und wurden wieder weggeschickt. Die Enttäuschung war groß, doch alle Betroffenen blieben passiv und fügten sich dem Prozedere. Unverrichteter Dinge kehrten wir nach Rabat zurück. Wir hatten das Geld für die Reise umsonst ausgegeben. Ich hatte sogar den doppelten Preis bezahlt, da ich auch für die Reisekosten meiner Mitbewohnerin aufkommen musste. Vor allem waren wir aber durch die Art erschüttert, wie wir empfangen worden waren. Weder hatte man uns ein Dokument ausgestellt, mit dem wir hätten beweisen können, dass wir einen Asylantrag gestellt hatten, noch wurden wir vom UNHCR jemals zurückgerufen. Wir waren also nach wie vor der Gefahr einer willkürlichen Verhaftung ausgesetzt.

Denn Flüchtlinge und MigrantInnen standen in Marokko unter der ständigen Gefahr, Opfer von Razzien und Rückschiebungen zu werden. Aus diesem Grund waren sie dazu verdammt, die größte Zeit in ihren Wohnungen und Ghettos zuzubringen. Sie waren dort praktisch eingesperrt.

Im Januar 2005 kam es zu einer groß angelegten Razzia in all den Stadtteilen, in denen MigrantInnen lebten. Betroffen waren die Viertel G5, Hay Nahda I und II sowie der Stadtteil Takkadoum. Ich erinnere mich sehr gut an die Geschehnisse dieses Tages – am Vorabend war ich bei Michaux und Sylvain eingeladen, die Eltern eines kleinen Kindes waren. Unser Gespräch kreiste um eine Fernsehsendung, in der der Besuch des spanischen Königs in Marokko angekündigt wurde. Eine Reihe von Freunden, die auch anwesend waren, vertraten die Auffassung, dass der spanische König kommen würde, um MigrantInnen nach Spanien zu holen – sein Land brauche Arbeitskräfte, so meinten sie. Außerdem hätte Spanien Bedarf an jungen Menschen, da die Bevölkerung überaltert sei und die Jungen keine Lust mehr hätten, zu heiraten und Kinder zu kriegen. Wir debattierten drei Stunden lang über dieses Thema und einer der Anwesenden, ein Kameruner, den alle respektierten und schätzten, vertrat nachdrücklich die Auffassung, dass nun viele von uns nach Spanien reisen können würden. Viele der versammelten MigrantInnen waren in bester Laune und frohen Mutes, nun Marokko verlassen zu können.

Doch dann kam alles anders. Noch in dieser Nacht, gegen 4 Uhr morgens, führten die marokkanische Polizei, die königliche Gendarmerie und polizeiliche Hilfskräfte eine schreckliche Razzia durch. Sie gingen von Haus zu Haus und verschleppten Männer, Frauen, Kinder und Babys, um sie danach nach Oujda an der algerischen Grenze abzuschieben. Es war Winter und bitterlich kalt. Auch unser Freund aus Kamerun, der so überzeugt gewesen war, der Besuch des spanischen Königs würde uns Gutes bringen, wurde abgeschoben.

Ich hatte in dieser Nacht Glück: Unser Haus wurde ausgespart. Ab diesem Tag sprach es sich herum, dass unser Heim sicher war, sodass eine Reihe von FreundInnen bei uns Zuflucht suchten, sobald das Gerücht aufkam, dass eine Razzia bevorstehen könnte.

Dennoch hatte ich große Angst, dass eines Tages auch unser Haus von der Polizei aufgesucht werden würde. Was sollte ich ohne Antwort des UNHCR tun? Man hatte versprochen, uns zurückzurufen, doch niemand hatte sich bei uns gemeldet. In diesen Tagen betete ich viel. Wir waren dazu gezwungen, uns ständig zu verstecken. Auf den Markt gingen wir nur zu vereinbarten Zeiten. Und um etwas Sonnenlicht zu erhaschen, hielten wir uns an Orte, die vor dem Zugriff der Polizei sicher waren. Wir nannten diese Orte »Tranquillos«. Und selbst diese Ausgänge wagten wir nur zu Zeiten, in denen die Polizei Pause machte.

Die Gebetskreise

Die MigrantInnen gründeten informelle Kirchen, wo sie bei Tag und bei Nacht beten konnten. Die meisten MigrantInnen christlichen Glaubens blieben ihrer Religion treu, obwohl es zahlreiche Missionare gab, die aus ihrem Elend Profit schlagen und sie zu einem Übertritt zum Islam bekehren wollten. Die Gottesdienste fanden in den Ghettos statt, meist in denjenigen Wohnungen, die von religiösen Persönlichkeiten bewohnt wurden. Man nannte diese Leute Pfarrer, Evangelisten und manchmal sogar Apostel. In vielen Fällen hatte man ihnen diesen Titel im Verlauf ihrer Migration gegeben. Sie hatten sich bei schwierigen Etappen, beim Überschreiten einer Grenze oder im Zuge von Verhaftung und Rückschiebungen in die Wüste als besonders weitsichtige Personen hervorgetan. Diejenigen, die ihre Mitreisenden versammelten, um gemeinsam zu beten und den Segen Gottes zu erbitten, wurden »Pasteur« oder, im Fall der nigerianischen Community, »man of god« genannt.

Die Gebete fanden unter größter Geheimhaltung statt, da es bereits zu Verhaftungen gekommen war, nachdem Hausbesitzer von den religiösen Versammlungen gehört hatten. Manches Mal riefen sie die Polizei, weil es sich um christliche Versammlungen handelte, manchmal war der Grund schlicht, dass sie keine informellen Treffen in ihren Häusern duldeten.

In unserer Wohnung gab es zwei Gebetskreise. Einen leitete ein sogenannter Priester, den anderen ein Evangelist. Beide waren sie kongolesischer Herkunft. Sie hatten beide ihre Anhängerschaft und teilten sich die Tage auf, an denen sie Messen abhielten – der eine an geraden Tagen, der andere an ungeraden. Dennoch gab es Spannungen zwischen den beiden religiösen Anführern – ganz offensichtlich handelte es sich um einen Streit um den Führungsanspruch. MigrantInnen muslimischen Glaubens hatten auf diesem Gebiet zumindest den Vorteil, die offiziellen Glaubenseinrichtungen besuchen zu können – in den Arbeitervierteln der Stadt gab es recht viele Moscheen.

Trotz der Unstimmigkeiten in unserer Wohnung spielten die Kirchen nicht nur für die spirituelle, sondern auch für die moralische und politische Haltung der MigrantInnen eine äußerst wichtige Rolle. In den Kirchen ermutigte man sich gegenseitig tagtäglich, die Hoffnung nicht zu verlieren. Die MigrantInnen wurden darin bestärkt, sich trotz der großen Leiden, die sie zu erdulden hatten, nicht der Prostitution, der Kriminalität oder dem Diebstahl hinzugeben, sondern die Nächstenliebe und die wechselseitige Solidarität zu fördern.

Im Fall von Konflikten innerhalb von Gemeinschaften oder zwischen verschiedenen Gemeinschaften wurden oft die Priester gerufen, um die Streitigkeiten zu lösen und den Frieden wiederherzustellen. Kurz – die Kirchen waren für die MigrantInnen eine Art moralisches Schutzgeländer. Die Mitglieder einer bestimmten Kirche waren in ihrer Community eingebunden und strebten nach einer guten Lebensführung, um ihre Gemeinschaft nicht in Verruf zu bringen. Da den subsaharischen MigrantInnen auch der Zugang zum marokkanischen Justizwesen verwehrt blieb, dienten die Kirchen oft als Schlichtungsstelle. Es gab Konflikte, die wir in unserer Vereinigung nicht lösen konnten, die aber nach der Konsultation eines Priesters schnell und dauerhaft beigelegt werden konnten.

Die Kirchen spielten aber nicht nur eine wichtige moralische Rolle, sondern unterstützten ihre Mitglieder auch materiell. Das – wenn auch magere – Kleingeld der Opfergaben wurde von einem Kassier verwaltet und diente dazu, schwangere Frauen, Kranke oder Menschen in schwierigen Situationen zu unterstützen.

Diese Organisationspraktiken waren in dieser Form absolut neu. Sie wurden von Menschen entwickelt, die in extremer Armut lebten und sich trotz dieser Umstände dazu entschlossen hatten, der Kriminalität aus dem Weg zu gehen. Leider wurden diese innovativen Ansätze in der marokkanischen Presse nie erwähnt. Wenn die Zeitungen davon berichteten, dann lediglich auf negative Art und Weise und um uns zu kriminalisieren. Eine marokkanische Wochenzeitung gab eines Tages zum Besten, dass die subsaharischen MigrantInnen von amerikanischen Priestern unterstützt würden, um den christlichen Glauben in Marokko zu verbreiten. Der Artikel bezog sich auf die Hilfeleistungen unseres amerikanischen Freundes Pastor David, der uns mit der Organisation Comité d'Entraide Internationale unterstützte. Doch die informellen und prekären Kirchen der MigrantInnen existierten völlig unabhängig von externer Unterstützung. Es gab sie in Rabat wie auch in den Wäldern vor den spanischen Enklaven Ceuta und Melilla. Wenn es Unterstützung gab, dann ging sie niemals an die religiösen Würdenträger, sondern stets an bedürftige MigrantInnen, welcher Religion sie auch angehörten. An Pastor Davids Tür klopften also beileibe nicht nur Flüchtlinge christlichen Glaubens, sondern auch Muslime aus Palästina, dem Irak oder Westafrika sowie eine Vielzahl an MigrantInnen, die weder mit der einen noch mit der anderen Religion etwas zu schaffen hatten.

Der Versuch, nach Spanien überzusetzen

Im Dezember 2004 rief mich ein Freund an, der im Stadtteil G5 wohnte. Er teilte mir mit, er sei von jemandem kontaktiert worden, der die Überfahrt nach Spanien organisieren würde. Sie hätten einen Preis von 6.000 Dirham[9] pro Person vereinbart. Der Freund beauftragte mich damit, diese Nachricht in meinem Umfeld zu verbreiten. Einer meiner Reisegefährten war interessiert und ich wollte die Fahrt ebenfalls wagen. Meine Hoffnung war, mich endlich nicht mehr in einem Zimmer versteckt halten zu müssen. Ich wollte nun, nach so vielen Jahren des Leidens, in Spanien um Asyl ansuchen.

Das erste Problem, das sich mir jedoch stellte, war, dass ich keine 6.000 Dirham zu Verfügung hatte. Was also tun? Das Erste, was mir einfiel, war, meinen großen Bruder im Kongo anzurufen. Seine erste Antwort war negativ – er sagte, er wolle auf keinen Fall, dass ich in ein Fischerboot einstiege. Er hatte die schrecklichen Bilder der Bootsunglücke im Fernsehen gesehen – es sei in jedem Fall besser, in Marokko zu bleiben als im Mittelmeer zu sterben. Ich hielt dagegen und argumentierte, dass viele die Überfahrt nach Spanien schaffen würden; außerdem, so erklärte ich ihm, sei ich hier in Marokko von der ständigen Gefahr der Abschiebung bedroht. Länger hierzubleiben würde also bedeuten, mich eines Tages in der Wüste wiederzufinden. Nach einer langen Diskussion gelang es mir, ihn zu überzeugen, und er überwies mir am folgenden Tag via Western Union die notwendige Summe.

Wir machten uns also für die Abfahrt bereit. Ich kaufte Handschuhe, einen Mantel, eine Mütze sowie Lebensmittel. Mein Freund verabschiedete sich von seiner Frau, die mit ihrem gemeinsamen Baby zurückblieb. Sie sagten einander Lebewohl, in der Hoffnung, einander in Spanien wiederzusehen. So war nun einmal die Regel: Wenn sich eine gute Gelegenheit bot, ließ man die Lieben gehen und hoffte, sich eines Tages wiederzusehen.

---

9   Entspricht einem Betrag von rund 530 Euro.

Gegen 17 Uhr beendete ich meine Einkäufe und ging nach Hause, um zu essen und meinen MitbewohnerInnen adieu zu sagen. Um 20 Uhr war ich mit dem Freund verabredet, mit dem ich die Reise antreten sollte. Er wusste, wo der vereinbarte Treffpunkt war. Ein Chairman sollte uns abholen und zu einem »Tranquillo« führen. Von dort würden wir nach Nador gebracht werden, wo die Überfahrt starten sollte.

Pünktlich um 20 Uhr traf mein Freund mit dem Chairman am vereinbarten Ort ein. Der Chairman forderte mich auf, ihm die Reisekosten sofort zu geben – ich zögerte und sagte ihm, ich wolle ihm das Geld erst aushändigen, wenn wir im »Tranquillo« angekommen wären. Ich kam mit meiner Forderung durch. Wir sprachen ein kurzes Gebet und gingen los. Nur zehn Minuten später kamen wir bei einem Haus an, in dem bereits über zwanzig Leute warteten. Jeder von ihnen hatte einen kleinen Rucksack dabei, so wie ich. Manche warteten bereits zwei Tage, manche sogar fünf Tage in diesem Loch, ohne auch nur vor das Haus treten zu dürfen. Die Regeln waren tatsächlich äußerst streng: Der Chef unserer »Verbindung« begann sofort, meinem Freund eine Lektion zu erteilen, da er die Regeln nicht respektiert hatte und einfach fortgegangen war. Erst später kehrte wieder Ruhe ein – der Chef brachte Essen. Es gab FouFou[10], Smida[11] und Huhn. Alle aßen, nur ich hatte keinen Appetit – seit ich in diesen »Tranquillo« eingetreten war, bereute ich, mich auf dieses Abenteuer eingelassen zu haben.

Gegen 22 Uhr begannen dann tatsächlich die Scherereien: Der Vermieter der Wohnung, der über uns wohnte, tauchte plötzlich auf und begann herumzuschreien. Er sei nicht davon informiert worden, dass wir so zahlreich seien; er hätte die Wohnung nur an sechs

10   Fester Brei aus Maniok oder Yams und Kochbananen.
11   Weizengrieß.

Personen vermietet. Er schrie und schrie und wollte von uns wissen, wer wir seien und was wir hier zu suchen hätten. Er bemerkte natürlich auch, dass nicht genügend Schaumstoffmatratzen im Raum waren und dass wir lediglich kleine Rucksäcke bei uns hatten. Schließlich rief er seine Frau und seine Kinder, die ebenfalls herumzuschreien begannen. Unser Versteck drohte aufzufliegen. Der Inhaber der Wohnung forderte den Chef unserer »Verbindung« auf, den Schlepper herbeizuholen, an den er die Wohnung vermietet hatte. Dieser wohnte jedoch nicht gerade um die Ecke und so dauerte es eine Weile, bis er endlich vor Ort war. Nach mühsamen Verhandlungen einigten sich der Vermieter und der Schlepper darauf, dass jede Person 25 Dirham bezahlen musste – die Lage war ernst, denn der Vermieter drohte, die Polizei zu rufen, wenn wir nicht bezahlten. Wir fühlten uns immer unsicherer an diesem Ort. Wie wir kongolesischen MigrantInnen zu sagen pflegen: »*Ndaku ensumbi*« – das Haus war unbewohnbar geworden. Trotz der drohenden Gefahr weigerte sich die Mehrzahl der MigrantInnen, auf die Erpressungsversuche des Vermieters einzugehen. So sah sich der Schlepper gezwungen, uns zu evakuieren und einen neuen Ort zu suchen. Er versprach dem Vermieter, die geforderte Summe später aus eigener Tasche zu zahlen; uns hingegen wurde befohlen, die Wohnung in Zweiergruppen zu verlassen.

Tags darauf hatte der Schlepper eine neue »Verbindungs«-Wohnung organisiert. Doch mich und meinen Reisegefährten erwartete eine üble Überraschung: Uns und allen kongolesischen Reisenden wurde der Zutritt verwehrt, da meinem Freund vorgeworfen wurde, sein unvorsichtiges Verhalten habe die Aufmerksamkeit des Vermieters auf die Gruppe gezogen. Wir blieben also in Marokko zurück.

Doch der Umstand, dass uns die Überfahrt verweigert worden war, sollte sich als unsere Rettung herausstellen: Nach vier Tagen sahen wir im marokkanischen Fernsehen die Leichen unserer malischen und guineischen FreundInnen. Sie waren allesamt bei einem

Bootsunglück ums Leben gekommen. Als ich die Bilder sah, kamen mir all die Geschehnisse der letzten Wochen in den Sinn: Ich dachte zurück an die langen Diskussionen, die ich mit meinem Bruder geführt hatte. Ich erinnerte mich an meine Weigerung, dem Chairman das Geld für die Überfahrt zu geben. Und ich durchlebte von Neuem das Gefühl, das ich gehabt hatte, als ich im »Tranquillo« angekommen war.

Aber nicht nur diese Erinnerungen quälten mich – ich durchlebte auch meine gesamte Irrfahrt von Mali nach Marokko ein weiteres Mal. Ich war nur um ein Haar dem Tod auf dem Meer entgangen. Ein reiner Zufall hatte mich gerettet.

An diesem Tag traf ich den Entschluss, mich erneut zum Sitz des UNHCR nach Casablanca zu begeben und um Asyl in Marokko anzusuchen. Ich nahm mir fest vor, den Verantwortlichen, der uns damals abgewiesen hatte, an sein Versprechen zu erinnern. Ich wollte unter allen Umständen erreichen, in Marokko Schutz zu erlangen, bis sich die Situation im Kongo normalisiert hatte.

Doch zum zweiten Mal stand ich vor verschlossenen Türen. Ich musste nach neuen Perspektiven suchen. Mit der Hilfe eines Freundes, der ebenfalls Migrant war, aber im Gegensatz zu mir eine Aufenthaltserlaubnis hatte, gelang es mir, eine Informatikausbildung zu beginnen. Offiziell war er für den Kurs eingeschrieben, denn ich hätte als Sans Papier keine Chance gehabt, aufgenommen zu werden.

Asylbewerber in Marokko

Anders als gedacht sollte meine Geschichte mit dem UNHCR erst beginnen. Im März 2005 wurden wir darüber informiert, dass in Rabat ein Büro des UNHCR eröffnet werden würde. Gleich am nächsten Tag entsandten wir frühmorgens eine kleine Delegation, die sich zum Gebäude des neuen Sitzes des Hochkommissariats begeben und die Informationen, die wir erhalten hatte, auf ihre Richtigkeit prüfen sollte. Und siehe da: Wir hatten uns nicht getäuscht.

Das Büro war besetzt und wir erhielten sogar einen Termin für den darauffolgenden Tag.

Das Stadtzentrum konnte man als MigrantIn nur besuchen, wenn man gut angezogen war und als StudentIn durchging; es war ratsam, Stifte und Aktentasche bei sich zu tragen. Ansonsten ging man das Risiko ein, von der Polizei verhaftet zu werden. Auch bei unserem ersten Termin beim UNHCR mussten wir an etlichen Polizisten in ihren Mannschaftswagen vorbei. Zum Glück entgingen wir einer Kontrolle. Nach einem ersten Gespräch wurden wir zu Einzelterminen bestellt, bei denen wir interviewt werden sollten. Mein Termin war der 18. März, andere hatten ihr Interview bereits hinter sich und warteten auf die Bestätigung über ihren Asylantrag. An diesem Tag ging dann alles plötzlich sehr schnell: Ein Mitarbeiter des UNHCR interviewte mich eine gute Stunde lang über meine Migrationsgeschichte. Danach fotografierte er mich. Nur zehn Minuten nach dieser Prozedur hielt ich die Bestätigung über meinen Asylantrag in Händen. Ich war ganz außer mir vor Freude. Etliche andere FreundInnen hatten ebenfalls ihren Asylbescheid bekommen. Wir kehrten nach Hause zurück und feierten ausgiebig.

Ich hatte geglaubt, dass das Papier des UNHCR mein Leben in der Abgeschlossenheit beenden würde. Doch weit gefehlt. Ohne regulären Aufenthaltsstatus keine Arbeit. Ich musste dies bitter erfahren, als ich mich mit der Hilfe eines Studenten aus Kongo-Brazzaville bei einem Call-Center bewarb, in dem offenbar subsaharische MigrantInnen angestellt wurden, die gut Französisch sprachen. Ich setzte einen Bewerbungsbrief und einen Lebenslauf auf. Mit diesen Unterlagen suchte ich das Büro des Call-Center auf; mein Freund begleitete mich. Drei Tage danach wurde ich sogar angerufen und zu meiner Bewerbung befragt. Das Interview wäre gut verlaufen, hätte mich die Mitarbeiterin der Firma nicht am Schluss nach meinem Status in Marokko befragt. Ich antwortete ihr, ich sei beim UNHCR als Asylbewerber gemeldet – ihre Entgegnung schmetterte mich zu Boden: Es könnten nur Migranten mit einer offiziellen marokkanischen Aufenthaltserlaubnis angestellt werden. Ich ließ nicht locker, und die Frau versprach mir, mich zurückzurufen. Als der Rückruf ausblieb, beschloss ich, ein zweites Mal zum Call-Center zu gehen. Dort wurde die Ablehnung meines Stellengesuchs allerdings nur bestätigt. Alle meine Hoffnungen waren zerronnen. Dieses Kapitel war für mich abgeschlossen.

Ich hatte anfangs geglaubt, das Papier des UNHCR würde mich vor Verhaftungen und Rückschiebungen schützen. Ich sollte mich gewaltig irren. Trotz der Tatsache, dass das UNHCR nun in Rabat ein Büro unterhielt, gingen die Razzien gegen Sans Papiers weiter. Alle waren betroffen, auch diejenigen, die nachweisen konnten, dass sie einen Asylantrag gestellt hatten oder sogar anerkannte Flüchtlinge waren.

Ende 2005 fand neuerlich eine groß angelegte Razzia in einem Viertel statt, in dem eine hohe Zahl an MigrantInnen lebte. Alle Betroffenen wurden unter unmenschlichen Bedingungen nach Oujda an der algerischen Grenze rückgeschoben. Diejenigen, die sich wegen ihres UNHCR-Papiers im Recht wähnten und sich verteidigen wollten, wurden ebenfalls brutal misshandelt. Ich erinnere mich an eine Asylbewerberin, die zwei Wochen zuvor ein Kind geboren hatte. Sie wurde ohne Erbarmen mitsamt dem Baby abgeschoben. Von Oujda aus rief sie viele Male den Pastor an, mit dem ich die Wohnung teilte. Sie bat ihn, für sie und das Kind zu beten. Auch Anrufe von anderen Rückgeschobenen erreichten uns, doch wir konnten in unserer Lage nichts für sie tun.

Während dieser Zeit wagte es keine einzige Nichtregierungsorganisation, die Stimme zu erheben und zu protestieren. Nicht einmal das UNHCR meldete sich zu Wort. Die wenigen NGOs, die sich für das Schicksal der MigrantInnen interessierten, kümmerten sich eher um diejenigen von uns, die in den Wäldern außerhalb der großen Städte lebten. Andere Organisationen – wie die Caritas –

beschränkten sich auf die soziale Unterstützung der Betroffenen, ohne jedoch politischen Protest zu üben. Die Stille rund um die Abschiebungen ermutigte die Polizei in ihrem Vorgehen. Die Treibjagd gegen die subsaharischen Flüchtlinge und die MigrantInnen nahm ihren Lauf.

V. KAPITEL
DIE GRÜNDUNG VON ARCOM

Ich benötigte nun einige Zeit der Reflexion, um mir darüber klar zu werden, was als nächstes zu tun war. Ich befand mich in der Klemme, genauso wie unzählige andere Flüchtlinge, die in Marokko lebten.

Einen ersten Anhaltspunkt sollte ich in meiner politischen Erfahrung aus der Zeit im Kongo finden. Während der ersten Konferenz unserer damaligen politischen Gruppe, die während meiner Studienzeit in Mbujimayi stattfand, hatte Richard, ein Mitstreiter, seinen Vortrag mit den eindrücklichen Worten beendet: »Wir haben nur zwei Möglichkeiten: entweder wir verleugnen uns oder wir kämpfen.«

Wir konnten zwei Wege wählen: Entweder wir akzeptierten die Ungerechtigkeiten, die entwürdigenden Behandlungen, die Misere und das Leiden sowie die Verunglimpfung, der wir ständig ausgesetzt waren.

Oder aber wir nahmen unser Schicksal in unsere eigenen Hände und entschlossen uns zu kämpfen, um das diskriminierende und xenophobe Verhalten der Polizei, der Regierung und der Presse zurückzudrängen. Das würde auch bedeuten, die Einhaltung der internationalen Konventionen einzufordern. Es würde bedeuten, darauf zu bestehen, dass wir nicht Opfer von mafiösen Strukturen und Schleppern waren, sondern dass unser Problem in der Repression bestand, ausgeübt von einer Regierung, die wir nicht gewählt hatten – einer Regierung, die niemandem Rechenschaft über ihr Verhalten ablegte. Es würde auch bedeuten, darauf hinzuweisen, dass wir Opfer von bewaffneten Konflikten waren und dass diese Konflikte einzig aus dem Grund weiterbestanden, dass sich die Konfliktparteien um die Ausbeutung der natürlichen Ressourcen stritten – Ressourcen, die unser Glück und Wohlergehen sichern und uns von dieser Irrfahrt erlösen könnten.

Die Antwort war klar – doch auf welche Weise sollten wir all dies in die Tat umsetzen? Individuelle Aktionen schienen völlig unzureichend – vielmehr musste ein Rahmen geschaffen werden, eine Struktur, in der man sich engagieren konnte, die die wechselseitige Solidarität stärken und die Kommunikation erleichtern würde.

Zu dieser Zeit stammte eine große Mehrheit der Asylsuchenden aus dem Kongo. Dies erklärt sich einerseits aus der politischen Instabilität und aus den bewaffneten Konflikten, die das Land zerrüttet hatten. Andererseits flüchteten aber viele KongolesInnen nach Marokko, weil Mobutu, seine Familie und seine politischen Anhänger hier Schutz gefunden hatten. Die Flüchtlinge aus dem Kongo fanden sich in großer Zahl beim Büro des UNHCR ein. Menschen aus anderen subsaharischen Ländern, zum Beispiel aus der Elfenbeinküste, nahmen diese Möglichkeit nicht so häufig in Anspruch. Ein generelles Problem bestand darin, dass die meisten Flüchtlinge und MigrantInnen in ihrer eigenen Community blieben. Es herrschte permanentes Misstrauen und man lebte in der ständigen Angst, aufgegriffen und abgeschoben zu werden. Man fühlte sich vor allem unter den eigenen Landsleuten sicher, ja vertraute ihnen eher.

Schließlich wurde ich auch durch die Predigten des Pastors Jon Ghéber in meinem Entschluss bestärkt, eine Organisation der Sans Papiers zu gründen. »Gott hat uns mit großen Fähigkeiten ausgestattet und es liegt an uns, sie zur Anwendung zu bringen, um unser Leben zu verändern«, hieß es eines Sonntags in seiner Predigt. »In welcher Situation wir uns auch befinden mögen, lasst uns zu Gott beten, damit er uns hilft, alle unsere Kapazitäten zu nutzen. Wir dürfen nicht unsere Arme verschränken, nein. Wir müssen uns erheben!«

Nach diesem Gottesdienst ging ich nach Hause und sah mich in meinem Vorsatz bestätigt. Ich musste mich erheben und meine Isolation beenden. Ich musste nicht nur mein Leben verändern, sondern auch das der GenossInnen, mit denen ich hier im Exil lebte.

So gründete ich ARCOM, die Association des Réfugiés et Demandeurs d'Asile Congolais, die Vereinigung der kongolesischen Flüchtlinge und AsylbewerberInnen. Ich schuf diese Vereinigung mit dem Ziel, dass andere Communities meinem Beispiel folgen würden – und siehe da, es ließen sich später auch einige inspirieren und schufen Vereinigungen zur Verteidigung der Rechte ihrer Landsleute.

Meine Kontakte

Bevor es zur Gründung von ARCOM kommen konnte, wollte ich noch eine Reihe von lokalen und internationalen NGOs sowie verschiedene politische Parteien kontaktieren.

Die ersten Vorkehrungen, die ich dafür treffen musste, betrafen mein Äußeres. Um nicht das negative Bild hervorzurufen, das einem Migranten anhaftet, schaffte ich mir einen Anzug, eine Krawatte und ein schönes Paar Schuhe an. Ich wählte diese Strategie auch, um nicht von der Polizei angehalten oder von den Türstehern der Büros abgewiesen zu werden.

Meine Kontakte sollten mich zu den Verantwortlichen mehrerer politischer Parteien und Organisationen führen. So besuchte ich das Büro des UNHCR, wo ich mit Madame Fatima sprechen konnte, der damaligen Verantwortlichen für den Schutz der Flüchtlinge und MigrantInnen. Ich wurde dort nicht als Flüchtling empfangen, sondern als zukünftiger Sprecher einer Organisation, die sich zum Ziel setzte, die Situation der Flüchtlinge und Asylsuchenden zu verbessern.

Ich wurde auch von den Verantwortlichen einer Reihe politischer Parteien empfangen. Dabei konnte ich einige fruchtbare Gespräche führen. In besonders guter Erinnerung blieb mir das Gespräch mit dem Berater des Präsidenten der Demokratischen Partei Marokkos. Wir unterhielten uns lange über die aktuelle politische Lage im Kongo sowie über die verschiedenen Parteien in Marokko. Er kannte den Kongo gut. Besonders über die Zeit von Lumumba hatte er viel Interessantes zu berichten. Zum Abschied sagte er mir: »Es ist das erste Mal für mich, dass ich mit einem jungen Afrikaner ein politisches Gespräch führe. Vergessen Sie nicht: Lumumba ist ungefähr in Ihrem Alter in die Politik eingetreten. Ich weiß, dass es für den Kongo schwierig ist, in Frieden zu leben; schuld ist der Rohstoffreichtum des Landes. Ich freue mich, dass sich junge Menschen wie Sie für Politik interessieren.«

Ein anderes Gespräch, das ich niemals vergessen werde, war jenes mit dem Generalsekretär der Partei für Gerechtigkeit und Entwicklung, der PJD. Es war für mich eine große Freude, den Chef dieser wichtigen Oppositionspartei treffen zu können. Die PJD wird zwar von einigen als islamistische Partei angesehen, versteht sich allerdings als Partei, die zwar auf dem Islam beruht, jedoch in erster Linie für Gerechtigkeit und Entwicklung in Marokko kämpft. Wir führten ein sehr langes Gespräch und ich fand mein Gegenüber sehr aufmerksam und sympathisch. Er interessierte sich in hohem Maß für die Situation meines Landes. Ich erzählte ihm über die neuesten Entwicklungen im Kongo sowie über meine damaligen Aktivitäten im Rahmen der lokalen Jugendorganisation unserer Partei, der UDPS. Er stellte mir Fragen über die Zukunft des Landes angesichts des Ausgangs der jüngsten Verhandlungen von Sun City. Weiters wollte er wissen, was ich von der Einsetzung der neuen Regierung halten würde und welche Position unsere Partei dazu hätte. Ich teilte ihm meine Einschätzung mit: Der Ausschluss unseres Parteiführers Étienne Tshisekedi aus der aktuellen Regierung habe dazu geführt, dass die Mehrheit der kongolesischen Bevölkerung sehr unzufrieden sei. Auf diese Weise sei der Friedensvertrag von Sun City aufs Spiel gesetzt worden. Schließlich stellte er mir auch einige Fragen über meinen Aufenthaltsstatus hier in Marokko und über meine aktuellen Aktivitäten. Er wollte auch wissen, welchen Eindruck ich von der marokkanischen Parteienlandschaft hätte. Das Gespräch verlief in einer entspannten und freundlichen Atmosphäre. Zum Schluss überreichte mir mein Gesprächspartner seine Visitenkarte und lud mich ein, mit ihm in Kontakt zu bleiben. Er ermutigte mich auch dazu, mit den anderen marokkanischen Parteien Kontakt aufzunehmen.

Doch nicht alle meine politischen Begegnungen verliefen erfolgreich. Bei einer Partei wurde ich sogar abgewiesen – man sagte mir, man wolle erst mit mir sprechen, wenn ich eine Aufenthaltserlaubnis hätte. Sogar bei einer Reihe von NGOs wurde mir die Türe vor der Nase zugeschlagen, weil ich keine Papiere hatte. Es handelte sich um dieselben Organisationen, die sich später bei internationalen Treffen und Konferenzen damit rühmen sollten, für die Sache der Flüchtlinge und MigrantInnen in Marokko zu kämpfen.

Dennoch konnte ich durch die Kontakte, die ich während dieser Zeit knüpfte, viel lernen. Ich konnte meine Kenntnisse über die Politik und die Gesellschaft Marokkos vertiefen und lernte unter anderem, dass es im offiziellen Marokko drei Dinge gab, die nicht infrage gestellt werden durften: den König, die Nation und die Religion. Ich hatte nun auch ein genaueres Bild davon, mit welchen Parteien und Gruppierungen man zusammenarbeiten konnte und mit welchen nicht. Die Kontakte zu den Verantwortlichen der verschiedenen Parteien und Organisationen sollten mir in dem Kampf, den ich mittels ARCOM in Gang setzen wollte, sehr nützlich sein.

ARCOM wird gegründet

Im April 2005 begann ich mit einigen kongolesischen FreundInnen einen Vorschlag für die Vereinsstatuten von ARCOM auszuarbeiten. Ich fuhr danach in den Stadtteil G5, um Béatrice zu treffen, die ich schon von unserem ersten Asylgesuch in Casablanca her kannte. Ich erzählte ihr von meiner Initiative, einen Verein zu gründen, und las den Vorschlag für die Statuten vor. Sie fand meine Idee großartig, vor allem, so sagte sie, angesichts der katastrophalen Lage der ExilantInnen in Marokko. Wir beschlossen, uns bald wieder zu treffen und an den Plänen der Gründung eines Vereins weiterzuarbeiten. Ich besuchte im Stadtteil G5 auch noch Sylvain und seine Frau Michaux, kongolesische MigrantInnen, die ich ebenfalls hier in Marokko kennengelernt hatte. Ich informierte sie gleicherweise von dem Vorhaben und ersuchte sie, die Idee im Viertel zu verbreiten. Bei meinem sonntäglichen Kirchgang traf ich Maman Astrid, die wie ich aus dem Kongo geflüchtet war und im selben Stadtteil wohnte wie ich. Auch ihr erzählte ich von unseren Plänen und bat sie, andere Interessierte einzuladen. Ich besuchte die Gebetskreise der kongolesischen MigrantInnen und lud die Leute ein. Die Nachricht über die Gründung von ARCOM ging so von Mund zu Mund.

Rund 15 Personen meldeten sich für das erste Treffen an. Die Sache klappte also: Wir waren um ein gemeinsames Ziel vereint und ich empfand große Freude. Doch mir war auch bewusst, dass ich bei dem Treffen vorsichtig sein musste – es wäre unmöglich gewesen, denselben Diskurs zu führen wie während meines politischen Lebens im Kongo. Die meisten TeilnehmerInnen des Treffens standen politischen Aktivitäten sehr skeptisch gegenüber. Ich wusste also, dass es ratsam wäre, eine Organisation zu gründen, die keinen parteipolitischen Interessen folgte und nicht profitorientiert war. Das zentrale Ziel unserer Organisation sollte vielmehr die Verteidigung unserer Rechte und Freiheiten sein. Ich war zwar der Initiator der Organisation, dennoch sollten alle Entscheidungen demokratisch gefällt werden. Wir entschlossen uns, per Handzeichen die SprecherInnen zu bestimmen. Allen stand es frei, Vorschläge für die Wahl zu machen.

Wir begannen mit dem Posten des Präsidenten. Nach fünf Minuten der Stille, die nur durch das leise Flüstern der Anwesenden gestört wurde, hob ich den Arm. Nach einem weiteren Moment der Stille erhob einer der Anwesenden seine Stimme und sagte, zu mir gewandt: »Sie sind der Initiator dieser Vereinigung. Sie sollten deshalb in der ersten Zeit auch an ihrer Spitze stehen.« Als schließlich gewählt wurde, stimmten alle für mich und applaudierten. Eine der Anwesenden forderte mich auf, mich zu erheben und allen in der Runde Saft anzubieten. Durch diesen Akt wurde mir die Verantwortung für unsere Vereinigung übertragen. Ich spürte in diesem Moment eine ungeheure Stärke in mir. Mir wurde auch bewusst, dass mich eine verantwortungsvolle Aufgabe erwartete.

Wir setzten die Wahl fort und bestimmten die komplette personelle Struktur von ARCOM. Neben dem Präsidenten wurden zwei Vize-Präsidenten, ein Sekretär, ein Kassier und mehrere BeraterInnen gewählt.

VI. KAPITEL
UNSERE KÄMPFE, UNSER AUFSCHREI FÜR UNSERE RECHTE

Ich übernahm die Führung in unserer Vereinigung und trug somit große Verantwortung. Ich musste nun mein Engagement und meine Kreativität unter Beweis stellen. Gefragt waren auch meine organisatorischen Fähigkeiten: Mein Ziel war, die Flüchtlinge und Asylsuchenden davon zu überzeugen, selbst für ihre Rechte zu kämpfen. Außerdem musste es mir gelingen, Aktionen zu starten, die den Mitgliedern der Community unmittelbar zugutekommen würden. Ich hatte die Aufgabe, mich um Menschen in Notlagen zu kümmern, weiters musste ich ein offenes Ohr für alle Mitglieder haben, ihnen mit Rat und Tat zur Seite stehen und ihre Zuversicht stärken. Zum Glück fiel diese Aufgabe nicht mir alleine zu. Wir bildeten Teams, deren Aufgabe es war, die Sorgen und Nöte unserer Mitglieder anzuhören. Astrid und Albertine betreuten die Frauen, ich kümmerte mich um die Männer. Nachdem wir eine Reihe von unterschiedlichen Menschen aus der Community empfangen und ihre Sorgen gehört hatten, wurde uns klar, dass die Probleme, unter denen sie litten, und die Anforderungen, die somit an uns gestellt waren, unsere Möglichkeiten und Kapazitäten bei Weitem überschritten. Die meisten MigrantInnen lebten ja in völliger Mittellosigkeit. Was also tun? Angesichts der Tatsache, dass uns selbst keinerlei Mittel für unsere politische Arbeit zu Verfügung standen, bestand die einzige Möglichkeit, zu Lösungen zu kommen, darin, dass wir den Kontakt zu marokkanischen Menschenrechtsorganisationen, zu Kirchen, internationalen Organisationen und karitativen Gruppen suchen mussten. Wir hielten unsere Augen auch nach Einzelpersonen offen, die Mitgliedern unserer Community helfen könnten. Im vorhergehenden Kapitel habe ich bereits grob umrissen, welche Gruppen und Personen ich zu diesem Zweck kontaktierte. Ich forderte auch alle Mitglieder unserer Vereinigung dazu auf, nützliche Kontakte der Allgemeinheit zur Verfügung zu stellen und danach zu trachten, jeweils gute Kontakte zu solchen Personen aufrechtzuerhalten.

Schlussendlich musste ich mich noch darum kümmern, einen Ort zu suchen, den wir für unsere regelmäßigen Treffen nutzen konnten. Es war unbedingt notwendig, einen fixen Platz zu haben, an dem wir unsere Ideen teilen und Informationen austauschen konnten.

Die erste Idee, die mir in den Sinn kam, war, Pastor Ives Vors zu kontaktieren. Er war der Repräsentant einer französischen Kirchengemeinde, die in Rabat eine ihrer Niederlassungen hatte. Ihn fragte ich, ob es möglich sei, unserer Vereinigung einen Gebetssaal zu Verfügung zu stellen. Denn wie bereits mehrfach beschrieben waren die Flüchtlinge und MigrantInnen christlichen Glaubens dazu gezwungen, ihre Gottesdienste in den Ghettos abzuhalten. Die Zusammenkünfte fanden stets unter größter Geheimhaltung statt – wenn der Besitzer einer Wohnung erfuhr, dass in seinem Haus Versammlungen abgehalten wurden, setzte er alle BewohnerInnen auf die Straße. Ich machte mir also zum Ziel, einen Rahmen zu schaffen, der es ermöglichen sollte, alle die kleinen »informellen Kirchen«, die sich in den Ghettos gebildet hatten, zusammenzuführen, um zumindest einmal pro Woche ein gemeinsames Gebet abhalten zu können. Die damit verknüpfte Idee war jedoch zugleich, durch diese Zusammenkünfte den Geist der Solidarität und der wechselseitigen Hilfe innerhalb der Community zu stärken. Es galt also, einen Saal zu finden, in dem eine große Anzahl an Menschen Platz finden würde und in dem wir unsere Treffen in Sicherheit abhalten konnten.

Wir schilderten also Pastor Ives Vors unsere Situation und versuchten ihm begreiflich zu machen, unter welch schwierigen Bedingungen wir unsere Gebete durchführten. Wir baten ihn, uns den großen Saal seiner Kirche einmal pro Woche zur Verfügung zu stellen, damit wir dort den Gottesdienst in unserer Sprache und entsprechend unserer Kultur abhalten konnten. Der Pastor war gegenüber unserem Anliegen sehr offen und gab uns sein Einverständnis. Wir einigten uns darauf, ab nun jeden Donnerstag von 10 bis 12 Uhr unser Treffen abzuhalten.

Treffen mit Pastor David Brown

Eines Sonntags, nach dem regulären Gottesdienst in der christlichen Kirche von Rabat, lernte Astrid eine Frau kennen, die bei der Botschaft der Zentralafrikanischen Republik arbeitete. Nachdem Astrid ihr von unserer Vereinigung berichtet hatte, erzählte sie ihr, sie würde einen amerikanischen Pastor kennen, der dafür bekannt sei, den subsaharischen Flüchtlingen und MigrantInnen zu helfen. Sie lud Astrid ein, eine Delegation unserer Vereinigung zusammenzustellen und bei der Botschaft vorbeizukommen, um den Kontakt zu dem Pastor herzustellen. Astrid, Albertine und ich begaben uns also zur zentralafrikanischen Botschaft, wo wir von unserer neuen Bekanntschaft herzlich empfangen wurden. Sie erzählte uns von den Aktivitäten von Pastor David Brown und gab uns seine Kontaktdaten. Wenige Tage später konnten wir ein Treffen mit ihm vereinbaren.

An einem Dienstag empfing David Brown uns in der evangelischen Kirche von Rabat. Er erzählte uns von seinen Aktivitäten und dass er Flüchtlingen und MigrantInnen, die in Rabat lebten, regelmäßig mit Nahrung und Kleidung aushalf. Teilweise, so berichtete er, würde er auch in die Bresche springen, wenn Menschen ihre

Wohnung verloren. David Brown hatte eine Vereinigung gegründet, die sich Comité d'Entraide Internationale nannte. Im Rahmen dieser Organisation empfing er Woche für Woche MigrantInnen in Notlagen und leistete ihnen materielle Hilfe. Seine Frau Julie, die Krankenpflegerin war, arbeitete ebenfalls in dieser Organisation mit und kümmerte sich um die Versorgung mit Medikamenten. Man konnte wahrlich sagen, dass der Pastor die Situation der Flüchtlinge und MigrantInnen in Marokko gut kannte und wusste, wie man ihnen helfen konnte. Seine Leistungen waren äußerst wichtig. Wir erzählten ihm von unseren Aktivitäten und erwähnten auch, dass wir ein Schulprojekt für Kinder planten. David Brown zeigte sich sehr interessiert und versprach, mit uns in Kontakt zu bleiben.

Als das Gespräch vorüber war, gab mir der Pastor zu verstehen, dass er sehr froh war, uns getroffen zu haben. Er fügte hinzu, dass wir ihn benachrichtigen sollten, wenn das Schulprojekt umgesetzt werden könne.

Zu dem Zeitpunkt des Treffens mit Pastor David Brown wussten wir noch nicht, dass diese Begegnung Menschenleben retten sollte. Nur eine Woche nach dem Treffen kam ein etwa zwanzigjähriger junger Mann zu mir. Es war frühmorgens. Der Junge sagte, er würde regelmäßig große Atemnot verspüren. Er hätte von ARCOM gehört und hoffte nun hier seine Rettung zu finden. »Präsident Emmanuel«, sprach er, »seit einer Woche schlafe ich nicht mehr gut. Mir stockt oft der Atem und ich fühle mich dem Tod nahe. Bitte hilf mir, ich kann mir die notwendigen Medikamente nicht leisten.« Ich rief Pastor Brown an, der den jungen Mann an einen seiner Sozialarbeiter weitervermittelte. Die notwendigen Medikamente wurden bereitgestellt und der Junge war gerettet.

Pastor Brown sollte in Zukunft in beinahe allen Fällen, bei denen wir ihn konsultierten, aushelfen. Die Dienste, die er den MigrantInnen und Flüchtlingen erwies, werden uns in unvergesslicher Erinnerung bleiben.

ARCOM und die Rückschiebungen der MigrantInnen vom Herbst 2005

Am Samstag, den 17. September 2005, erreichten uns ab 4 Uhr morgens eine Reihe von Telefonanrufen von MigrantInnen, die in den Stadtteilen Hay Nahda II und Takkadoum lebten. Sie waren in heller Aufregung und berichteten, dass die Polizei dabei war, eine groß angelegte Razzia durchzuführen. Wir konnten uns nicht an das UNHCR wenden, da das Büro um diese Uhrzeit nicht besetzt war – und samstags arbeitete dort sowie niemand. Zum Glück war unsere Wohnung einmal mehr verschont worden. Offenbar lohnte es sich, dass wir uns so diskret wie möglich verhielten und unsere Anwesenheit in dem Haus fast niemandem auffiel.

Gegen 7 Uhr morgens waren der Polizei mehr als 250 MigrantInnen in die Fänge gegangen. Unter ihnen befanden sich 90 Asylsuchende und Flüchtlinge, die InhaberInnen eines Papiers des UNHCR waren. Alle diese Menschen wurden vor dem Polizeikommissariat im 3. Bezirk, in Hay Nahda I, festgehalten. Dann kam die Nachricht, dass alle, die man geschnappt hatte, mit Bussen nach Oujda an der algerischen Grenze gebracht werden sollten. Zwei kongolesische Frauen – eine war schwanger, die andere hatte eine zwölfjährige Tochter bei sich – brachen noch vor der Abfahrt zusammen und mussten mit einem Krankenwagen abgeholt werden.

Die schwangere Frau blieb zwei Monate lang im Krankenhaus; ihr Kind starb bei der Geburt. Sie ist bis heute traumatisiert.

Der Frau mit der zwölfjährigen Tochter gelang es noch am Tag der Razzia, sich aus dem Krankenhaus davonzumachen. Sie schlug sich bis zu unserer Wohnung durch und erreichte uns gegen 11 Uhr. Als sie bei uns angekommen war, erzählte sie von dem Albtraum, den sie soeben durchlebt hatte: »Ich wurde um vier Uhr früh gewaltsam geweckt – die Polizei hatte die Tür zu unserem Haus eingetreten. Sie fragten uns nach unseren Papieren. Ich zeigte ihnen die Bestätigung des UNHCR, die ich als Asylbewerberin erhalten hatte, doch das interessierte sie nicht. Sie nahmen uns alle mit, auch die anderen Frauen und die Kinder. Ich hatte bloß ein Nachthemd an.

Im Polizeikommissariat erlitt ich einen Schwindelanfall. Danach kann ich mich an nichts mehr erinnern. Ich wachte erst im Spital wieder auf. Dort wurde ich untersucht und man gab mir Medikamente. Danach wurde ich in ein Krankenzimmer gebracht. Von dort bin ich schließlich abgehaut.«

Ab diesem Tag wurde diese Frau immer öfter krank. Im August 2006 verstarb sie an einer Hirnblutung und ließ ihre Tochter zurück. Es war wirklich unglaublich traurig. Das letzte Mal, als ich mit ihr beisammen war, sagte sie zu mir: »Papa Emman, wissen Sie schon, wie es mit dem Schulprojekt weitergeht? Wir brauchen eine dauerhafte Lösung für dieses Problem. Ich möchte nicht, dass meine Tochter ein weiteres Jahr verbringt, ohne zur Schule zu gehen.« Drei Tage später, es war ein Sonntag, rief mich Astrid von der Intensivstation des Krankenhauses an und teilte mir mit, dass Maman Anny, wie sie genannt wurde, im Koma lag. Ich fuhr in Windeseile ins Spital, wo außer Astrid auch noch einige andere Mitglieder unseres Vereins sowie Doktor Anaclet anwesend waren. Es wurde eine Notoperation durchgeführt und wir besorgten mit Hilfe von Pastor Brown eine Reihe von Medikamenten. Doch es war umsonst. Maman Anny starb drei Tage später. Möge ihre Seele in Frieden ruhen!

Die Überfälle und Razzien der Polizei waren die häufigste Ursache für das Leiden und die Todesfälle unter den migrantischen Frauen.

Die Ereignisse vom 17. September 2005 nahmen ihren Lauf. Um 17 Uhr erreichte mich der erste Anruf aus Oujda. Unsere FreundInnen teilten uns mit, dass sie in Zellen gesperrt worden waren und nun darauf warteten, in die marokkanisch-algerische Wüste abgeschoben zu werden. Ich beschloss, für den Abend ein Krisentreffen der Führungskader von ARCOM einzuberufen. Wir sammelten alle Informationen, die wir zusammenbekommen konnten, und fertigten eine Liste derjenigen MigrantInnen an, die vom UNHCR als Flüchtlinge anerkannt worden waren oder deren Asylverfahren noch lief. Nachdem wir uns beraten hatten, beschlossen wir, am Montag früh das Büro des UNHCR aufzusuchen, um zu fordern, dass den Asylsuchenden und Flüchtlingen die Rückreise nach Rabat gestattet werden müsse. Wir wussten bereits, dass das UNHCR in Rabat eine Art Stillhaltepolitik verfolgte: Bereits im Mai desselben Jahres war es zu einer ähnlichen Razzia gekommen, bei der das UNHCR schlicht nichts unternommen hatte, um die Betroffenen zu schützen. Nicht einmal denjenigen, die Papiere des UNHCR innehatten, wurde Hilfe zuteil. Innerhalb unserer Vereinigung wurde deshalb die Forderung lauter, ein öffentliches Sit-In vor dem Bürogebäude des UNHCR zu organisieren, um das Schweigen der Verantwortlichen anzugreifen und die Institution dazu zu drängen, im Sinne derjenigen zu handeln, die unter ihrem Mandat standen. Ich war absolut einverstanden, bot sich doch auf diese Weise nicht nur eine gute Gelegenheit, gegen das UNHCR zu protestieren, sondern auch gegen die marokkanische Polizei. Das Büro des Hochkommissariats für Flüchtlinge befand sich an einer der Hauptstraßen der Stadt. Sämtliche hohen Entscheidungsträger aus dem Polizeiapparat sowie hohe Politiker kamen hier vorbei. Ich war der Auffassung, dass hier der geeignete Ort wäre, um eine Aktion durchzuführen, wie es sie in Marokko noch niemals gegeben hatte: Mein Ziel war es, alle Flüchtlinge und Asylsuchenden zusammenzubringen, um gemeinsam gegen die Rückschiebungen unserer FreundInnen zu protestieren. Der Angriff auf unsere fundamentalen Rechte sollte nicht unwidersprochen bleiben.

Wir begannen also mit der Arbeit und gründeten ein Komitee zur Mobilisierung und Sensibilisierung der subsaharischen MigrantInnen. Sonntags beauftragten wir jemanden aus unserer Gruppe damit, ein Kommuniqué, das unser Vorhaben ankündigte, zu den evangelischen und katholischen Kirchen zu bringen. Das Papier wurde in den verschiedenen christlichen Kirchen verlesen. Die Kirchen waren uns freundlich gesinnt, wollten sich jedoch wegen ihres prekären Status in Marokko nicht weiter aus dem Fenster lehnen.

Neben der Mobilisierung über die Kirchen erfolgte die Weitergabe der Informationen per Mund-zu-Mund-Propaganda. Wir kontaktierten aber auch eine Reihe von marokkanischen Menschenrechtsorganisationen, darunter AMDH (Association Marocaine des Droits Humains) sowie die Organisation SOS Rassismus.

Am darauffolgenden Montagmorgen starteten wir unsere Aktion und begaben uns zum Büro des UNHCR. Wir hatten verschiedene Transparente dabei und skandierten Slogans. Auf einem Banner stand: »ARCOM verurteilt die illegalen und ungerechtfertigten Rückschiebungen der subsaharischen Flüchtlinge und Asylsuchenden«. Auf einem anderen war zu lesen: »Nein zu den diskriminierenden Rückschiebungen – wir fordern die sofortige und bedingungslose Rückkehr unserer FreundInnen nach Rabat, ihrem Wohnort«.

Bei unserer Ankunft vor dem Gebäude trafen wir auf eine Gruppe englischsprachiger Asylsuchender, die unsere Mobilisierung nicht erreicht hatte. Sie wollten sich beim UNHCR registrieren. Als sie sahen, dass wir gekommen waren, um zu protestieren, suchten sie allerdings das Weite – sie hatten Angst, gemeinsam mit uns verhaftet zu werden, sollte die Polizei vor Ort erscheinen.

Rund 40 subsaharische MigrantInnen waren unserem Aufruf gefolgt. Weiters hatte sich ein algerischer Flüchtling unserem Protest angeschlossen. Die Mehrzahl der in Rabat lebenden Sans Papiers war allerdings aus Angst, verhaftet und abgeschoben zu werden, der Demonstration ferngeblieben. Wir setzten unsere Sprechchöre fort, doch niemand vom UNHCR erschien. Erst als nach einer guten Stunde eine spanische Journalistin zu uns stieß und Interviews zu führen begann, erschien die Chefin des Büros, Madame Fatima. Sie trat gemeinsam mit allen MitarbeiterInnen des Büros vor die Tür und sah sich um. Dann rief sie mich zu ihr und ersuchte mich, eine Delegation zusammenzustellen – sie war bereit, uns zu empfangen und unsere Forderungen anzuhören.

Dieser Tag erfüllte mich mit Bewunderung und Stolz für den Mut meiner FreundInnen. Sie waren fest entschlossen und jede Person leistete einen Beitrag. Am meisten beeindruckte mich der Umstand, dass die Leute aus unserer Demo auch den Polizisten, die in ihren Bussen saßen, Flugblätter aushändigten und dabei nicht aufhörten, unsere Parolen zu skandieren.

Eine Stunde, nachdem die Chefin des UNHCR-Büros zu uns gekommen war, wurden wir mit einer sechsköpfigen Delegation in das Gebäude eingelassen. Die Unterredung sollte im Besprechungssaal stattfinden. Madame Fatima und vier ihrer MitarbeiterInnen waren anwesend. In unserer ausschließlich aus Mitgliedern von ARCOM zusammengesetzten Delegation waren Albertine, Astrid, Pastor Albert und ich vertreten, des Weiteren Raoul und Jérémie. **141**
Nach einer kurzen Vorstellungsrunde ergriff Madame Fatima das Wort. Ihr Empfang war allerdings nicht sehr herzlich: »Wenn ihr hier mit uns sprechen wollt, dann gebt uns zuerst die Filmrolle aus dem Fotoapparat, mit dem ihr draußen fotografiert habt. Ihr habt keine Erlaubnis, vor unserem Gebäude Fotos zu machen.« Wir reagierten darauf nicht, außerdem war bereits jemand mit dem Fotoapparat nach Hause gegangen. Madame Fatima wiederholte ihre Forderung. Schließlich antwortete jemand aus unserer Delegation, dass wir den Fotografen nicht kennen würden. Madame Fatima wurde immer abweisender und nervöser. Sie fuhr fort: »Warum seid ihr für euren Protest hierhergekommen? Demonstriert ihr gegen uns oder gegen die marokkanischen Behörden? Wisst ihr denn nicht, dass die Regierung jedes Jahr um die Zeit des Ramadan Razzien durchführt?« Damit war sie wirklich zu weit gegangen. Ich sah, wie sämtliche Mitglieder unserer Delegation vor Wut überschäumten. Albertine reagierte am schnellsten. Sie erwiderte: »Sie denken, dass unser Protest hier nutzlos ist? Haben denn die Frauen und Kinder, die in Oujda leiden, gerade während wir hier sprechen, keinen Wert für Sie? Was ist denn nun die Aufgabe des UNHCR? Wir sind nach Marokko geflüchtet, um der Misere zu entkommen, und Sie erzählen uns hier, dass es normal sei, Razzien durchzuführen! Ist das

wirklich die Art und Weise, wie Sie gedenken, Flüchtlinge zu schützen?« Pastor Albert, der genauso in Rage war wie Astrid, wollte sich ebenfalls in das Gespräch einschalten, doch es gelang ihm nicht. Astrid war nicht zu bremsen: »Sie finden es also nicht der Mühe wert, unserem Protest Beachtung zu schenken?!« Endlich kam Pastor Albert zu Wort: »Warum haben Sie uns Papiere ausgestellt, wenn wir für Sie ohnehin keinen Wert haben?« Es war offensichtlich, dass die Chefin des UNHCR nicht geahnt hatte, mit wem sie es hier zu tun hatte. Sie hatte keine Ahnung von all den schrecklichen Dingen, mit denen die Flüchtlinge und MigrantInnen auf ihrer Reise konfrontiert gewesen waren. Und sie wusste auch nichts von den Qualen, die viele ihrer MandantInnen in ihren Heimatländern erlitten hatten. Sie hatte zu Beginn des Treffens dieselbe Geringschätzung gegenüber den Menschen aus dem subsaharischen Afrika ausgestrahlt, die wir von der marokkanischen Presse gewohnt waren. Für sie waren wir Menschen ohne Werte, ohne Kultur und ohne Bildung. Schlimmer noch, sie betrachtete uns als eine regelrechte Heuschreckeninvasion. Sie hatte allerdings nicht damit gerechnet, dass wir ihr Paroli bieten würden, und nun sah sie sich gezwungen, ihren Ton zu ändern. Sie sprach: »Wir sind über die Ereignisse vom Samstagmorgen informiert und waren zutiefst erschüttert, als wir davon erfahren haben. Seit heute morgen stehen wir mit den marokkanischen Behörden in Kontakt, um die Situation zu klären. Bevor wir weitersprechen, möchte ich das Wort eurem Präsidenten Emmanuel erteilen. Ich möchte, dass er die Geschehnisse für uns zusammenfasst und erklärt, was genau passiert ist.«

Ich versuchte zunächst, die angespannte Stimmung zu beruhigen: »Wir sind hier, weil Menschen in die Wüste abgeschoben wurden. Sie sind großen Qualen ausgesetzt. Es liegt nun an uns, eine sofortige und angemessene Lösung zu finden. Deshalb ist es besser, wenn wir die Versammlung ohne Spannungen beginnen.« Ich entschuldigte mich auch für den harschen Ton von unserer Seite und schlug vor, dass wir zu einem guten Gesprächsklima zurückfinden sollten. Dieser Vorschlag wurde von allen Anwesenden gut aufgenommen. Nun begann ich mit der Schilderung der Ereignisse der letzten Tage und gab auch die aktuellsten Informationen wieder, die ich aus Oujda erhalten hatte. Danach brachte ich abermals unsere Empörung angesichts der Rückschiebungen zum Ausdruck. Ich betonte, diese Rückschiebungen würden der Genfer Flüchtlingskonvention von 1951 sowie der Flüchtlingskonvention der Afrikanischen Union zuwiderlaufen. Marokko habe beide Abkommen unterzeichnet und müsse sich an das Rückschiebungs-Verbot halten. Zum Schluss forderte ich die Verantwortliche des UNHCR auf, ein Team zusammenzustellen, das so schnell wie möglich nach Oujda fahren sollte, um die abgeschobenen Flüchtlinge nach Rabat **143** zurückzubringen. Dieses Team sollte von einem Mitglied unserer Vereinigung begleitet werden. Ich unterstrich wiederum, es sei wichtig, schnell zu handeln, da sich unter den Flüchtlingen auch schwangere Frauen, Kinder und Babys befanden. Ich übergab Madame Fatima eine Kopie unserer Resolution, in der wir alle unsere Forderungen aufgelistet hatten. Madame Fatima konnte kein Französisch und so musste sie sich das Papier von einem Mitarbeiter übersetzen lassen. Danach schickte sie sich an, uns zu antworten. Doch bevor sie etwas Substanzielles sagte, wandte sie sich an den Sekretär unserer Delegation, der dabei war, das Treffen mitzuprotokollieren, und sagte: »Die Unterredungen im Büro des UNHCR sind geheim und ihr habt nicht das Recht, Notizen zu machen. Keiner der Inhalte, die wir hier besprechen, soll diesen Saal verlassen.« Ich musste einmal mehr feststellen, dass unser Gegenüber uns keinen Respekt entgegenbrachte. Ich kochte innerlich, versuchte allerdings, meine Gefühle im Zaum zu halten. Pastor Albert hatte mir eines Tages gesagt, dass der Sprecher einer Gruppe nicht das Recht hat, sich öffentlich aufzuregen, da er sonst seine Glaubwürdigkeit verspielt. Bei einem Lehrgang bei der christlichen Gemeinde in Rabat, bei dem es darum ging, Führungsqualitäten auszubilden, hatte ich diesen Hinweis bekommen. Ich versuchte also nun, den Dialog fortzuführen und auf unseren Forderungen zu beharren. Mit unserem Begehren, ein Team zu den Flüchtlingen nach Oujda zu schicken, kamen wir nicht durch. Madame Fatima erklärte uns schlicht, dass das UNHCR lediglich unsere Sicht der Dinge hören wollte und alles Weitere selbst veranlassen werde. Die Unterredung wurde für beendet erklärt. Bevor wir gingen, maßte sich die Chefin des Büros noch eine letzte Ungeheuerlichkeit an. Sie beharrte darauf, dass wir alle Papiere abgeben sollten, auf denen wir während des Treffens Notizen gemacht hatten. Wir kamen der Aufforderung nach, allerdings überließen wir ihr nur die unwichtigen Papiere. Die wesentlichen Informationen hatten wir zudem ohnehin im Gedächtnis. Zu Hause angekommen, fertigten wir ein ausführliches Protokoll der gesamten Sitzung an.

Während der Unterredung mit den Verantwortlichen des UNHCR war mir bewusst geworden, dass sich die Vertretung des Hochkommissariats in einer recht schwachen Position befand. Sie hatte gegenüber den marokkanischen Behörden einen schweren Stand und nicht genügend Macht, um eine eigene Delegation zusammenzustellen und nach Oujda zu schicken. Es war gänzlich unrealistisch, dass sie die rückgeschobenen Flüchtlinge nach Rabat zurückholen würde. Nun blieb uns nur noch die Möglichkeit, mit Nichtregierungsorganisationen Kontakt aufzunehmen und sie um ihre Unterstützung zu bitten. So rief ich nach unserem Protest beim UNHCR Helena Malemo an, die bei der spanischen Vereinigung SOS Rassismus in Tanger arbeitete. Ich fragte sie, ob sie Hilfsorganisationen in Oujda kennen würde, die den Rückgeschobenen Wasser, Nahrung und Decken bringen könnten. Sie versprach, sich um mein Anliegen zu kümmern und mich zurückzurufen. Doch auch von ihr erhielt ich eine negative Antwort: Die Belegschaft der »Ärzte ohne Grenzen« sowie ein gewisser Vater Joseph Lepine, der der katholischen Kirche in Oujda angehörte, seien auf Urlaub und nicht erreichbar.

Wir mussten uns etwas einfallen lassen – fieberhaft überlegten wir, wie wir es anstellen könnten, zumindest die Frauen, Kinder und Babys nach Rabat zurückzuholen. Wir mussten das Schlimmste verhindern. Nach zahllosen Telefonaten stießen wir durch Zufall auf einen Migranten, der nach Oujda abgeschoben worden war und uns sagte, er habe noch 2.000 Dirham bei sich. Wir forderten ihn nun auf, um dieses Geld Zugtickets für die Frauen und Kinder zu kaufen, die im Besitz eines Papiers des UNHCR waren. Sie sollten in Begleitung von zwei oder drei Männern nach Rabat zurückfahren. Wir versprachen, ihm das Geld in Rabat rückzuerstatten.

Doch die Sache war viel komplizierter, als wir gedacht hatten. Die Abgeschobenen saßen in einem Wald in der Nähe von Oujda **145** fest und waren furchtbar geschwächt und verzweifelt. Jean-Baptiste, einer der Rückgeschobenen, den wir damit beauftragt hatten, eine Reisegruppe zusammenzustellen, rief uns wenige Stunden später an und erklärte uns die Lage vor Ort: »Wir befinden uns in einem unglaublichen Schlamassel! Wir können nur die Tickets für zwölf Frauen mit ihren Kindern bezahlen, mehr Geld ist nicht da! Alle wollen von hier weg! Die Bedingungen, unter denen wir hier festgehalten werden, sind entsetzlich und die Leute werden davon wahnsinnig. Seit unserer Abschiebung haben wir weder gegessen noch getrunken!« »Jean-Baptiste«, antwortete ich ihm, »versuche, einen klaren Kopf zu behalten. Erstell eine Liste und achte darauf, dass die Frauen mit Kleinkindern als Erste evakuiert werden.« Er stimmte mir zu und versprach, auf diese Weise vorzugehen. Doch damit sollte die Sache noch lange nicht gewonnen sein. Gegen Mitternacht rief mich Jean-Baptiste erneut an und teilte mir mit, dass er und die gesamte Reisegruppe – fünf Frauen, vier Kinder und drei Männer – beim Bahnhof von Oujda von der Polizei festgenommen worden war. »Sie warfen uns in Gefängniszellen! Es war ihnen völlig egal, dass wir vom UNHCR ausgestellte Asylgesuche dabei haben.« Mir drehte es den Magen um. Es war mitten in der Nacht, ich konnte nichts tun. Mich quälten schreckliche Sorgen – die ganze Nacht über konnte ich nicht schlafen.

Am nächsten Morgen, also vier Tage nach der Razzia, beschlossen wir, erneut das UNHCR einzuschalten. Wir riefen im Büro an, erläuterten die Situation und forderten, dass die Verantwortlichen ein Fax zum Polizeikommissariat nach Oujda schicken sollten. Darin sollten sie die Freilassung der Gefangenen sowie ihre freie Passage nach Rabat fordern.

Diesmal ging das UNHCR auf unsere Forderungen ein. Das Fax wurde abgeschickt. Zwei Tage später, am Donnerstag um 7 Uhr morgens, kam die Gruppe in Rabat an. Sie alle waren enorm erschöpft und einige ernstlich krank. Eine Frau kam mit einem drei Monate alten Baby an, das dermaßen hustete, dass mir angst und bange wurde. Andere Frauen waren von den Dingen, die sie in Oujda erlebt hatten, in hohem Maße traumatisiert.

Es war uns also gelungen, eine kleine Gruppe zu evakuieren. Doch was sollte mit denen passieren, die wir nicht herausholen konnten? Wir beschlossen, eine Solidaritätsaktion zu starten: Jedes Mitglied unserer Vereinigung sollte einen finanziellen Beitrag leisten, um die Rückführung einer möglichst großen Anzahl an Menschen zu ermöglichen. Alle gaben, was sie konnten, und auch Pastor Ives Vors von der christlichen Kirche unterstützte uns. So konnten wir die Rückreise für etliche andere MigrantInnen finanzieren. Sie kamen nach einer Woche in Rabat an.

Die Ereignisse vom September 2005 waren schrecklich, doch wir hatten zum ersten Mal in größerem Stil Strategien erprobt, um gegen die Rückschiebungen aktiv zu werden. Unsere Vereinigung bewies, dass sie die Kapazität hatte, auf eine solche Situation angemessen zu reagieren. Wir arbeiteten zwar weitgehend ohne Unterstützung von außen, doch wir waren entschlossen, unsere Rechte zu verteidigen. Aus dieser Entschlossenheit bezogen wir unsere Energie. Wir hatten gelernt, unsere Kräfte und unsere Ideen zu bündeln und zu zeigen, wozu wir imstande waren. Unsere Beharrlichkeit und unsere Erfolge zeigten uns auch, dass wir uns noch mehr zutrauen konnten. Ein Funktionär des UNHCR gratulierte uns sogar zu unseren Aktionen und sagte uns: »Ich beglückwünsche euch zu eurem Kampf. Unsere Chefin war von eurem Engagement dermaßen überrascht, dass sie nicht wusste, wo sie mit der Arbeit beginnen sollte.«

Es gab tatsächlich ernsthafte Spannungen zwischen dem UNHCR und den marokkanischen Behörden. Letztere weigerten sich, die Beschlüsse des Hochkommissariats anzuerkennen. Das **147** UNHCR war sozusagen in Marokko toleriert, aber nicht vollständig akzeptiert.

Erst im Jahr 2007, nachdem eine Reihe von marokkanischen und internationalen NGOs eine groß angelegte Kampagne gestartet hatten, änderte sich die Situation ein wenig. Madame Fatima war nach der Krise des Jahres 2005 durch den Holländer Johannes van der Klaauw ersetzt worden, der dem marokkanischen Staat einen neuen Vertrag über die Rechte des UNHCR abringen konnte. Doch es wäre weit gefehlt, zu behaupten, es hätten keine illegalen Rückschiebungen mehr stattgefunden. Die marokkanische Polizei erkannte die vom UNHCR ausgestellten Papiere weiterhin nicht an. Trotz der öffentlichen Aufmerksamkeit, die das Thema mittlerweile erlangt hatte, fanden immer wieder Abschiebungen in die algerische Wüste statt.

Das UNHCR befand sich nach wie vor zwischen Hammer und Amboss: Die Institution war einerseits dazu verpflichtet, den Schutz der Flüchtlinge in Marokko zu gewährleisten, andererseits sah sie sich gezwungen, die politische Agenda der Europäischen Union zu erfüllen. Man darf nicht vergessen, dass die Länder der EU die wichtigsten Geldgeber des UNHCR Marokko sind. Somit wurde das Hochkommissariat für Flüchtlinge plötzlich zum Handlanger für die Abschottung Europas und die Externalisierung des EU-Grenzschutzes. Die Flüchtlinge und MigrantInnen wurden zum Spielball zwischen den unterschiedlichen Interessen. Für die verschiedenen Parteien und Institutionen waren wir nicht mehr als politisches Wechselgeld. Anstatt den Schutz zu bekommen, den wir so dringend benötigten, wurden wir zu einer ökonomischen Dividende.

Operation Gourougou – die Situation der Frauen und Kinder

Gourougou ist ein kleines Bergdorf an der Grenze zwischen Marokko und der spanischen Enklave Melilla. In den Monaten September und Oktober 2005 kam es zu einem Ereignis, das in den Kreisen der MigrantInnen »Gourougou: Frauen und Kinder« genannt wurde. Damals wurde Frauen, die mit ihren Kindern auf der Reise waren, sowie Schwangeren der Grenzübertritt von Gourougou auf spanisches Territorium gestattet. Eine große Anzahl an Migrantinnen und Asylbewerberinnen, die in großen Städten Marokkos lebten, begaben sich nach Gourougou – Frauen aus Rabat, Casablanca, Oujda und Tanger. Hunderte Frauen und Kinder konnten damals über Gourougou nach Spanien gelangen. Es gab aber auch Fälle, in denen Frauen, die die Grenze passiert hatten, wieder auf marokkanisches Territorium rückgeschoben wurden.

Michaux und Ivette, zwei vom UNHCR anerkannte Asylbewerberinnen, waren beide aktive Mitglieder unserer Vereinigung. Auch sie wollten das qualvolle Dasein des Exils in Marokko nicht länger ertragen und beschlossen, mit ihren beiden Kindern ihr Glück zu versuchen. Sie überquerten die Grenze bei Nacht und hatten bereits europäischen Boden erreicht, als sie wenige Stunden später von der Guardia Civil nach Marokko rückgeschoben wurden. Michaux, die ich nach ihrer Rückkehr nach Rabat besuchte, erzählte mir, wie alles gekommen war: »Gegen zehn Uhr abends überschritten wir die Grenze. Wir dachten, dass es einfach sein würde, doch wir sollten uns gewaltig täuschen. Wir marschierten von zehn Uhr abends bis vier Uhr morgens, krochen auf Hügel und wateten durch einen Fluss. Ein falscher Tritt, und wir wären im Wasser ertrunken. Es war bitterkalt und wir waren komplett ausgehungert. Zuvor hatten wir drei Tage im Wald von Gourougou verbracht und auf eine günstige Gelegenheit gewartet, um die Grenzzäune zu überwinden. Diese drei Tage verbrachten wir, ohne etwas zu essen oder zu trinken. Die beiden Kinder wurden krank und mein Sohn hatte solche Atemschwierigkeiten, dass ich befürchtete, er würde sterben. Wir folgten den Anweisungen, die man uns vor der Abreise gegeben hatte, und versuchten die zentrale Aufnahmestelle für Flüchtlinge in Melilla zu erreichen. Doch wir sollten unser Ziel nicht erreichen. Plötzlich waren wir von Polizisten der Guardia Civil umzingelt. Sie leuchteten uns mit ihren Taschenlampen ins Gesicht und fragten uns, woher wir gekommen seien. Unsere Kinder hatten unglaubliche Angst und ihr Atem ging immer schneller. Einer der Gendarmen hatte Mitleid mit uns und wollte uns schon in die Aufnahmestelle bringen, als plötzlich im Dunkel zwei Migranten auftauchten, die ebenfalls den Grenzübertritt gewagt hatten. Die Polizisten fragten uns, ob das unsere Männer seien, und wir verneinten. Tatsächlich kannten wir die beiden nicht. Nun verkomplizierte sich unsere Lage allerdings erheblich. Die Polizisten nahmen Kontakt mit ihrem Vorgesetzten auf und sprachen sich mit ihm auf Spanisch ab. Nachdem einige Zeit vergangen war, sah einer von ihnen erneut unsere Kinder an und schüttelte dabei den Kopf. Danach forderten sie uns auf, in den Polizeijeep zu steigen. Wir dachten schon, wir seien gerettet und würden nun zum Aufnahmezentrum von Melilla gebracht werden. Aber weit gefehlt: Sie führten uns zurück zur marokkanischen Grenze, sagten ›Auf Wiedersehen‹ und setzten uns einfach vor die Tür. Dann wurden wir von marokkanischen Polizisten aufgegriffen und in eine Zelle gesteckt, wo bereits eine Vielzahl anderer Migrantinnen und Migranten waren. Unter den Inhaftierten befanden sich schwangere Frauen und eine Reihe weiterer Kinder. Eine Woche mussten wir in dieser Zelle verbringen, danach wurden wir nach Oujda abgeschoben. Dort gerieten wir in die Gewalt einer Verbrecherbande, die uns in ihrem Ghetto festhielt. Ich hatte das Glück, dass mein Kind jedes Mal laut zu schreien begann, wenn sich uns jemand näherte. Doch die Aggressionen, die die Verbrecher gegenüber anderen Frauen begingen und die mein Sohn mitansehen musste, haben ihn so sehr traumatisiert, dass er es seit unserer Rückkehr nach Rabat jedes Mal in Panik gerät, wenn sich ihm ein Mann nähert.« Tatsächlich war es so, wie Michaux gesagt hatte. Ihr Sohn konnte meine Anwesenheit an diesem Tag nicht ertragen, obwohl er mich bereits vor seinem Grenzübertritt gekannt hatte.

Ivette, die bei der Reise ihre kleine Tochter mitgenommen hatte, erklärte mir später, warum der Grenzübertritt schiefgegangen war: »Der Verbindungsmann, der uns nach Melilla schleusen sollte, hatte direkt nach unserem Grenzübertritt zwei Männer nachgeschickt, die plötzlich wie Fantome aus der Dunkelheit auftauchten. Die Polizisten der Guardia Civil hätten uns um ein Haar ins Aufnahmezentrum von Melilla gebracht. Der Verbindungsmann hatte uns reingelegt. Er wusste ganz genau, dass man rückgeschoben wird, wenn die Frauen beim Grenzübertritt gemeinsam mit Männern ertappt werden.« Sie war entsetzlich deprimiert und fuhr fort: »Papa Emman, lass es gut sein. Wir haben Schreckliches erlebt. Mir fehlen jegliche Kräfte. Ich bezweifle, dass ich irgendwann einmal den Mut haben werde, über unsere Erlebnisse zu sprechen.«

Béatrice, eine etwa fünfzigjährige Migrantin, hatte gleichfalls ihr Glück versucht und war ebenso gescheitert. Nach ihrem Aufbruch vergingen zwei Wochen, in denen wir nichts von ihr hörten. Normalerweise riefen uns unsere FreundInnen immer sofort an, wenn sie in den Aufnahmezentren von Melilla oder Ceuta ankamen. Endlich meldete sie sich. »Béatrice, wo bist du?«, fragte ich sie.

»Ach, Papa Emman, ich wurde nach Algerien abgeschoben.« Ihr Tonfall ließ erkennen, dass sie schreckliche Qualen durchgestanden hatte. »Wir wurden in Gourougou verhaftet und nach Oujda gebracht. Dort gerieten wir in die Gewalt einer Verbrecherbande, die uns nach Algerien verschleppte, in die Stadt Maghnia. Sie ließen uns wieder frei, aber ich kann nun nicht mehr nach Rabat zurückkehren. Ich werde versuchen, mich nach Algier durchzuschlagen. Leb wohl!«

Unsere Situation in Marokko hatte sich also nicht grundlegend verbessert. Wir taten unser Bestes, um gegenzusteuern. Wir versuchten nun immer häufiger, die marokkanische und internationale Öffentlichkeit über die Menschenrechtsverletzungen zu informieren. Wir konnten einen Kontakt zu Radio France International herstellen und erreichten, dass der Sender regelmäßig über Polizeigewalt und Rückschiebungen berichtete. Wir versandten unzählige E-Mails an Menschenrechtsgruppen und karitative Organisationen, erstellten Listen mit den Namen und Registrierungsnummern von Rückgeschobenen und informierten das UNHCR regelmäßig über die Lage der Flüchtlinge und MigrantInnen.

Die erste Konferenz von ARCOM

Der Umstand, dass wir fortwährend Informationen über Rückschiebungen in die offene Wüste erhielten, die auch Frauen und Kinder betrafen und bei denen sogar Menschen ums Leben kamen, zwang uns dazu, unsere Aktionsformen weiter zu verbessern. Wir begriffen, dass wir uns in höchster Gefahr befanden und dass es mutiger Männer und Frauen bedurfte, um dieser schrecklichen Situation begegnen zu können.

Wir beschlossen, eine Konferenz zu organisieren, bei der wir die Mitglieder der verschiedenen migrantischen Communities zusammenbringen wollten, um die gegenwärtige Lage gemeinsam zu analysieren, Informationen auszutauschen und das Kontaktnetz zu den Abgeschobenen zu verbessern. Des Weiteren wollten wir uns in einem größeren Rahmen darüber verständigen, wie wir die Öffentlichkeit noch besser über die unhaltbaren Zustände in Marokko informieren könnten. Doch wo sollten wir die Konferenz organisieren? Welche Infrastruktur sollte uns dafür in dieser kritischen Periode offenstehen?

Ich beschloss, die Kontakte zu den politischen Parteien, die ich vor einiger Zeit geknüpft hatte, wiederzubeleben. Bei einer der Parteien stieß mein Gesuch auf offene Ohren und man bat mich, einen schriftlichen Antrag zu stellen, was ich auch tat. Ich sollte Erfolg haben: Zwei Tage später erhielt ich die Zusage, dass man uns für unsere Konferenz einen Saal zu Verfügung stellen würde.

Nun mussten wir damit beginnen, für die Konferenz zu werben und die VertreterInnen der verschiedenen Communities einzuladen. Wir loteten aus, wer welchen Beitrag zur Debatte beisteuern konnte, und formulierten konkrete Vorschläge für den Ablauf.

Während die Vorbereitungen auf Hochtouren liefen, spitzte sich die Lage im Land weiter zu.

Die Ereignisse von Ceuta und Melilla

Während wir also für die Konferenz mobilisierten, erreichte mich ein Anruf aus dem Wald von Bel Younech. Es war der lokale Repräsentant unserer Organisation. Er hörte sich sehr aufgewühlt an und trug mir ein äußerst dringendes Anliegen vor. Auf Lingala sagte er mir: »Die Lage hier ist sehr gefährlich, Präsident. Wir sind seit drei Tagen von Polizeieinheiten umschlossen. Wir können den Wald nicht verlassen, nicht einmal, um Essen zu besorgen. Die Situation ist sehr, sehr kritisch. Sag denjenigen, die vorhaben, hierherzukommen, dass sie das besser bleiben lassen sollen. Es ist zu gefährlich!«

Doch bereits wenige Tage später rief mich derselbe Freund abermals an. Was er mir diesmal mitteilte, war noch viel beunruhigender als beim letzten Telefonat. Zunächst verstand ich nur, dass das Camp im Wald aufgelöst sei und dass es viele Verletzte und Tote gegeben habe. Dann brach die Verbindung ab – der Handy-Kredit meines Freundes war zu Ende. So schnell es ging, lud ich mein Guthaben auf und rief ihn zurück. Als ich ihn erreicht hatte, sagte er: »Du kannst dir nicht vorstellen, was passiert ist. Viele von uns haben in einer gemeinsamen großen Aktion die Grenzzäune gestürmt, weil die Bedrohung durch die marokkanische Polizei immer größer wurde. Wir mussten eine Lösung finden und so versuchten wir mit einem Überraschungsangriff nach Melilla zu gelangen. Dann kamen die marokkanische Polizei und die Guardia Civil. Die Polizisten schossen aus allernächster Nähe auf uns, jeweils von ihrer Seite der Grenzzäune aus. Ich habe Menschen gesehen, die vor meinen Augen von den Kugeln getroffen wurden und fielen. Bis jetzt kennen wir nicht die genaue Anzahl der Todesopfer. Mich hat zum Glück keine Kugel getroffen, doch ich wurde gemeinsam mit anderen verhaftet. Wir befinden uns in den Händen der Polizei und haben keine Ahnung, was nun mit uns geschehen wird. Wir benötigen dringend eure Hilfe. Schick mir zunächst 50 Dirham Guthaben auf mein Handy, damit wir in Kontakt bleiben können.« Ich versprach, dass wir alle Hebel in Bewegung setzen würden, um ihnen zu helfen, und ließ mir noch die Nummern von anderen Inhaftierten durchgeben, um im Notfall auch wirklich jemanden zu erreichen.

Ich werde die dramatischen Ereignisse von Ceuta und Melilla vom Oktober 2005 niemals in meinem Leben vergessen. Tatsächlich kamen bei dem Massenansturm auf die Grenzzäune weit mehr Menschen ums Leben, als in der marokkanischen und spanischen Presse behauptet wurde. Die meisten Zeitungen berichteten, dass zwölf »Illegale« getötet worden seien. Doch selbst wenn es nur zwölf gewesen wären: Hat man denn das Recht, mit scharfer Munition auf Menschen zu schießen, nur weil sie keine Papiere haben?

Die Konferenz stand kurz bevor. Doch während wir noch unter dem Schock der Ereignisse standen, erreichte uns am 7. Oktober eine weitere schreckliche Nachricht. In Gourougou, dem Ort vor der Grenze zu Melilla, hatten die Flüchtlinge und MigrantInnen ebenfalls versucht, mit einem Massenansturm die Grenzzäune zu überwinden. Wir erfuhren von einer Betroffenen, dass auch hier Menschen zu Tode gekommen waren. Viele wurden festgenommen und rückgeschoben, diesmal nicht nach Oujda, sondern an einen unbekannten Ort. Ich nahm Kontakt mit Helena von der Organisation SOS Rassismus in Tanger auf. Sie war bereits über die Ereignisse informiert. Ich erzählte ihr, dass wir geplant hatten, schon am nächsten Tag mit unserer Konferenz zu beginnen, dass wir aber auch unbedingt auf die Geschehnisse reagieren wollten. Es war uns beiden klar, wie dramatisch die Lage war. Wir verständigten uns darüber, dass wir eine Reihe von spanischen und anderen europäischen NGOs dazu auffordern wollten, eine Delegation in die Wüste zu schicken, um die Rückgeschobenen mit Nahrung und Decken zu versorgen und sie in Sicherheit zu bringen. Helena versprach mir, sie würde mich über die Situation informieren, sobald sie mit der Delegation vor Ort sei.

Am 8. Oktober 2005 um 18 Uhr, als wir uns bereitmachten, mit der Konferenz zu beginnen, erreichte uns der Anruf von Helena, die bei den Rückgeschobenen angekommen war. Sie war außer sich: »Emmanuel, die Lage hier ist katastrophal! Die Polizei verübt ein regelrechtes Blutbad! Über zweitausend Migrantinnen und Migranten sind hier, viele sind umgekommen, andere werden vermisst! Die Polizisten haben soeben vor unseren Augen zwei Migranten zusammengeschlagen, die sich weigerten, in den Polizeibus einzusteigen. Die internationalen Fernsehjournalisten, die hier sind, konnten diesen Zwischenfall ebenfalls beobachten. Ihr müsst reagieren! Ruft eure Botschaften an und teilt ihnen mit, dass sie dringend Maßnahmen ergreifen müssen! Wir müssen von all diesen Dingen auch unbedingt auf der Konferenz sprechen.« Am Schluss des Gesprächs fügte sie hinzu: »Ich habe vergeblich versucht, Issa, den kongolesischen Chairman aus dem Wald von Bel Younech, zu finden, aber er ist verschwunden! Es ist wirklich furchtbar!«

Wir begaben uns zu dem Ort, an dem die Konferenz stattfinden sollte. Dort teilte ich all den FreundInnen, die gekommen waren, mit, was passiert war. Wir waren alle völlig fassungslos, erschüttert und demoralisiert. Gemeinsam versuchten wir unseren Mut zu sammeln und uns gegenseitig zu trösten. Pastor Albert sprach ein Gebet, mit dem er die angehende Konferenz in die Hände Gottes legte. Er betete auch für die Abgeschobenen in der Wüste. Danach verließen wir alle schweigend den Saal.

Um 20 Uhr begann die Konferenz. Professor Kabasele hielt die Eröffnungsrede, bedankte sich bei allen Anwesenden für ihr Kommen, umriss den Rahmen der Konferenz und stellte mich vor. Bevor ich mit meinem Vortrag begann, wiederholte ich vor den Anwesenden ein weiteres Mal alle die Informationen, die wir von Helena bekommen hatten. Danach bat ich alle im Saal, sich von ihren Sitzen zu erheben und in einer gemeinsamen Trauerminute der Opfer der jüngsten Ereignisse zu gedenken. Ich sprach von denjenigen, die ihr Leben an den Grenzzäunen von Ceuta und Melilla verloren hatten, genauso wie von denjenigen, die in der Wüste hatten sterben müssen. Danach begann ich meinen Vortrag. Ich sprach eine halbe Stunde. In dieser kurzen Zeit spürte ich, wie meine Kräfte in mich zurückkehrten. Die Konferenz hatte für mich immense Bedeutung. Ich kritisierte die Haltung des marokkanischen Staates gegenüber der Migration und ging auch ausführlich auf die Rolle der Europäischen Union ein. Ich erklärte, dass Europa die Länder des Maghreb finanziell dabei unterstützte, die Grenzen abzuriegeln, und fügte hinzu: »Die Verhaftungen und Rückschiebungen finden nicht zuletzt deswegen statt, weil die EU Marokko in diese Richtung drängt. Europa muss begreifen, dass man die Ursache des Problems bekämpfen muss und nicht seine Wirkung! Die Migrationsbewegungen aus afrikanischen Ländern, die Europa heute so sehr bedauert, bringen lediglich einen Umstand ans Tageslicht, der lange Zeit verdeckt wurde. Die Ursache für die Migration liegt nämlich in der Ausbeutung der Ressourcen Afrikas durch multinationale Konzerne! Sie liegt in der Tatsache, dass die EU so vielen korrupten und despotischen Regierungen Afrikas fortwährend ihre Unterstützung sichert! Sie liegt auch in den negativen Konsequenzen, die die Strukturanpassungsprogramme der Weltbank und des Internationalen Währungsfonds verursacht haben. Vergessen wir auch nicht die sogenannten Partnerschaftsabkommen, die Europa Afrika aufzwingt und die einzig den Zweck haben, der Ausbeutung der afrikanischen Ressourcen einen offiziellen und legalen Rahmen zu geben.«

Mein Vortrag war zu Ende. Professor Kabasele ergriff erneut das Wort und ergänzte meinem Vortrag folgendermaßen: »Wer weiß, vielleicht wird es sich eines Tages in unseren Herkunftsländern, auf die man heute so herabblickt, besser leben lassen als heute in Europa …«

Nach und nach bemerkte ich, dass neben kongolesischen MigrantInnen auch solche aus Liberia, der Elfenbeinküste, Mali und Kamerun anwesend waren. Bei ihren Wortmeldungen konnte ich feststellen, dass sie alle ein hohes Bildungsniveau und eine Vielzahl an Fähigkeiten hatten. Einmal mehr war bewiesen, dass die MigrantInnen, anders als oft behauptet, keine Menschen ohne Bildung, ohne Werte und ohne Kultur sind. Viele der Fähigkeiten, die ich an den Anwesenden erkannte, konnten in ihren Herkunftsländern schlicht nicht zur Anwendung kommen – die diktatorischen Regimes, die dort am Werk waren, hinderten sie an ihrer Entfaltung. Alle die Anwesenden waren auf der Suche nach einem Land, in dem Frieden und Gerechtigkeit herrschten.

Die Diskussion, die meinem Vortrag folgte, war sehr anregend und interessant. Viele Themen kamen zur Sprache. Wir schafften es sogar, Kommunikationsstrategien aufzubauen, die es uns erlauben sollten, mit MigrantInnen Kontakt aufzunehmen, die in der Kaserne von Guelmin im Süden des Landes festgehalten wurden.

Nach der Konferenz setzten wir unsere Arbeit fort. Die Menschenrechtsverletzungen nahmen kein Ende. Einer der vielen Fälle war der von Phillippe und Mahai – beide kongolesische Asylsuchende, die in die Wüste abgeschoben worden waren. Mahai war noch minderjährig. Ihr Anruf erreichte uns eine Woche, nachdem die Konferenz zu Ende gegangen war. Phillippe erzählte mir am Telefon ihre Geschichte: »Wir wurden in Rabat verhaftet. Nachdem wir fünf Tage im Polizeikommissariat zugebracht hatten, wurden wir rückgeschoben, allerdings nicht nach Oujda, sondern an einen uns unbekannten Ort, mitten in der Wüste. Wir hatten keine Chance, uns zu orientieren. Wir irrten drei Tage lang durch die Wüste. Mit geschwollenen Füßen erreichten wir endlich ein Dorf. Dort griff uns ein Polizist auf und brachte uns in ein Spital. Der Arzt war nett und als er erfuhr, dass wir Kongolesen waren, rief er die kongolesische Botschaft an. Von dort bekam er deine Nummer und so konnten wir dich kontaktieren. Doch nun wissen wir nicht, was wir tun sollen. Die Polizei hat bei der Rückschiebung die Papiere, die uns das UNHCR ausgestellt hat, einfach zerrissen. Wir sind hier auch auf zwei andere Asylbewerberinnen gestoßen. Eine von ihnen hat zwei Kinder und ein kleines Baby bei sich.«

Kurs zum Thema Asyl in Marokko

Die Ereignisse von Ceuta und Melilla vom Herbst 2005, bei denen mindestens zwölf Personen aus allernächster Nähe getötet und Tausende MigrantInnen in die Wüste abgeschoben wurden, hatten zur Folge, dass in der marokkanischen und europäischen Zivilgesellschaft eine neue Mobilisierungswelle begann. Wie bereits erwähnt brachten die Ereignisse auch mit sich, dass die bisherige Chefin des UNHCR-Büros entlassen und durch Johannes van der Klaauw ersetzt wurde. Einiges war in Bewegung geraten. Mit dem neuen Chef änderte das UNHCR auch seine Strategie. Gemeinsam mit der französischen Hilfsorganisation Cimade und der marokkanischen Organisation AFVIC organisierte das Büro des UNHCR nun einen Weiterbildungskurs für AkteurInnen der Zivilgesellschaft. Es ging darum, dass Mitglieder marokkanischer und europäischer Menschenrechtsorganisationen sowie Flüchtlinge und AsylbewerberInnen über die internationalen Instrumente des Flüchtlingsschutzes unterrichtet werden sollten. Der Kurs sollte auch dazu dienen, Methoden zu erlernen, mit denen die marokkanische Gesellschaft über die Themen Flucht und Migration sensibilisiert werden konnte.

Aziza, ein Kameruner, den ich bei der Konferenz kennengelernt hatte, meldete uns an.

Der Kurs sollte drei Wochen lang dauern und in der Kleinstadt Bouznika unweit von Rabat stattfinden. Am Montag, den 25. November, begab ich mich zum Konferenzort. Ich empfand es als Segen, Rabat für einige Wochen verlassen zu können. Nicht nur freute ich mich auf den Ausbildungskurs – ich konnte mich auch für einige Zeit von all den schrecklichen Ereignissen erholen, von den Razzien und Rückschiebungen, von all dem, was wir in den Wochen und Monaten zuvor erlebt hatten. Die Geschehnisse hatten mich merklich mitgenommen, ich war völlig erschöpft. Ich hatte hart gearbeitet und war ständig auf Achse gewesen, um Informationen über Rückgeschobene zusammenzusammeln, sie an das UNHCR weiterzugeben und den Kontakt zu Menschenrechtsgruppen auszubauen. Man darf auch nicht vergessen, wie viel Kraft es kostet, sich gegenseitig immer von Neuem Mut zuzusprechen und Kraft zu geben. Ich sah es als eine meiner zentralen Aufgaben an, die Männer und Frauen zu unterstützen und stärken, die in die Wüste abgeschoben worden waren. Alle diese Aufgaben hatten mich stark in Anspruch genommen. Der Schock der Ereignisse war dermaßen stark gewesen, dass nun ein großer Teil der aktiven Mitglieder unserer Vereinigung ebenfalls völlig ausgebrannt war. Ich werde niemals vergessen, welch zentrale Rolle unsere Mitstreiterinnen Astrid und Albertine bei unseren Aktivitäten spielten. Sie waren unermüdlich in der Recherche nach Informationen über von Abschiebungen Betroffene und trösteten uns, wenn wir uns niedergeschlagen fühlten.

Die Kleinstadt Bouznika ist rund 50 Kilometer von Rabat entfernt. Aziza und ich kamen gegen 9 Uhr morgens an und wurden von Hicham Rachidi empfangen, einem Gründungsmitglied der marokkanischen Organisation GADEM (Groupe Antiraciste de Défense et d'Accompagnement des Étrangers et Migrants). Nachdem wir unser Gepäck abgelegt hatten, begrüßte uns Anne-Sophie Wender, die Leiterin der französischen Organisation Cimade in Marokko. Sie machte uns mit anderen TeilnehmerInnen bekannt, die aus dem Norden des Landes angereist waren. Die Stimmung war sehr freundlich und solidarisch. Hicham und Anne-Sophie führten uns in den Speisesaal, um gemeinsam mit uns zu frühstücken.

Die erste Einheit des Kurses moderierte Anne-Sophie. Sie übergab uns Unterrichtsmaterialien und klärte uns über die Ziele der Ausbildung auf. So sollte es in den nächsten drei Wochen in erster Linie darum gehen, die Kapazitäten der AktivistInnen zu stärken. Die Einzelfallhilfe sollte ebenso verbessert werden wie unsere Fähigkeiten, zivilgesellschaftliche AkteurInnen in den Kampf um die Rechte der Flüchtlinge und MigrantInnen einzubinden. Am Ende des Kurses sollten wir in der Lage sein, auf marokkanischer, europäischer und internationaler Ebene aktiv zu werden. Des Weiteren zielte die Ausbildung darauf ab, uns zu befähigen, öffentliche Aktionen durchzuführen, um auf die Rechte der Flüchtlinge und MigrantInnen aufmerksam zu machen. Wir wurden auf die Arbeit in

Netzwerken vorbereitet und darin geschult, auf effektive Weise Informationen über unsere Belange einzuholen.

Mir wurde schnell klar, dass ich durch diese Ausbildung eine Vielzahl an Wissenslücken schließen konnte. Seit wir ARCOM gegründet hatten, mangelte es uns bislang stets an der Kenntnis der internationalen Abkommen zum Flüchtlingsschutz. Wir hatten uns dadurch zwar niemals in unserem Tatendrang aufhalten lassen, zweifellos war es aber sinnvoll, dass wir uns nun in ein breiteres Netzwerk eingliederten und unser Wissen über unsere Handlungsmöglichkeiten vergrößerten.

160 Während der letzten Woche der Ausbildung wurde auch Astrid eingeladen, um über ihre Geschichte zu sprechen und das Leben der Flüchtlinge in Marokko zu schildern. Ich möchte ihren Redebeitrag hier wiedergeben:

»Ich verließ mein Heimatland, die Demokratische Republik Kongo, im September des Jahres 2000. Seit ich unterwegs bin, wurde ich Zeugin von unzähligen Gewalttaten gegen Frauen. Auch ich selbst wurde Opfer von Gewalt. Heute bin ich in der Unterstützung und Ausbildung von nach Marokko migrierten Frauen und Kindern aktiv.

Ich möchte euch über die Bedingungen meiner Reise sowie über unser Leben im Exil erzählen. In den meisten Fällen treten Frauen und Kinder aus dem Kongo ihre Flucht zu Fuß an. Sie durchqueren ganze Landstriche, überwinden Flüsse und große Ströme und gelangen oft nur schwer an trinkbares Wasser und Nahrung. Ihre einzige Hoffnung ist der Schutz Gottes. Viele Frauen werden auf ihrer Reise Opfer von Vergewaltigungen. Sie sind dazu gezwungen, sich zu prostituieren, und damit einem hohen Ansteckungsrisiko ausgesetzt. Ihre Kinder werden durch die Strapazen der Reise ebenfalls leicht krank. Die Schwächsten von ihnen sterben. Ein großes Problem ist die fehlende Gesundheitsversorgung. Oft kommt es zu ungewollten Schwangerschaften. Die Abtreibungen finden unter unmenschlichen Bedingungen statt und nicht selten kommen Frauen dabei ums Leben.

Ich selbst bin aus meinem Land geflüchtet, nachdem ich neun Jahre im Gefängnis gesessen hatte. Ich war wegen der öffentlichen Funktionen meines Mannes eingesperrt worden. Über die Dinge, die ich im Gefängnis erlebt habe, möchte ich hier nicht sprechen. Sie kehren an jedem Tag meines Lebens zurück, gleich einem unendlichen Albtraum. Nach meiner Freilassung konnte ich mich von Kinshasa nach Brazzaville retten, doch ich wusste nicht einmal, wo meine Eltern und meine Familie, meine Brüdern und Schwestern verblieben waren. Als ich auf meiner Flucht Kamerun erreichte, erfuhr ich von einem Kongolesen, den ich dort traf, dass mein Ehemann erschossen worden war. Ich durchquerte auf meiner Reise viele Länder – ich kam durch Kongo-Brazzaville, Kamerun, den Tschad, Libyen, Algerien und schließlich nach Marokko. Mit der Fahrt durch die Sahara verbinde ich schreckliche Erinnerungen. Doch ich war gezwungen, die Wüste zu durchqueren, auf meiner Suche nach einem Ort, an dem ich beschützt und respektiert sein würde. Ich wollte ein ganz neues Leben beginnen; und natürlich wollte ich auch meine Lieben wiederfinden.

Auf meiner Reise sah ich Menschen, die in der Hitze der Sonne verdursteten. Ich selbst habe heute noch Wunden auf meiner Haut, die von der Sonne herrühren. Wir marschierten oft in einer sengenden Hitze von bis zu 60 Grad. Nicht selten verirrten wir uns in der Wüste. Den Frauen wurden schreckliche Dinge angetan, viele wurden vergewaltigt.

Nach vier Jahren kam ich im Dezember 2004 endlich in Marokko an. Hier traf ich andere KongolesInnen. Gemeinsam beschlossen wir, uns zu organisieren und für unsere Rechte zu kämpfen.

Ich möchte euch nun noch von meinen Lebensbedingungen hier im Exil erzählen. Die Abscheulichkeiten, die wir auf unserer Route erleben mussten, verschärften sich hier in Marokko nur noch weiter. Viele Frauen sind gezwungen, sich zu prostituieren, werden vergewaltigt oder stecken sich mit Krankheiten an. Auch Marokkanerinnen sind von diesen Verbrechen betroffen. Viele Migrantinnen leiden außerdem unter Hunger, sie werden Opfer von willkürlichen Verhaftungen und von Rückschiebungen in die Wüste.

Für Flüchtlinge und Migrierende ist es fast unmöglich, sich in Marokko zu integrieren. Ich bin gelernte Krankenschwester, doch ich kann meinen Beruf nicht ausüben, weil ich keine Papiere habe.

Ich bin davon überzeugt, dass die Erde allen Menschen gehört und dass es keine Grenzen geben sollte. Ich weiß, dass ich das Recht habe, ein Land zu suchen, das mir Asyl geben wird. Mit Gottes Hilfe werde ich auch meine Familie wiederfinden; eines Tages werden wir wieder vereint sein und lachend und essend am selben Tisch sitzen.

Unter uns Flüchtlingen und Migrierenden gibt es AkademikerInnen und andere gut ausgebildete Leute, die nicht mehr ein und aus wissen, weil ihnen der Zugang zum Arbeitsmarkt versperrt wird. Für die ›Azzi‹, wie wir abfällig genannt werden, gibt es keine Arbeitsplätze. Neben der unmittelbaren Gewalt, die den Flüchtlingen und Migrierenden angetan wird, gibt es ein weiteres Problem, das nicht unter den Tisch gekehrt werden darf: Viele Länder Afrikas weigern sich, Flüchtlinge auf ihrem Territorium anzuerkennen. Von Kamerun bis hinauf nach Algerien, über den Tschad und Libyen gibt es zudem praktisch keinerlei Strukturen des UNHCR. In Kamerun findet man vielleicht eine Niederlassung des Hochkommissariats, diese ist jedoch geschlossen und inaktiv. Viele Flüchtlinge befinden sich also in einer äußerst unsicheren Situation. Während sogar Hunde das Recht haben, zu leben, wird den Flüchtlingen dieses Recht verwehrt.

Für Flüchtlinge ist es außerdem sehr schwierig, zu einer angemessenen Wohnsituation zu finden. Die Überbelegung der Wohnungen führt zu großen Schwierigkeiten. Es kommt zu Übergriffen, erzwungener Prostitution und aufgrund der mangelnden Hygiene zu einer großen Anzahl an gesundheitlichen Problemen.

Die Kinder von Flüchtlingen und Migrierenden werden in den meisten Fällen in den öffentlichen marokkanischen Schulen nicht akzeptiert. Es gibt also ein großes Problem mit der Einschulung dieser Kinder. Hier sehen wir einen zentralen Ansatzpunkt für unseren Kampf: Wir verfolgen das Ziel, ein schulisches Zentrum für migrantische Kinder aufzubauen, sodass diese eine minimale Ausbildung erhalten. Trotz all unseres Engagements sind wir bei der Umsetzung unserer Ziele auf große Schwierigkeiten gestoßen: Uns fehlen die Mittel für die Miete eines Schulzimmers und für die Anschaffung von Unterrichtsmaterialien. Wir haben auch nicht genug Geld, um die Lehrerinnen und Lehrer, die sich aus unseren Reihen rekrutieren, zu bezahlen.

Wie viele andere auch kann ich nicht in mein Heimatland zurückkehren, da ich dort versteckt leben müsste und ständig in Gefahr stünde, erneut verhaftet zu werden. Wir fordern das UNHCR Marokko und die internationale Gemeinschaft auf, ein Land zu finden, das bereit ist, uns aufzunehmen. Wir haben das Recht, zu leben. Ich sage dies stellvertretend für alle Flüchtlingsfrauen, Asylbewerberinnen und Migrantinnen, die hier in Marokko leben. Ich danke euch allen.«

Alle Anwesenden im Saal waren von Astrids Rede ergriffen. Einige marokkanische Frauen, die unserer Sitzung beiwohnten, konnten ihre Tränen nicht zurückhalten. Wir unterbrachen die Zusammenkunft für einige Minuten, um den TeilnehmerInnen die Möglichkeit zu geben, das Gesagte zu verdauen.

Als sich die drei Wochen ihrem Ende zuneigten, beschlossen wir, ein offizielles Netzwerk zu gründen und eine Mailing-Liste einzurichten, mittels der wir in Zukunft alle wichtigen Informationen austauschen wollten. Ich war mit dem Ergebnis der Ausbildung sehr zufrieden. Besonders wichtig war, dass ich neue AktivistInnen kennengelernt hatte. Diese Vernetzung sollte mir die Arbeit in Zukunft sehr erleichtern.

Aufbau eines schulischen Zentrums

Wie ich bereits im 4. Kapitel ausgeführt habe und wie auch Astrid, deren Rede ich weiter oben wiedergab, betonte, haben die Kinder der Flüchtlinge und MigrantInnen in Marokko keinen Zugang zu Bildung. Aufgrund dieser inakzeptablen Situation hatten wir den festen Plan geschmiedet, ein Ausbildungszentrum aufzubauen. Das Ziel dieses Zentrums bestand neben der Bildung auch darin, die migrantischen Kinder aus der Unsichtbarkeit zu holen, um ihre Integration in das offizielle Schulsystem Marokkos durchzusetzen.

Bevor wir mit dem Aufbau des Zentrums begannen, hatte uns Pastor David Brown zunächst empfohlen, diverse Schulen in Rabat abzuklappern und zu versuchen, die Kinder dort einzuschreiben. Ich war in einer Vielzahl von Schulen und sprach mit den Direktoren. Diese teilten mir durch die Bank mit, dass sie nicht das Recht hätten, migrantische Kinder einzuschreiben. Die Direktoren standen unter großem Druck, da die Ereignisse von Ceuta und Melilla nicht lange her waren und sich die gesamte Lage sehr angespannt zeigte. Nachdem ich Pastor Brown von dem negativen Ergebnis meiner Tour berichtet hatte, sprach er: »Es wundert mich nicht, dass die schulischen Behörden alle unsere Forderungen ablehnen. Ich selbst wollte ein ähnliches Projekt auf die Beine stellen und bin damit nicht durchgekommen. Nun scheint es tatsächlich das Beste zu sein, ein autonomes Zentrum aufzubauen. Ich unterstütze eure Idee von ganzem Herzen, doch unsere Kirche hat nicht die Mittel, euch dabei zu helfen. Ihr müsst die notwendigen Gelder selbst auftreiben.« Ich ging nach Hause und berichtete den Mitgliedern unseres Büros über mein Gespräch mit Pastor Brown. Die Nachricht von seiner Absage entmutigte sie und sie rieten mir, das Projekt aufzugeben. Mir erschien es jedoch unmöglich, unser Vorhaben einfach fallenzulassen. Ich wollte weitermachen und für die Umsetzung unserer Idee kämpfen.

Der Ausbildungskurs in Bouznika sollte unserem Schulprojekt neuen Aufwind geben. Gegen Ende der drei Wochen teilten uns Hicham Rachidi und Anne-Sophie Wender mit, dass einer der Ausbildner 2.000 Dirham gespendet hatte. Diese Summe sollte zwischen zwei migrantischen Vereinigungen aufgeteilt werden. Wir waren also im Besitz von 1.000 Dirham. Nach meiner Rückkehr nach Rabat berief ich eine Versammlung ein, bei der beschlossen werden sollte, wie wir das Geld einsetzen würden. Einige Frauen sprachen sich dafür aus, von dem Geld Zucker sowie Seife und andere Hygieneartikel zu kaufen und diese Dinge an schwangere Frauen zu verteilen. Andere wiederum unterstützten die Idee des schulischen Zentrums. Wir beschlossen, das Geld auf die Seite zu legen, bis wir eine einhellige Entscheidung getroffen hätten.

Mir lag das Schulprojekt wirklich sehr am Herzen und ich machte mir fortwährend Gedanken, wie wir es in die Praxis umsetzen könnten. Eines Tages, als ich einen Rundgang durch unseren Stadtteil machte, entdeckte ich ein Gebäude, in dem offensichtlich eine Art Schulzentrum angesiedelt war. Ich stieg in den ersten Stock hinauf und traf auf den Direktor des Zentrums. Er hatte in dem Haus vier Zimmer gemietet, in denen der Unterricht stattfand. Wir kamen ins Gespräch und ich fragte ihn, ob er uns zwei der vier Zimmer für drei Halbtage pro Woche untervermieten könne. Zudem erklärte ich ihm die schwierige Lage, in der wir uns befanden. Der Direktor, ein Marokkaner, war sehr aufgeschlossen und freundlich. Er konnte unsere Sorgen nachvollziehen, da er selbst als Migrant in Frankreich gelebt hatte. Er willigte ein, uns die Räume zu vermieten, und wir einigten uns auf einen Mietzins. Die Miete war leistbar, vor allem angesichts der Tatsache, dass die Räume alles beinhalteten, was man zum Unterricht brauchte. Bänke, Tische und eine Tafel waren vorhanden. Ich berief eine weitere Versammlung ein und berichtete von der neuen Möglichkeit, das Schulprojekt umzusetzen. Alle waren einverstanden. Albertine machte sich nun daran, Leute anzusprechen, die den Unterricht gestalten könnten. Es meldeten sich ein Kongolese namens Martin sowie ein Flüchtling aus Kongo-Brazzaville. Beide waren bereit, gratis Unterrichtsstunden zu geben. Ich war froh und stolz, dass wir unser Projekt endlich in die Praxis umsetzen konnten. In bester Laune begab ich mich erneut zu Pastor Brown und berichtete ihm von unseren Fortschritten. Er gratulierte uns zu unserem Erfolg. Nun, da wir auf einen gewissen Betrag an Eigenmitteln zugreifen konnten, erklärte er sich bereit, das Schulprojekt zu unterstützen. Er gab mir Geld für Unterrichtsmaterialien und versprach, dass die Kirche 50 Prozent des Mietzinses übernehmen würde. Am Abend desselben Tages machten wir eine Tour durch den gesamten Stadtteil und luden alle Flüchtlinge und MigrantInnen mit Kindern im schulfähigen Alter ein, am nächsten Montag in das neue Zentrum von ARCOM zu kommen. Eltern und Kinder waren höchst erfreut. Ein Elternpaar sagte mir: »Papa Emman, es war eine großartige Idee, dieses Schulprojekt umzusetzen. Seht doch selbst, wir leben hier in diesem kleinen Zimmer tagaus tagein, von früh bis spät mit den Kindern. Sie bekommen alles mit, was die Erwachsenen tun und was sie sagen. Das ist für ihre Erziehung sehr schlecht. Wir haben hier kaum Luft zum Atmen!«

Am Montag, den 2. Januar 2006, wurde unser Traum endlich wahr. Ich stand sehr früh auf und ging in alle Ghettos, um die Kinder abzuholen und zur Schule zu bringen.

Nach der Eröffnung des Schulzentrums konnte ich das Leid der Flüchtlingskinder noch besser verstehen. Viele von ihnen hatten Geschichten, die zum Weinen waren. Ich erinnere mich an einen etwa fünfjährigen Jungen aus Guinea. Astrid erzählte mir, dass er stumm war und dass sich seine Mutter große Sorgen um ihn machte. Ich ging zu der winzigen Wohnung, in der die beiden lebten, und erzählte der Mutter von unserer Schule. Sie war zunächst sehr skeptisch und wollte ihren Sohn nicht losschicken. Ich versuchte sie zu überzeugen und sagte ihr, dass die Stummheit ihres Sohnes mit ihrer Isolation zu tun haben könnte. Nach einer langen Diskussion willigte die Mutter ein und ich holte den kleinen Jungen jeden Morgen ab, so wie ich es mit den anderen Kindern tat. Und siehe da – schon nach zwei Wochen trat die höchst erfreuliche Veränderung ein: Der Bub sprach nicht nur, er war sogar ein größeres Plappermaul geworden als all die anderen Kinder. Ich konnte es kaum glauben. Die Mutter des Jungen für ihren Teil war überglücklich.

Ich erinnere mich auch gut an einen 16-jährigen Jungen aus der Elfenbeinküste, den ich vor dem Büro des UNHCR kennengelernt hatte und der weder lesen noch schreiben konnte. Ich lud ihn ein, zu unserem Schulzentrum zu kommen, und er willigte ein. Nachdem er über eine gewisse Zeit regelmäßig zu den Schulstunden gekommen war, fragte er mich, ob ich ihm zusätzlich noch Einzelunterricht geben könne. Ich war einverstanden. Einige Monate später konnte er lesen und schreiben.

Ich erinnere mich auch an zwei kleine Mädchen im Alter von sechs und acht Jahren, denen ich nur mit großer Mühe den Schulgang ermöglichen konnte. Sie wohnten beide bei einer rund fünfzigjährigen Frau, die ihnen sogar verbot, mit anderen Kindern zu spielen. Die Mädchen und ihre Ziehmutter wohnten in derselben Wohnung wie einer meiner Freunde. Jedes Mal, wenn ich zu Besuch war, sahen mich die beiden Kinder mit traurigen Blicken an. Es war offensichtlich, wie sehr sie sich danach sehnten, zur Schule zu gehen. Bei einem meiner Besuche brachte ich zwei Taschen voller Schulbücher und anderes Lehrmaterial mit und gab das alles den beiden Mädchen. So wollte ich die Ziehmutter vor vollendete Tatsachen stellen. Widerwillig stimmte sie schlussendlich zu und so kamen auch diese Kinder regelmäßig in unser Schulzentrum.

Das erste Schuljahr stellte uns insgesamt vor große Herausforderungen. Wir hatten stets große Mühe, die Miete aufzutreiben, und schafften es nur mit großen Anstrengungen, den Schulbetrieb aufrechtzuerhalten. Gott sei Dank konnten wir das Jahr dann gut zu Ende bringen. Wir wischten uns den Schweiß von der Stirn – es war, als ob wir eine Wette gewonnen hätten.

Erst am Ende des zweiten Jahres sollte unser Schulbetrieb auf stabilen Beinen stehen: Es gelang uns, einen Vertrag mit dem UNHCR abzuschließen, der festschrieb, dass das Hochkommissariat die Miete bestreiten und den Ankauf der Unterrichtsmaterialien übernehmen würde. Johannes van der Klaauw, der Chef der Niederlassung des UNHCR, besuchte mit zwei Mitarbeiterinnen unser Schulzentrum und beglückwünschte uns zu unserer Arbeit. Später gelang es uns sogar, das UNHCR davon zu überzeugen, ein Haus anzumieten, in dem minderjährige Flüchtlinge, die bei uns zur Schule gingen, wohnen sollten. Es war Astrid, die sich sehr für die Umsetzung dieses Projekts stark gemacht hatte. Fünf minderjährige Migrantinnen konnten in dieses Haus einziehen, zwei von ihnen hatten bereits Kinder. Uns gelang es Schritt für Schritt, immer mehr Flüchtlinge und MigrantInnen mit Wohnraum, regelmäßigem Essen und Bildung zu versorgen.

Pastor David Brown blieb uns ebenfalls treu und unterstützte uns weiterhin mit verschiedenen für den Schulbetrieb notwendigen Dingen. Gemeinsam mit seiner Frau und seiner Tochter besuchte er auch einmal die Schule und brachte einen großen Stapel an Unterrichtsmaterialien mit.

Mit der Zeit besuchten immer mehr Organisationen unser Schulzentrum. Auch AktivistInnen und WissenschafterInnen aus verschiedenen europäischen Ländern kamen. Ich möchte an dieser Stelle Heidi Mossiman aus Bern erwähnen, die ich bei einem Kolloquium in Rabat kennengelernt hatte und die uns aus der Schweiz Kleider und Schuhe für die Kinder schickte. Ebenso möchte ich Mehdi Alaoui erwähnen, der nach seinem Besuch im Schulzentrum die Miete für einen Monat bezahlte. Eine Praktikantin aus Frankreich erklärte sich bereit, unseren Kindern für einige Zeit kostenlosen Unterricht zu geben. Sie war von unserer Initiative sehr berührt. Ich werde auch niemals die Unterstützung vergessen, die uns die vier italienischen StudentInnen Martina, Claudia, Francesca und Cian Luc zukommen ließen. Nachdem sie uns im Schulzentrum besucht hatten, schickten sie uns einen für unsere Verhältnisse bedeutenden Geldbetrag. Ich möchte auch Hein De Haas danken, einem holländischen Forscher, der uns im Ghetto besuchte und uns nach seiner Heimkehr finanziell unterstützte.

Das Musikfestival und die Kampagne der MigrantInnen für den Kampf gegen AIDS

Als wir ARCOM gründeten, bestand unsere wichtigste Zielsetzung darin, den Flüchtlingen und MigrantInnen in Marokko mehr Sichtbarkeit zu geben und ihre vielfältigen Talente zu fördern. So kam mir eines Tages die Idee, ein Musikfestival zu veranstalten, um einen Beitrag zum Kampf gegen sexuell übertragbare Krankheiten zu leisten. Ich teilte zu dieser Zeit mein Zimmer mit zwei Musikern, Raoul und José. Sie spielten religiöse Lieder und waren wunderbare Künstler. In Marokko, einem muslimischen Land, konnten sie ihre Musik allerdings nirgends aufführen. Sie hatten bereits mehrere Alben aufgenommen und hofften, in einem Land Asyl zu bekommen, in dem sie ihre Musik mit Erfolg verkaufen konnten.

Neben dem Kampf gegen AIDS sollte das anvisierte Konzert auch dazu dienen, die subsaharischen Studierenden mit den Flüchtlingen zusammenzubringen. Unter den ausländischen Studierenden waren Misstrauen und Abneigung gegenüber Flüchtlingen mitunter sehr stark. Man sah uns als »Illegale« an und selbst in den katholischen und protestantischen Kirchen, wo man zusammenkam, gab es einen unüberbrückbaren Graben. Die Studierenden wären nicht auf die Idee gekommen, Flüchtlinge aus ihren eigenen Ländern in ihre Aktivitäten miteinzubeziehen. Wir waren in ihren Augen ungebildet und nicht fähig, etwas auf die Beine zu stellen. Studierende, deren Eltern zu Hause hohe politische Posten innehatten, waren

uns gegenüber besonders arrogant. Sie nannten uns »clandestins«
und behaupteten, wir hätten durch unsere Migration Schande über
unser Land gebracht. Viele Flüchtlinge waren hingegen der Auffassung, dass sich die Kinder der Reichen für unsere Anwesenheit in
Marokko nur deshalb schämten, weil dadurch offensichtlich wurde,
wie schlecht ihre eigenen Eltern unsere Länder verwalteten. Trotz all
dieser Ressentiments wollte ich die Gräben überbrücken und lud
für das Konzert den Chor der Studierenden ein. Sie nahmen meine
Einladung an.

Nach drei Monaten Vorbereitungszeit, nachdem wir von einer
Reihe von Menschenrechtsorganisationen und christlichen Kirchen

finanzielle und logistische Unterstützung erhalten hatten, konnte
das Festival starten. Es war das Allererste dieser Art in Marokko. Die
protestantische Kirche Rabat stellte den offiziellen Rahmen bereit.
Das Konzert war für einen Sonntag angekündigt. Um 15 Uhr war
der Saal voll. Eine Vielzahl an Organisationen hatten ihre VertreterInnen geschickt – darunter »Ärzte ohne Grenzen«, Médecins du
Monde, UNDP (United Nations Development Programme), Caritas, UNHCR, verschiedene marokkanische Menschenrechtsorganisationen sowie Organisationen der Studierenden und der Asylsuchenden.

Alle wollten die MigrantInnen singen hören. Das Konzert sollte ein großer Erfolg werden.

Auch die Studierenden sangen. Die meisten von ihnen waren
davon begeistert, wie ARCOM es geschafft hatte, solch ein Event
auf die Beine zu stellen. Meine Rechnung sollte also aufgehen: Ab
diesem Tag hatte sich das Vertrauen zwischen uns und den Studierenden verbessert und einige Musiker von ARCOM sangen danach
auch regelmäßig im Chor der Studierenden mit.

Das Fest wurde nur von einem einzigen Ereignis überschattet:
Während ihrer Ansprache behauptete die Präsidentin der marokkanischen Vereinigung zum Schutz vor AIDS, die MigrantInnen wür-

den die Hauptschuld für die Verbreitung der Krankheit in Marokko tragen. Die Regionen mit den höchsten AIDS-Raten seien auch die mit dem höchsten Anteil an MigrantInnen, so sagte sie.

Die Konferenz an der internationalen Universität von Rabat

In jedem Fall hatte sich das Verhältnis zwischen den Flüchtlingen und MigrantInnen auf der einen und den Studierenden auf der anderen Seite nach dem Konzert wesentlich verbessert. So kam es, dass mich der Präsident der kongolesischen Studierenden dazu einlud, bei einer Festveranstaltung anlässlich des Unabhängigkeitstages des Kongo einen Vortrag zu halten. Zudem überbrachte er mir etliche Einladungskarten, die ich an andere kongolesische Flüchtlinge und MigrantInnen verteilen sollte.

Am Tag der Veranstaltung begab ich mich mit einer Gruppe von Landsleuten zur Universität. Unterwegs sagte mir einer von ihnen: »Präsident Emmanuel, heute ist der Tag, an dem wir den Studierenden sagen werden, dass sie uns nicht mehr ›Illegale‹ nennen sollen. Sie sollen wissen, dass sie nicht mehr wert sind als wir, auch wenn sie legal nach Marokko eingereist sind. Wir müssen ihnen zeigen, dass es in unseren Reihen auch Leute gibt, die zu Hause die Universität abgeschlossen haben, und zwar unter viel schwierigeren Bedingungen als die, die sie hier in Rabat vorfinden!«

Auf dem Universitätscampus konnte man an diesem Tag Studierende von Flüchtlingen nicht unterscheiden. Alle waren sehr festlich gekleidet. Auch ein Herr um die sechzig war gekommen. Er hatte früher in der Schweiz und in Frankreich studiert, war in den 1980er Jahren in den Kongo zurückgegangen, um seine Kenntnisse in den Dienst des Landes zu stellen, und damals mit Mobutus Regime in Konflikt geraten. Er berichtete uns, dass er sich nicht in die unlauteren Machenschaften verwickeln hatte lassen wollen, die für die damalige Führung des Landes so typisch waren. Er zog es vor, arm und ohne Einfluss zu bleiben. Als sich die Situation im Kongo nach dem Regimewechsel nicht verbesserte, schloss er sich der Protestbewegung an und musste schließlich flüchten. Nun war er wie wir in Marokko blockiert. Wir gaben ihm den Namen »Botschafter der Demokratischen Republik Kongo in Marokko« und scharten uns um ihn, um ihm unseren Respekt zu erweisen.

An den Eingängen zu den Universitätsgebäuden hätte man uns beinahe nicht eintreten lassen. Die Türsteher konnten uns zwar nicht von den Studierenden unterscheiden, fragten aber trotzdem nach den Ausweisen. Erst als ein Mitorganisator der Konferenz, der auch an der Uni eingeschrieben war, herbeieilte, öffnete man uns die Tür.

Der Vortrag, den ich halten sollte, trug den Titel »Die Veränderung der politischen Ordnung im Kongo als einziges wirksames Mittel im Kampf gegen die erzwungene Migration«. Insgesamt sprachen vier Personen: ein Arzt, der früher für die Familie Mobutu gearbeitet hatte, ein Journalist, der Sekretär der kongolesischen Botschaft und ich. Wie man sich denken kann, erregte mein Vortrag beim diplomatischen Korps sowie bei den alten Mobutisten großen Unmut. Ich zeigte schonungslos die Ursachen für unsere Migration auf; ich sprach von den Menschenrechtsverletzungen, die im Kongo stattfanden, von der Armut und der Unterentwicklung und wies darauf hin, dass die Diktatur und die schlechte Regierungsführung die Wurzel dieser Missstände waren. Nach dieser Analyse der gegenwärtigen Situation sprach ich mich dafür aus, dass es im Kongo zu einem demokratischen Wandel kommen müsse. Ohne funktionierenden Rechtsstaat und eine gerechte Wirtschaftsordnung, so argumentierte ich, könne es in Afrika keine Entwicklung geben. Ich wies darauf hin, welch große Kluft zwischen den Reichtümern des Kontinents und der Armut seiner Bevölkerung besteht. »Es ist also offensichtlich, dass unsere Regierungen ihre Arbeit nicht gut machen! Wie viel Entwicklungsgelder hat der Kongo nicht schon erhalten … und dennoch kommt keine Entwicklung in Gang. Die Regierungen der letzten Jahrzehnte dachten, sie seien der Bevölkerung keinerlei Rechenschaft schuldig. Sie raubten die Reichtümer des Landes, bauten Schlösser für sich und ihre Familien und schafften das gestohlene Geld auf ausländische Bankkonten. Sie dachten – und denken noch immer –, sie könnten jenseits der Gesetze handeln. Alle diejenigen, die es wagen, die Stimme gegen sie zu erheben, werden zum Schweigen gebracht. Man ermordet sie oder steckt sie ins Gefängnis. Wie kann man angesichts dieser Zustände von Entwicklung in Afrika sprechen? Wie kann es möglich sein, den Kontinent mit solchen Regierungen vorwärtszubringen? Meiner Ansicht nach besteht der erste Schritt zu einer Veränderung darin, dass das Volk unter freien Bedingungen eine Regierung wählen kann. Es muss dem Volk auch möglich sein, diese Regierung zu kontrollieren und sie gegebenenfalls auch wieder abzuwählen. Nur auf diese Weise kann das Land zum Wohl der Bevölkerung verwaltet werden. Nur so kann es eine nachhaltige Entwicklung geben.« Ich schloss meinen Vortrag mit der lakonischen Feststellung, dass es der kongolesischen Diaspora erst nach der Einsetzung einer neuen politischen Ordnung möglich sein werde, eine aktive Rolle in der Entwicklung Afrikas einzunehmen.

Mein Vortrag wurde von vielen der Anwesenden positiv aufgenommen. Etliche von ihnen begannen laut, »UDPS, UDPS« zu rufen. Dies war ein harter Schlag für die im Saal anwesenden Diplomaten sowie für den Sekretär der kongolesischen Botschaft, der direkt neben mir saß. Nach meiner Rede fiel es ihm sehr schwer, seinen Konferenzbeitrag zu präsentieren.

Nach den Reden folgten die Fragen aus dem Publikum. Ein aus Oujda angereister Student bestätigte unsere Meinung betreffend die Ressentiments, die es innerhalb der Studierendenschaft gegenüber den Flüchtlingen gab. Er sagte: »Ihr Illegalen, was sucht ihr eigentlich hier in Marokko? Nach Oujda kommen so viele von euch, auch aus Algerien. Ich sehe, wie sie im Winter leiden.« Und er wandte sich an mich: »Sie sagen, dass Sie ihr Präsident sind. Nun, was sollen wir mit all den Illegalen tun, die in Oujda ankommen?«

Ich antwortete ihm: »Diejenigen, die du ›Illegale‹ nennst, sind deine Landsleute. Viele von ihnen sind wie du zur Universität gegangen. Vielleicht wirst du erst nach dem Abschluss deines Studiums begreifen, warum diejenigen, die du ›Illegale‹ nennst, nach Marokko gekommen sind. Du darfst auch nicht vergessen, dass man nicht notwendigerweise durch die Sahara gekommen sein muss, um illegalisiert zu werden! Ausländischen Studierenden kann das selbe passieren. In vielen Fällen weigern sich die marokkanischen Behörden, nach ihrem Studienabschluss ihre Aufenthaltserlaubnis zu verlängern. Ich bin davon überzeugt, dass es hier unter unseren studentischen Freundinnen und Freunden ebenfalls Betroffene gibt. Angesichts der miserablen Lage in ihren Heimatländern ziehen auch sie es vor, die Überfahrt nach Europa zu wagen oder ohne Papiere in Marokko zu bleiben. Was schlägst du nun vor – welches Etikett sollen wir ihnen geben? Sind sie nicht auch ›Illegale‹?« Nach meinen Worten war es mucksmäuschenstill im Saal.

Der Kampf der Flüchtlinge vor dem Büro des UNHCR

Trotz unseres Engagements blieb die Lage im Land für uns sehr schwierig. Die Flüchtlinge und AsylbewerberInnen aus dem subsaharischen Afrika wollten ihre schlechten Lebensbedingungen in Marokko nicht länger hinnehmen. Auch wurde der Unmut gegenüber dem marokkanischen Staat immer größer. Es war vollkommen absurd, dass die Behörden ihre Politik der kategorischen Ablehnung der Flüchtlinge und MigrantInnen beibehielten. Die Betroffenen wandten sich an unsere Vereinigung sowie an die Organisationen der anderen Communities und forderten, dass wir noch mehr Druck auf das UNHCR ausüben müssten, damit es endlich zu einer Lösung kam. Viele forderten, ich sollte sie gegenüber dem Hochkommissariat vertreten. Eine Frau, die mit ihren zwei Töchtern hier lebte, sagte mir eines Tages schluchzend: »Papa Emmanuel, Sie sind unser Repräsentant, Sie müssen etwas für uns tun. Ich halte es hier nicht mehr aus. Vielleicht können Sie den Druck noch ertragen, Sie sind alleine hier; außerdem sind Sie ja noch jung. Wir Frauen leiden aber unter Dingen, die ihr euch nicht vorstellen könnt. Für mich und meine beiden Töchter ist die Lage hier kaum noch zu ertragen. Mir bricht das Herz, wenn ich sehe, wie meine Töchter hier missbraucht werden. Wenn es so weitergeht, werde ich eines Tages aus Sorge um sie sterben.« Und sie fuhr fort: »Papa Emmanuel, wenn Sie nichts für uns tun, dann werden wir unser Schicksal in unsere eigenen Hände nehmen. Unsere Lage wird immer unhaltbarer. Sie müssen zum UNHCR gehen und eine dauerhafte Lösung für uns fordern!« Alles das sagte sie, ohne mich nach den Dingen befragt zu haben, die ich selbst durchlitten hatte. Meine Lage war auch nicht gerade die beste – ich war seit Jahren von meiner Familie getrennt; die Nachrichten, die ich aus dem Kongo erhielt, ließen jegliche Hoffnung auf eine positive Entwicklung schwinden …

175

Die Frau meinte es jedenfalls ernst mit ihren Forderungen an mich. Sie ging zu Astrid, um sich auch bei ihr zu beschweren – eine Stunde später kam sie zu meinem Haus zurück, diesmal mit einer ganzen Gruppe von Flüchtlingsfrauen. Eine dieser Frauen hielt mir ein Kilogramm Grieß entgegen und schrie mich an: »Präsident, du bist erwachsen und kannst nicht behaupten, du wüsstest von nichts! Du bist sehr wohl im Bild darüber, wie die Dinge hier laufen! Gestern Nacht musste ich mit einem Unbekannten schlafen, damit ich für meine kleine Tochter diesen Sack Grieß kaufen konnte! Wir haben die Schnauze voll!« Die Frauen machten einen solchen Lärm, dass der Besitzer des Hauses auf uns aufmerksam wurde und mit seiner Ehefrau bei uns erschien. Er drohte, mich zu delogieren, wenn meine Besucherinnen nicht sofort verschwinden würden. Die Frauen versprachen dem Besitzer, zu gehen, doch als dieser abgezogen war, sagte eine von ihnen zu mir: »Gut, wir werden also dem Präsidenten, seiner Stellvertreterin und dem Büro etwas Zeit geben, damit sie sich beraten können. Wenn sich nichts tut, dann können wir ja morgen wiederkommen und noch einmal ordentlich Lärm machen. Vielleicht fällt es dem Herrn Präsidenten ja leichter, sich zu bewegen, wenn er delogiert ist.« Die Frauen hatten mich gehörig in Bedrängnis gebracht. Ich war sehr beunruhigt und rief sofort die anderen Mitglieder des Büros an, um eine außerordentliche Sitzung einzuberufen. Während dieser Sitzung beschlossen wir, dem UNHCR ein weiteres Mal gegenüberzutreten.

Wir bekamen einen Termin für den 20. Juli und begaben uns mit einer Delegation zum Büro des Hochkommissariats. Dort legten wir ein weiteres Mal die Dringlichkeit unserer Anliegen dar. Wir wiesen darauf hin, dass sich unsere Lebensbedingungen von Tag zu Tag verschlechterten und dass in den Monaten Mai und Juni 2007 bereits zehn Asylsuchende und ein anerkannter Flüchtling auf ge-

waltsame Weise zu Tode gekommen waren. Zum Schluss erneuerten wir unsere Forderung, dass das UNHCR sofortige Maßnahmen treffen müsse, um eine dauerhafte Lösung für uns zu finden.

Die Verantwortlichen des UNHCR antworteten, sie würden sich darum bemühen, Mikrokredite für uns bereitzustellen, um so unsere finanzielle Unabhängigkeit zu fördern und uns die Integration in die marokkanische Gesellschaft zu erleichtern. Wir kehrten ins Ghetto zurück, um unseren Leuten Bericht zu erstatten. Es war bereits spät abends, doch eine große Zahl an Flüchtlingen und MigrantInnen war anwesend, um zu hören, was wir erreicht hatten. Doch diesmal wurde mein Bericht nicht so wohlwollend aufgenommen wie die Male zuvor. Als ich das Wort »Mikrokredit« in den Mund nahm, war es, als ob ich in eine Wunde gestochen hätte. Eine Frau schnitt mir wutentbrannt das Wort ab: »Präsident, wenn eure Lösung darin besteht, dann entziehen wir Ihnen das Vertrauen! Wie können Sie von Mikrokrediten sprechen, wenn wir hier in Marokko nicht einmal eine Aufenthaltserlaubnis haben? Wissen Sie denn nicht, dass die Papiere, die das UNHCR uns ausstellt, von den marokkanischen Behörden nicht anerkannt werden? Tagtäglich werden unsere Leute verhaftet und in die Wüste abgeschoben. Ihr habt nichts dagegen unternommen!« Und eine andere Frau fuhr fort: »Präsident, mach dich bereit! Wir werden ein weiteres Sit-In vor dem Büro des UNHCR machen und dort ausharren, bis eine dauerhafte Lösung für uns gefunden wird! Wir fordern, dass wir in sicheren Ländern Asyl bekommen!« Eine weitere Person erhob sich und sprach: »Präsident, wenn uns die marokkanischen Behörden keine Aufenthaltsbewilligungen ausstellen und uns den Zugang zum Arbeitsmarkt und zur sozialen Infrastruktur versperren, hat es keinen Sinn, sich darauf zu versteifen, in Marokko zu bleiben. Man kann nicht die Leute in eine Gesellschaft integrieren, in der sie nicht willkommen sind.«

Am darauffolgenden Tag besuchten mich die Repräsentanten zweier anderer Flüchtlingsgruppen. Einer stammte aus der Elfenbeinküste, der andere aus Liberia. Sie schlugen mir vor, eine Versammlung der SprecherInnen aller Flüchtlinge und Asylsuchenden zu organisieren. Sie sagten, die Versammlung müsse noch am selben Abend stattfinden. Die Lage war ernst und wir hatten keine Zeit zu verlieren.

Das Treffen fand in der Wohnung eines Mitglieds einer anderen Flüchtlingsgruppe statt. Mehr als dreißig Personen unterschiedlichster Herkunft waren anwesend. Am Schluss der Sitzung wurde einhellig beschlossen, ein zeitlich unbegrenztes Sit-In vor dem Büro des UNHCR durchzuführen. Unser Protest hatte ein einziges Ziel: die Gewährung von Asyl für alle Flüchtlinge und MigrantInnen in sicheren Drittländern außerhalb Marokkos. Wir waren in unserer Debatte zu der Einschätzung gelangt, dass es unmöglich wäre, mit unseren Forderungen bei den marokkanischen Behörden durchzukommen. Eine Eingliederung in den regulären Arbeitsmarkt oder eine Legalisierung unseres Aufenthalts erschien uns unrealistisch. Die Neuunterbringung in einem sicheren Drittland erschien uns als einzige sinnvolle Forderung. Wir beschlossen, unsere Aktion am 24. Juli zu starten. Jede Community wurde damit beauftragt, ihre Mitglieder zu mobilisieren.

Wir fanden uns am vereinbarten Tag um 8 Uhr morgens vor dem Gebäude des UNHCR ein. Männer und Frauen mit Kindern, junge Burschen und Mädchen waren gekommen. Alle waren den Aufrufen ihrer jeweiligen Organisationen gefolgt. Doch sie kamen nicht, um eine Pflicht zu erfüllen, sondern weil sie alle die Schnauze voll hatten. Sie wollten nicht mehr akzeptieren, dass die menschliche Würde mit Füßen getreten wurde. Nach und nach kamen auch die Journalisten an, die wir kontaktiert hatten. Auf unseren Transparenten und Schildern war zu lesen: »UNHCR: Wir fordern eine Lösung!« Um 9 Uhr kamen nach und nach die Angestellten des Büros vor die Tür. Sie waren überrascht, eine derart große Menge Protestierender zu sehen. Gegen 11 Uhr erschien die Polizei, da wir immer lauter und lauter unsere Parolen skandierten und sangen. Der Vorgesetzte fragte uns, weshalb wir hier seien, und wir erklärten den Zweck des Sit-In. Nach einiger Zeit begab er sich zu einem Mitarbeiter des UNHCR und ersuchte ihn, uns zu empfangen. Er hoffte, den Protest auf diese Weise zu beenden.

Gegen 13 Uhr erklärte sich das UNHCR dann endlich bereit, uns zu empfangen. Wir stellten eine Delegation zusammen, in der alle beteiligten Vereine und Gruppen vertreten waren, und wurden in den Garten des Gebäudes geführt. Dort empfingen uns der Chef der Mission, Johannes van der Klaauw, seine Mitarbeiterin Anne Triboulet sowie Madame Asma, die einer mit dem UNHCR assoziierten marokkanischen Organisation angehörte. Nach einer kurzen Begrüßungs- und Vorstellungsrunde wurde Ali, dem Sprecher unserer Delegation, das Wort erteilt. Ali war der Sprecher der Flüchtlinge und MigrantInnen aus der Elfenbeinküste. Ich mochte diesen jungen Mann sehr. Wenn er sprach, kam er immer sofort zur Sache und redete nicht lange um den heißen Brei herum. Er erklärte ohne Umschweife, warum wir unser Sit-In begonnen hatten: »Wir, die Flüchtlinge und Asylsuchenden in Marokko, haben genug von unserer miserablen Situation. Wir haben bereits viel zu viel gelitten. Weil wir keine Aufenthaltspapiere haben, dürfen wir nicht arbeiten, haben kein Geld und können unsere Miete nicht bezahlen. Die Kranken werden aus den Spitälern gejagt. Die unmenschliche Situation, der wir gegenüberstehen, hat in den letzten zwei Monaten zehn Asylsuchenden das Leben gekostet. Die verschiedenen Unterredungen, die wir mit Ihnen in der letzten Zeit hatten, haben zu keinerlei Ergebnissen geführt. Die Mitglieder unserer Vereinigungen haben aus diesem Grund ihr Vertrauen in uns verloren. Sie fühlen sich von uns nicht mehr gut vertreten. Deshalb hat die Basis eigenständig beschlossen, dieses Sit-In zu organisieren. Alle wollen eine dauerhafte Lösung; und uns ist bewusst, dass die einzige dauerhafte Lösung nur darin bestehen kann, dass wir Marokko verlassen und in einem sicheren Drittstaat Schutz bekommen.« Er

179

fügte hinzu, uns sei durchaus bewusst, dass das UNHCR die politische Agenda befolgen müsse, die ihm sein Hauptgeldgeber, die Europäische Union, vorschreibe. Doch, so fügte Ali hinzu, müsse das Hochkommissariat auch anerkennen, dass die Realität hier in Marokko eben andere Lösungen erfordere.

Johannes van der Klaauw machte sich daran, uns zu antworten. Er sprach wieder von dem Projekt mit den Mikrokrediten und erklärte, dass das UNHCR einen Partner gefunden habe, mit dem es dieses Vorhaben nun umsetzen könne. Was die Gesundheitsversorgung beträfe, so meinte van der Klaauw, dass wir weiterhin auf das marokkanische Gesundheitssystem angewiesen wären. Das UNHCR hätte schlicht keine Mittel, um ein eigenes Krankenhaus zu betreiben. Er wolle aber, so ergänzte er, eine Reihe von marokkanischen Gesundheitsorganisationen und ÄrztInnen mit dem Thema betrauen, damit sich die gesundheitliche Lage der Flüchtlinge und MigrantInnen verbessere. Zu unserem letzten und dringlichsten Punkt erklärte er schlicht: »Die Neuansiedlung in anderen Ländern ist lediglich eine Möglichkeit. Ihr habt darauf aber keinen Rechtsanspruch.« Und er fügte hinzu: »Ich ersuche euch nun, eure Basis zu beruhigen und nach Hause zurückzukehren.«

Nun meldete ich mich zu Wort. Nach unserem letzten Treffen wusste ich sehr gut, was unsere Basis dachte und fühlte. Ich begann mit einer Kritik an den Mikrokrediten: »Im marokkanischen Kontext ist es für uns fast unmöglich, mit Mikrokrediten ein Einkommen zu erwirtschaften. Wir Flüchtlinge und Migrierenden werden illegalisiert und die Papiere, die ihr uns ausstellt, sind in den Augen der marokkanischen Polizei nichts wert. Das ist auch der Grund, warum wir ständig in der Angst leben, verhaftet und abgeschoben zu werden. Außerdem: Damit ein Projekt mit Mikrokrediten funktionieren würde, müsste nicht nur die Finanzierung geklärt sein, sondern auch die Frage der Vermarktung. Wenn wir Produkte herstellen oder Dienstleistungen anbieten, müssen wir auch in der Lage sein, diese zu verkaufen. Hier in Marokko wird allerdings kein Einheimischer einem subsaharischen Migranten seine Produkte abkaufen; und wir selbst haben keine Kaufkraft. Wie soll dieses Projekt mit den Mikrokrediten denn dann funktionieren?« Und ich fuhr fort: »Wir verlangen deshalb eine Neuansiedlung. Die rechtliche Lage, die hier in Marokko herrscht, hat uns sehr angreifbar gemacht. Wir sind zur Untätigkeit verdammt und leben in ständiger Angst. Wir wollen arbeiten und nicht zum Betteln gezwungen sein! Ich persönlich habe zum Beispiel in mehreren Anläufen versucht, in einem Call-Center unterzukommen. Meine Qualifizierung hätte ausgereicht, doch in letzter Minute wurde mir aufgrund der fehlenden Papiere immer abgesagt! Die Integration der Flüchtlinge und Migrierenden in Marokko ist bis zum heutigen Tag ein Ding der Unmöglichkeit. Wir verlangen deshalb eine dauerhafte Lösung für alle – und diese Lösung kann nur darin bestehen, dass wir in ein sicheres Drittland ausreisen.«

Wir ließen nicht locker und lasen unserem Gegenüber ordentlich die Leviten. Eine Frau aus der Elfenbeinküste setzte die Anklage fort und ging auf die Situation der Flüchtlingsfrauen ein: »Ich schäme mich nicht, hier vor euch zu treten und euch zu sagen, dass ich dazu gezwungen bin, mich zu prostituieren, um mich und meine Tochter ernähren zu können. Dabei bin ich nicht mehr die Jüngste. Ich lebe in der Sorge, dass meine Tochter der selben Arbeit wird nachgehen müssen, damit sie uns durchbringt. Ich appelliere an eurer Gewissen und bitte euch dringendst, ein Land zu finden, das uns Asyl gewährt. Wir würden auch in afrikanische Länder gehen, wenn wir dort nur sicher wären und einen geregelten Status hätten.«

Da keine Lösung in Sicht war, unterbrachen wir die Sitzung und begaben uns zu den anderen Protestierenden, um ihnen vom Verlauf der Verhandlungen zu berichten. Nachdem wir ihnen die Informationen übermittelt hatten, wurde einstimmig beschlossen, das Sit-In fortzusetzen, bis eine Lösung gefunden wurde.

Bis 18 Uhr ging alles gut, doch dann kam die Polizei und drohte uns damit, den Platz zu räumen. Einer unserer Mitstreiter schlug daraufhin vor, in der Kathedrale Saint-Pierre Schutz zu suchen. Die Kirche lag nur wenige Meter vom Büro des UNHCR entfernt. Ich schloss mich dem Erkundungstrupp an, der vorgeschickt wurde, um die Situation in der Kirche abzuklären. Die anderen sollten später nachkommen.

Wir gelangten durch eine Seitentür in die Kathedrale und riefen unsere Verbindungsleute an, um ihnen mitzuteilen, dass nun alle Demonstrierenden nachkommen könnten. Wir waren völlig erschöpft und legten uns auf die Bänke und auf den Boden der Kirche, um wenigstens kurz auszuruhen. Danach verständigten wir den diensthabenden Priester, Jean Pierre. Als er ankam, bemerkte ich sofort, wie sehr ihn die Szenerie berührte. Unsere miserable Lage war für ihn nichts Neues, doch er war überrascht, dass wir uns zu diesem Schritt durchgerungen hatten. In einer kleinen Gruppe besprachen wir uns mit ihm im Sitzungssaal der Kirche. Wir erklärten ihm, dass wir vom UNHCR hierhergekommen wären, weil uns dort keine Lösung geboten worden war und weil die Polizei uns damit gedroht hatte, den Platz zu räumen. Der Priester rief den Bischof an, der kurz darauf kam. Auch er schien mit unserem Protest solidarisch zu sein und organisierte über die Caritas Essen und Trinken. Wir hatten seit den Morgenstunden nichts mehr zu uns genommen. Der Bischof rief auch noch beim UNHCR an, doch wir erfuhren nicht, was besprochen wurde. Schließlich veranlasste er, dass die Sicherheitsverantwortlichen der Stadt Rabat kamen. Als die städtischen Beamten eingetroffen waren, wurde eine weitere Versammlung einberufen. Es wurde beschlossen, dass wir in der Kathedrale bleiben könnten und dass eine Mitarbeiterin der Caritas für unsere Verpflegung zuständig sein würde.

Doch wir hatten uns zu früh gefreut: Noch während wir aßen, drangen Polizeikräfte in die Kirche ein. In Anwesenheit des Bischofs forderten sie uns auf, die Kirche augenblicklich zu verlassen. Sie sagten, dass in Marokko auch die katholischen Kirchen zum Königreich gehören würden und dass wir uns nicht einbilden sollten, wir befänden uns in einer Kirche unseres Heimatlandes. Wenn wir protestieren wollten, so die Polizisten, dann sollten wir doch das UNHCR besetzen. Das Hochkommissariat sei Hoheitsgebiet der Vereinten Nationen – die Kirche hingegen müssten sie schützen. Und eher wir's uns versehen hatten, wurde die Kathedrale geräumt. Wir standen allesamt vor den Toren der Kirche. Stimmen wurden laut, viele wollten diese Niederlage nicht hinnehmen. Und so bewegte sich der Tross wieder zurück zum Gebäude des UNHCR. Wir sollten weitere vier Tage und Nächte dort bleiben.

Im Lauf der Tage stieg die Anspannung. Marokko bereitete sich auf die Feiern anlässlich seiner Unabhängigkeit vor. Eine Vielzahl an ausländischen Festgästen wurde erwartet. Jegliche öffentliche Kundgebung oder Demonstration wurde untersagt. Die Polizei kam erneut und forderte uns ein weiteres Mal auf, den Platz zu räumen. Wir weigerten uns. Ständig gab es ein Kommen und Gehen diverser Polizeikräfte. Sie nahmen Kontakt mit dem UNHCR auf und erneuerten ihre Forderung, dass mit uns verhandelt werden sollte. Die Verantwortlichen des Hochkommissariats willigten ein, schlugen allerdings vor, dass das Gespräch an einem anderen Ort stattfinden sollte. Wir lehnten das Angebot ab.

Am vierten Tag unseres Protests sprach die Polizei eine letzte Mahnung aus. Wir sollten den Ort sofort verlassen. Der Anlass war klar: Am darauffolgenden Tag begannen die Feierlichkeiten. Ein Flüchtling, der früher einmal beim Militär gedient hatte, sagte uns im Vertrauen: »Die Situation ist bitterernst. Wir sollten den Protest auflösen, sonst wird es hier noch Tote geben. Ich war beim Militär, ich weiß, was es heißt, eine solche Mahnung zu bekommen.« Er hatte recht: Innerhalb von zehn Minuten waren wir von bis an die Zähne bewaffneten Polizisten eingekesselt. Doch niemand schien **183** aufgeben zu wollen. Mehrere marokkanische und europäische Menschenrechtsorganisationen waren vor Ort und verfolgten die Lage. Inmitten des Tumults kam ein Student, der bei einer Flüchtlings-NGO arbeitete und mich kannte, auf mich zu und sagte: »Emmanuel, du bist doch unter den Protestierenden gut angesehen. Ich bitte dich, sei vernünftig und fordere die Leute auf, nach Hause zu gehen. Wir müssen verhindern, dass es zu einem Blutvergießen kommt!« Ich entschloss mich in dieser Situation, das Risiko auf mich zu nehmen und mich an die Protestierenden zu wenden, um sie zum Einlenken zu bewegen. Doch ich hatte mich verschätzt. Niemand wollte aufgeben; vor allem die anwesenden Frauen protestierten gegen meinen Vorschlag und wollten mir nicht mehr zuhören. »Emmanuel«, rief eine von ihnen, »wenn du Angst vor dem Tod hast, dann geh! Ich habe nichts mehr zu verlieren, ich habe keine Angst mehr!« Also blieben wir. Ich hatte bereits begriffen, dass das UNHCR jegliche Verantwortung für eine Eskalation von sich weisen würde. Wir mussten uns irgendetwas anderes einfallen lassen. In der Zwischenzeit wurden die Polizeitruppen weiter verstärkt. Andere Einheiten stießen hinzu. Um 16 Uhr wiederholte der Polizeipräsident seine Warnung: »Um sieben Uhr abends will ich niemanden von euch mehr hier sehen!« Die Menge protestierte lautstark. Um 17 Uhr erreichte mich ein Anruf von Pastor David Brown. Er versprach, in einer halben Stunde bei uns zu sein, und berichtete, dass er auch schon mit Johannes van der Klaauw gesprochen habe. Nachdem er angekommen war, rief er die Verantwortlichen aller Flüchtlingsgruppen zu sich und sprach: »Die Lage ist sehr, sehr ernst. Wenn nicht sofort etwas geschieht, wird die Polizei mit äußerster Härte durchgreifen. Ich habe große Sorge, dass es Tote geben wird. Bitte vertraut mir … tut alles, damit der Protest hier beendet wird und wir zusammen so schnell wie möglich in die evangelische Kirche gehen. Dort könnt ihr einstweilen bleiben. Johannes van der Klaauw sowie der Abgesandte der Vereinten Nationen hier in Marokko werden in die evangelische Kirche kommen, um mit euch über eure Forderungen zu sprechen. Sollten sie ihr Versprechen nicht halten und nicht erscheinen, dann könnt ihr nach den Unabhängigkeitsfeiern ja wieder hierherkommen und euren Protest fortsetzen.« Nach diesen Worten bat mich Pastor David, diesen Vorschlag an die Menge weiterzugeben. Alle VertreterInnen der verschiedenen Flüchtlings-Communities scharten sich um mich und bekräftigten die Bitte des Pastors. Ich wandte mich an die Protestierenden: »Freunde und Freundinnen! Würden wir in diesem Land nicht so leiden, wäre niemand von uns auf die Idee gekommen, hier vier Tage und Nächte auszuharren. Doch schaut euch um – wir sind von Polizisten umzingelt, die allesamt bis an die Zähne bewaffnet sind. Ein einziges Wort ihres Vorgesetzten genügt und sie schlagen los. Wir dürfen ihnen nicht die Gelegenheit geben, auf uns zu schießen. Vertrauen wir auf Pastor Brown! Ihr kennt ihn alle, ihr wisst um sein Engagement und seine Solidarität! Lasst uns nun gemeinsam mit ihm zur evangelischen Kirche gehen und dort bleiben, bis eine Lösung für uns gefunden ist. Der Chef des UNHCR und der Abgesandte der Vereinten Nationen hier in Marokko werden kommen, um mit uns zu sprechen.« Nachdem ich meine kurze Ansprache beendet hatte, kam der Polizeichef auf uns zu. Ihm waren meine Worte natürlich gelegen gekommen und er sagte schmeichelnd: »Ja, lieber Freund, verlasst diesen Ort. Ihr könnt in der Woche nach den Feierlichkeiten hier zum Büro des UNHCR zurückkommen. Wissen Sie, wir empfangen eine große Anzahl hoher Gäste. Ihr könntet ja hier bleiben, doch es gibt unter euch leider eine Reihe von Menschen mit schlechten Absichten, die danach trachten, das Ansehen des Königreichs in den Dreck zu ziehen. Wenn es nach eurer Rückkehr hierher noch immer keine Lösung für euch gibt, wird Marokko Sanktionen gegen das UNHCR ergreifen.«

Wir hatten jedenfalls das Schlimmste abgewendet und die Menge begab sich zur evangelischen Kirche.

Kurz vor Mitternacht kamen dann Johannes van der Klaauw und der Chef der Mission der Vereinten Nationen in Marokko zu uns in die Kirche. Wir zogen uns mit ihnen und Pastor Brown in einen der Versammlungsräume der Kirche zurück. Ali, der Sprecher unserer Bewegung, trug einmal mehr unsere Forderungen vor und versuchte dem Chef des UNHCR den Ernst der Lage begreiflich zu machen.

Wir verhandelten vier Stunden lang, bis zum Morgengrauen. Gegen Ende der Diskussion begannen einige der zu der Besprechung abgesandten Flüchtlinge einzuschlafen. Doch jede Partei blieb bei ihren Positionen: Das UNHCR sprach fortwährend von Mikrokrediten, wir bestanden auf unserer Übersiedlung in sichere Drittstaaten. Pastor David schien sehr frustriert zu sein und verließ den Saal.

Während unseres Protests vor dem UNHCR hatten wir mehrmals eine Liste mit den Leuten erstellt, die über Nacht bleiben wollten. Wir wussten also, dass in manchen Nächten 80 Flüchtlinge und MigrantInnen vor dem Gebäude ausharrten. Untertags hatten sich schätzungsweise 150 bis 200 Personen am Protest beteiligt. Als wir nun aber unsere erste Nacht in der evangelischen Kirche verbrachten, wuchs unsere Zahl sprunghaft an. Die Nachricht der Kirchenbesetzung hatte sich wie ein Lauffeuer herumgesprochen und so waren plötzlich über 350 Menschen versammelt. Sogar Geflüchtete, die nicht in Rabat lebten, waren angereist. Die Kirche drohte aus allen Nähten zu platzen. Gleichzeitig waren aber die Gespräche mit den Vertretern der Vereinten Nationen gescheitert. Pastor Brown konnte nicht mehr für die Sicherheit der Anwesenden garantieren und bekam es ganz offensichtlich mit der Angst zu tun. Das UNHCR machte nun einen geschickten Schachzug und versprach den BesetzerInnen, sie am darauffolgenden Montag im Büro zu empfangen und jedem und jeder von ihnen einen Geldbetrag zu übergeben, mit dem sie sich Essen und andere lebensnotwendige Dinge kaufen könnten. Der Chef der UN-Mission in Marokko tat ein Gleiches und bot uns eine einmalige Geldauszahlung an. Das war natürlich alles andere als eine wirkliche Lösung. Doch wir waren schrecklich erschöpft und Pastor Brown lag uns ständig damit in den Ohren, er könne nicht mehr für unsere Sicherheit garantieren. Er war vom Ausgang der Verhandlungen furchtbar enttäuscht. Ihm fiel auch nichts anderes mehr ein, als uns aufzufordern, nach Hause zu gehen.

Die Enttäuschung war natürlich auch unter uns groß. Vor allem die Frauen in unserer Bewegung empfanden das Ende des Protests als einen großen Verlust. Doch man könnte gleichzeitig auch mit Recht sagen, dass das Schlimmste verhindert wurde. Ein Jahr, nachdem ich Marokko Richtung Holland verlassen hatte, sollte ein ähnlicher Flüchtlingsprotest ein weit schlimmeres Ende nehmen. Die Bewegung hatte genau wie wir ein Sit-In vor dem UNHCR organisiert. Nachdem die Flüchtlinge eine Woche ausgeharrt hatten, schritt die Polizei ein und vollbrachte ein regelrechtes Blutbad. Frauen und Männer wurden schwer verprügelt, einige starben an Stichwunden. Ich verfolgte die Geschehnisse von der Ferne aus und sah Fotos, die die Polizeigewalt zeigten. Es muss entsetzlich gewesen sein.

Vermehrte Razzien und Rückschiebungen im Dezember 2006

In der Nacht vom 23. auf den 24. Dezember 2006, gegen 5 Uhr morgens, erreichte mich ein Anruf eines Mitglieds unserer Vereinigung. Er war außer sich und erzählte mir, dass soeben eine groß angelegte Razzia begonnen habe. Auch vom UNHCR anerkannte Flüchtlinge und Asylsuchende seien betroffen. Ich hatte nur mehr eine knappe Minute Guthaben auf meinem Handy und entschloss mich, Johannes van der Klaauw anzurufen. Die üblichen Schwierigkeiten eines Migranten in Marokko: Die Telefonwertkarte ist alle, nicht einmal in den schlimmsten Situationen kann man die notwendigen Anrufe machen. Zum Glück rief mich van der Klaauw zurück, nachdem mein Guthaben zu Ende war. Er sagte mir, er sei **187** auf dem Weg zum Flughafen und müsse ins Ausland. Er fügte allerdings hinzu, dass ich alles tun solle, um die Namen der Betroffenen herauszufinden, die unter dem Mandat des UNHCR stünden. Ich sollte ihre Ausweisnummern notieren und ihm durchgeben. Doch all das konnte ich nur bewerkstelligen, wenn ich neuen Kredit auf mein Handy lud. Die Razzien waren in vollem Gange und trotzdem, ich musste raus. Eine neue Wertkarte zu kaufen war zu gefährlich, ich musste von einem öffentlichen Telefon aus anrufen. Die Lage war äußerst brenzlig und ich riskierte, aufgegriffen und nach Oujda gebracht zu werden – doch ich hatte bei meiner Wahl zum Präsidenten von ARCOM versprochen, mit allen meinen Kräften für die Sache der Flüchtlinge und MigrantInnen zu kämpfen. So schlüpfte ich in meinen Mantel, zog meine Mütze tief ins Gesicht und bereitete mich vor, zur nächsten Telefonzelle zu eilen. Bevor ich das Haus verlassen hatte, liefen mir Arthur und Ivette in die Arme, zwei Mitglieder unserer Vereinigung. Außer Atem berichteten sie mir, dass in einem Gebäude um die Ecke gerade über 50 Flüchtlinge festgenommen und aufs Kommissariat gebracht worden seien. Ich erzählte ihnen hastig von dem Gespräch mit van der Klaauw. Danach gingen wir zu dritt zur Telefonzelle. Als Erstes rief ich eine Frau an, von der ich wusste, dass sie verhaftet worden war. Sie sagte

mir, dass alle subsaharischen AfrikanerInnen ihres Wohnhauses verhaftet worden wären. Sie seien nun allesamt vor dem Kommissariat
und würden dort festgehalten. Zwei volle Polizeibusse seien schon
nach Oujda unterwegs. Sie war gerade dabei, mir die Namen der
Betroffenen durchzugeben, als ich plötzlich sah, wie vor uns drei
Polizeibusse um die Ecke bogen. Uns stockte der Atem. Ich ließ den
Hörer fallen und wir liefen Hals über Kopf davon. Wir hetzten
durch das Stadtviertel und hofften, nicht der Polizei in die Hände
zu fallen. Nach einigen Minuten kamen wir zu einer Moschee, hinter der wir uns versteckten. Wir wollten gerade in das Nachbarvier-
tel Hay Nahda II flüchten, als uns eine sympathische junge Marok-
kanerin den rettenden Hinweis gab: »Geht nicht in dieses Viertel,
die Polizei ist dort überall!« Mir kam die Idee, dass wir versuchen
könnten, den öffentlichen Bus zur Medina im Stadtzentrum zu nehmen, um im Büro des UNHCR Zuflucht zu suchen. Das war die
beste Lösung für den Moment, doch Ivette sagte, außer sich vor
Angst, dass ihre siebenjährige Tochter noch zu Hause sei und dass
sie unmöglich ohne sie losfahren könne. Wir sagten ihr, sie sollte ihr
Kind holen, und wussten gleichzeitig, dass wir abhauen mussten,
sobald ein Bus um die Ecke kommen würde. Es wäre unmöglich
gewesen, auf offener Straße auf sie zu warten. Und tatsächlich –
kurz nachdem sie uns verlassen hatte, um zurückzugehen, bog ein
Bus um die Ecke. Wir sprangen hinein. Die Passagiere sahen uns
erstaunt an.

Gegen 18.30 Uhr erreichte mich der Anruf eines Rückgeschobenen. Er sagte mir, dass sie soeben Oujda erreichen würden. Der
Polizeibus würde aber nun eine ungewohnte Route einschlagen und
Oujda wieder verlassen. Ich war in großer Sorge, dass man die Leute wie im Oktober 2005, nach dem Massenansturm auf Ceuta und
Melilla, in die Sahara bringen würde. Eine halbe Stunde später rief
mich derselbe Migrant abermals an. Meine Sorgen wurden bestätigt: Die insgesamt sechs Busse hatten nicht beim Polizeikommissa-

riat von Oujda gehalten, sondern waren direkt ins Wüstengebiet gefahren. Man brachte sie offenbar ins Grenzgebiet zwischen Marokko und Algerien. Die Busse hielten nicht an der selben Stelle, sondern verstreuten die InsassInnen an verschiedenen Orten, sodass die einen nicht wussten, wo die anderen waren. Offenbar war es im marokkanisch-algerischen Grenzgebiet noch dazu bitterkalt und es regnete. Was wir danach erfuhren, war furchtbar. Frauen und minderjährige Mädchen wurden vergewaltigt, es kam zu brutalen Angriffen. Einige der Rückgeschobenen verloren in dieser Wüste regelrecht den Verstand. Eine Gruppe wurde bis auf algerisches Territorium rückgeschoben, wo sie von der algerischen Polizei verhaftet und all ihrer Habe beraubt wurde. Auch in dieser Gruppe **189** kam es zu Vergewaltigungen. Schließlich wurden sie wieder zurück auf marokkanisches Territorium gejagt.

Während sich die marokkanische Polizei den Zeitpunkt ihrer Aktion im Oktober 2005 nicht aussuchen konnte, hatte sie nun ihre Razzia gezielt auf die Weihnachtsfeiertage gelegt; sie rechnete damit, dass es weniger Widerstand geben würde, da die NGOs und die internationalen Organe auf Urlaub waren. Doch diese Rechnung sollte nicht aufgehen. Die Polizeistrategen hatten die Dynamik der Selbstorganisation der Flüchtlinge und MigrantInnen grob unterschätzt. Innerhalb weniger Stunden gelang es uns, die Nachricht von den Razzien und Rückschiebungen über den gesamten Globus zu verbreiten. Wir alarmierten alle Organisationen und Gruppen, deren VertreterInnen ins Ausland gereist waren. Wir verschickten via Internet Berichte über den Verlauf der Ereignisse. Die Informationen verbreiteten sich wie ein Lauffeuer und wir erhielten von überall her Unterstützungserklärungen. Johannes van der Klaauw brach seinen Urlaub ab, um nach Marokko zurückzukehren. Zum ersten Mal seit seinem Amtsantritt brach er das Schweigen und verurteilte die Rückschiebungen in einer Mitteilung an die französische Presseagentur.

Eine Reihe von europäischen Organisationen begaben sich nach Marokko, um nach Oujda zu reisen und den Betroffenen Decken, warme Kleidung und Nahrungsmittel zu überbringen. Wir für unseren Teil beriefen eine Krisensitzung aller NGOs und Menschenrechtsgruppen ein, an der unter anderem auch »Ärzte ohne Grenzen«, Attac Marokko, Médecins du Monde, die Caritas und zwei Abgeordnete des Europaparlaments teilnahmen. Wir bildeten eine Reihe von Kommissionen, die dafür zuständig waren, mit dem UNHCR, mit der Vertretung der Europäischen Union in Marokko und mit dem marokkanischen Menschenrechtsbeirat in Kontakt zu bleiben. Eine weitere Kommission sollte Druck auf das marokkanische Innenministerium aufbauen und fordern, dass die Rückgeschobenen nach Rabat zurückkehren konnten.

Ich nahm an der Kommission teil, die sich zum Sitz der Europäischen Union begab. Dort empfing uns der Sprecher für Migration und Asyl. Ich hatte schon lange den Wunsch, mich direkt an die Vertretung der Europäischen Union zu wenden und ihre Position zu den Rückschiebungen zu erfahren. Nachdem wir erklärt hatten, warum wir hier waren, erdreistete sich unser Gegenüber zu fragen, warum wir dafür ausgerechnet zum Sitz der EU gekommen wären. Wir antworteten ihm, wir wüssten, dass die EU Druck auf Marokko ausübte, um die europäischen Grenzen dicht zu machen. Unser Gegenüber wich unseren Anschuldigungen aus und sagte, er würde mit dem UNHCR und den marokkanischen Behörden Kontakt aufnehmen, um uns bei unserem Problem zu helfen. Wir wollten uns damit jedoch nicht abspeisen lassen. Ich ergriff das Wort und ging noch weiter in die Offensive: »Die EU muss sich ihrer Verantwortung bewusst sein! Die Männer, Frauen und Kinder, die hierher gekommen sind, haben ihre Länder nicht aus Jux und Tollerei verlassen! Das Problem besteht doch darin, dass die korrupten Regierungen Afrikas fortwährend von Europa gestützt werden. Ist es nicht äußerst merkwürdig, dass es in unseren Ländern kaum Waffenfabriken gibt, während sich die Kriege auf dem afrikanischen

Kontinent ständig ausweiten? Geben Sie doch zu, dass der wahre Hintergrund für diese schrecklichen Zustände in der Ausbeutung der natürlichen Ressourcen unseres Kontinents liegt! Die Lösung kann nicht darin bestehen, dass die EU Marokko Geld dafür gibt, die Grenzen zuzumachen, und damit in Kauf nimmt, dass Flüchtlinge in die Wüste gekarrt und dort wie ein Sack fauler Tomaten entsorgt werden.« Ich forderte den Vertreter der EU auf, sich für die Rückkehr sämtlicher MigrantInnen nach Rabat einzusetzen. Ich machte ihn auch darauf aufmerksam, dass es unsinnig sei, eine Unterscheidung zu treffen zwischen Menschen, denen das UNHCR Papiere ausgestellt hatte, und solchen, denen dies verwehrt wurde. »Unter diesen Umständen ist es diskriminierend und schlichtweg unmenschlich, anerkannte Flüchtlinge gegen andere MigrantInnen auszuspielen. Es handelt sich hier um einen grundlegenden Angriff auf die Würde des Menschen – wir sind hingegen der Überzeugung, dass es allen zusteht, Schutz zu bekommen. Die reichen Länder des Nordens müssen endlich damit aufhören, uns in unterschiedliche Schubladen zu pressen. Sie rechtfertigen mit dieser Spaltung den Rassismus in ihren Ländern. Sie wollen sich lediglich vor ihrer internationalen Verantwortung drücken!« Doch es schien, als ob wir mit unserem Protest nicht durchkommen würden. Der Vertreter der EU blieb stur bei seiner Position und beendete brüsk das Gespräch. Er werde mit seinen KollegInnen alles Weitere veranlassen. In jedem Fall, so betonte er, hätten allerdings die marokkanischen Behörden das letzte Wort.

Mein Anerkennungsdiplom

Anlässlich des Jahrestages der Unabhängigkeit des Kongo organisierte die Vereinigung der kongolesischen Studierenden und PraktikantInnen in Marokko Jahr für Jahr eine Konferenz sowie eine Reihe kultureller Aktivitäten. Unsere Bemühungen, gute Kontakte mit den Studierenden herzustellen und ihre Vorurteile gegenüber den Flüchtlingen und MigrantInnen zu überwinden, hatten ja gefruchtet. So wurden wir für den 30. Juni 2007, den Unabhängig-keitstag des Kongo, auf die Universität eingeladen. Ich wurde er-sucht, ein Referat über die kongolesische Jugend im Ausland zu halten. Für mich war es eine große Ehre, zu diesem Anlass sprechen zu dürfen. Patrice Émery Lumumba hatte die Unabhängigkeit des Kongo mit seinem Leben bezahlt. Der 30. Juni ist für uns Jahr für Jahr ein besonders denkwürdiger Tag.

Am Ende der Konferenz wurden mehrere KongolesInnen für ihre besonderen Verdienste für die Gemeinschaft geehrt und erhiel-ten ein Anerkennungsdiplom. Nachdem zwei Personen aufgerufen worden waren, fiel unerwartet mein Name. Ich wurde zum Podium gebeten und mit folgenden Worten gewürdigt: »Wir wollen Emma-nuel Mbolela für die außergewöhnlichen Dienste ehren, die er für die subsaharischen Flüchtlinge und Migrierenden vollbracht hat. Unermüdlich hat er für die Rechte der Sans Papiers gekämpft. Für dieses Werk sowie für seine Unterstützung unserer Aktivitäten wol-len wir auch ihm unser Anerkennungsdiplom verleihen.« Welch po-sitive Überraschung! Wir hatten nicht nur erreicht, dass wir von unseren studentischen Brüdern und Schwestern respektiert wurden, sie ehrten nun auch unsere Arbeit. Ich war sehr bewegt und fühlte mich durch diese Geste der Anerkennung sehr gestärkt. Das Dip-lom sollte mich dazu ermutigen, mich noch mehr für die Interessen der Community einzusetzen.

Mein Aufbruch nach Holland

Eines Tages – ich war gerade dabei, im Stadtteil G5 Einladun-gen für eine Konferenz von ARCOM zu verteilen – erhielt ich einen Anruf von Frau Lisa, einer Mitarbeiterin des UNHCR. Sie lud mich ein, um 17 Uhr zum Sitz des Hochkommissariats zu kommen. Ich war einverstanden und begab mich zur vereinbarten Zeit zu ih-rem Büro. Meine Überraschung war groß, als ich von ihr hörte, was mir das UNHCR anbot: Es gäbe für eine sehr begrenzte Anzahl an Personen ein Wiederansiedlungsprogramm in Holland – Frau Lisa überreichte mir ein Formular, das ich unterschreiben sollte, falls ich daran Interesse hätte. Tausende Gedanken schossen mir durch den Kopf: Mein Leben in Marokko war mit der Zeit immer unerträglicher geworden, ich war gezwungen, wie ein Gefangener zu leben. Trotz des Flüchtlingsstatus, den mir das UNHCR zuerkannt hatte, konnte ich weder arbeiten noch ins Ausland reisen. So war es mir stets verwehrt geblieben, die zahlreichen Einladungen anzunehmen, die ich im Laufe der Zeit von ausländischen Menschenrechtsorganisationen erhalten hatte. Auch nach all dieser Zeit und nach all den Kämpfen war ich in Marokko blockiert. Ich musste das Angebot annehmen! Doch im selben Moment kam mir in den Sinn, dass ich die Gemeinschaft der subsaharischen MigrantInnen hier in Marokko nicht so einfach im Stich lassen konnte. All die Bilder von unseren gemeinsamen Protesten vor dem UNHCR kamen mir in den Sinn. Ich dachte unwillkürlich an all die Aktionen, die wir gestartet hatten, um Gefangene zu befreien oder Rückgeschobene aus Oujda nach Rabat zurückzuholen. Ich war in Gedanken auch bei den zahlreichen Kranken, die wir gestützt und begleitet hatten. Ich dachte an unsere politischen Kampagnen gegen die Razzien. Ich sah das Schulprojekt vor mir und all die Kinder, die ich Tag für Tag zum Unterricht abgeholt hatte. Alle diese Gedanken erfüllten mich mit Schuldgefühlen. Es würde nicht einfach sein, mich von den Menschen zu trennen, mit denen ich zusammen gekämpft hatte. Frau Lisa wies mich darauf hin, dass ich mich schnell entscheiden müsse. Welche Antwort sollte ich ihr geben? Als sie mein Zögern bemerkte, sagte sie zu mir: »Ich weiß, welch große Lücke Ihre Abreise in der Gemeinschaft der Flüchtlinge und Migrierenden hinterlassen wird. Viele Ihrer Leute werden darüber nicht froh sein.« Doch während sie sprach, schob sie mir das Formular unter die Nase. Ich unterschrieb.

Nach zwei Monaten rief mich Frau Lisa erneut an. Mit gemischten Gefühlen ging ich zum Büro des UNHCR. Und siehe da:

Mein Antrag war angenommen worden. Ich wusste nicht, ob ich lachen oder weinen sollte.

Es dauerte eine weitere Woche, bis mich eine andere Mitarbeiterin des UNHCR anrief. Ich sollte mich bei der holländischen Botschaft einfinden und Passfotos für die Ausstellung des Visums mitbringen. Im Botschaftsgebäude traf ich auf sieben andere Flüchtlinge, davon zwei Paare mit Kindern. Malou, der Sekretär von ARCOM, war ebenfalls für das Wiederansiedlungsprogramm ausgewählt worden und erwartete mich. Höchst irritiert wandten wir uns an die Mitarbeiterin des UNHCR, die sich ebenfalls in der Botschaft eingefunden hatte: »Wir sind nur zu acht? Es werden doch noch andere kommen, nicht wahr?« Doch ich sollte mich bitter täuschen. Holland nahm glatte acht Flüchtlinge auf.

Meine Trauer um meine FreundInnen, die in Marokko zurückblieben, war unbeschreiblich.

Schritt für Schritt sollte ich diese Trauer ablegen und mich langsam an den Gedanken gewöhnen, nach Europa zu gehen. Mit der Zeit konnte ich mich auch an der neuen Entwicklung erfreuen. Ich sah, dass die Dynamik, die durch die Selbstorganisation der Flüchtlinge und MigrantInnen in Gang gekommen war, auch ohne mich weiterbestehen würde. Die Schlagkraft unserer Bewegung musste nicht erst unter Beweis gestellt werden. Es gab in unseren Reihen ein großes organisatorisches und politisches Wissen und ich war überzeugt davon, dass unser Kampf früher oder später siegreich zu Ende gehen würde. Ich dachte an Raoul und Astrid, die ARCOM weiterführen würden. Ich dachte auch an den glühenden Aktivisten Fiston Massamba und an Pastor Willy Bayanga vom Rat der subsaharischen MigrantInnen in Marokko, an Fabien Didier Yene[12] und Louis Edongue von der Kameruner MigrantInnen-Organisation ADESCAM, an Marcel Amyeto, an die Flüchtlingsfrauen der femi-

12   Siehe Fabien Didier Yene: »Bis an die Grenzen – Chronik einer Migration« (Drava-Verlag, 2011).

nistischen Organisation COFESVIM und an so viele andere … Ich dachte auch an all die Vereine und Gruppen, die uns in unserem Kampf unterstützten – an das Netzwerk Manifeste Euro-Afrique und so viele andere. Niemals werde ich vergessen, wie sie uns bei unseren Protesten gegen die Rückschiebungen unterstützten. Alle diese Gedanken gingen mir durch den Kopf, als ich meine Reisevorbereitungen traf. Ich sagte mir, dass unsere Stimmen eines Tages mit Sicherheit gehört werden würden.

Und tatsächlich – während der Tage, in denen ich nun die letzten Änderungen am Manuskript meines Buches vornehme, führt Marokko zum ersten Mal in seiner Geschichte einen Legalisierungsprozess durch. Viele Papierlose erhielten eine Aufenthaltserlaubnis. **195** Unsere jahrelange Beharrlichkeit hat sich gelohnt.

Am Tag meiner Abreise vergoss ich mit meinen FreundInnen eine Menge Tränen. Viele meiner engen Vertrauten sagten mir: »Emmanuel, vergiss nicht unseren Kampf, egal wohin du gehst! Vergiss uns nicht!«

Am 1. April 2008 um 9 Uhr morgens stieg ich an Bord einer Boeing 777 der Royal Air Maroc. Als das Flugzeug den Himmel erklommen hatte, blickte ich auf die Erde hinunter und sagte: »Auf Wiedersehen, Marokko! Hier zu leben war eine Erfahrung, die ich niemals vergessen werde!«

VII. KAPITEL

MEIN LEBEN IN EUROPA

An diesem 1. April 2008, an Bord der Boeing 777, erblickte ich
vom Himmel aus zum ersten Mal europäischen Boden. Als wir uns
dem Flughafen Amsterdam-Schiphol näherten, sah ich nach und
nach mehr Details und bemerkte die Unterschiede zu Afrika. Das
Erste, was mir auffiel, war die große Anzahl an Fahrrädern, die an
allen möglichen Orten abgestellt waren. Ich sah große Autobahnen
und gepflegte Häuser. Ich konnte bereits erahnen, wie schön die
Landschaft ringsum war. Malou, der seinen Sitzplatz ganz in meiner
Nähe hatte, rief mir zu: »Preso« – Präsident –, »wir kommen in Europa an!«, und er machte ein Foto von mir im Flugzeug. Die anderen Passagiere sahen uns an, als ob wir vom Mond kämen.

Wenige Minuten später landeten wir. Der Pilot gab durch, die
Außentemperatur betrage 5 Grad Celsius. In Marokko hatte es 18
Grad gehabt.

Am Flughafen wurden wir herzlich von einer Mitarbeiterin der
IOM, der International Organization for Migration, empfangen. Es
hätte kaum paradoxer sein können: In Marokko hatte ich gegen die
IOM gekämpft, da sie für die sogenannte »freiwillige Rückkehr« der
MigrantInnen eintrat. Ich erinnere mich gut an eine Debatte, die
bei der Stiftung »Orient-Occident« in Rabat stattgefunden hatte.
Dort hatte ich mit einem Vertreter der IOM gestritten, der für die
»freiwillige Rückkehr« geworben hatte. Ich hielt dagegen und sagte,
dass dieses Programm nichts anderes sei als die Externalisierung des

EU-Grenzschutzes mit anderen Mitteln. Man könne, so argumentierte ich, nicht einfach die Träume von jemandem, der nach Europa gehen wolle, zunichtemachen und dann von »Freiwilligkeit« sprechen. Nach meiner Intervention hatte sich eine lange Debatte im Saal entsponnen. Und nun, hier in Amsterdam, empfing mich ausgerechnet die IOM! Nachdem wir den Flughafenzoll passiert hatten, brachte man uns nach Amersfoort, einer rund zwei Stunden von Amsterdam entfernten Stadt, wo sich die Erstaufnahmestelle für Flüchtlinge befindet. Auch dort wurden wir herzlich empfangen. Ich hatte den Eindruck, dass bereits alles für uns vorbereitet war: Eine Mitarbeiterin des Zentrums übergab uns einen Willkommensbrief und die Schlüssel für unsere Zimmer. José – ein Freund, mit dem ich gemeinsam nach Marokko gekommen war – und ich bezogen ein Zimmer mit einem Stockbett. Als wir im Zimmer standen, schlossen wir die Tür hinter uns und sprachen unser Gebet. Diesmal beteten wir nicht um den Beistand Gottes, wie wir es in der Wüste so oft getan hatten. Wir beteten nicht darum, dass uns Gott den Weg aus diesem Jammertal weisen sollte – es war vielmehr ein Dankesgebet für den Beistand und den Schutz, den uns Gott während unserer langen und mühseligen Reise gewährt hatte. Denn erst jetzt konnten wir wirklich sagen: Unser Leben ist gerettet!

Der Umstand, dass ich nun endlich in Europa angekommen war, brachte aber auch unendlich viele Fragen mit sich: Würde ich nun, nachdem mein Leben in Sicherheit war, in der Lage sein, eine neue Existenz aufzubauen? Alles war neu und unbekannt: die Sprache, die Kultur, die Leute, mit denen ich zusammentraf. War Holland wirklich ein Land, in dem Gerechtigkeit herrschte und in dem ich meinen politischen Kampf würde fortsetzen können? War es hier möglich, sich für die Rechte der Flüchtlinge und MigrantInnen einzusetzen, ohne Repressalien befürchten zu müssen? Alle diese Fragen spukten in meinem Kopf herum, bis ich schließlich einschlief.

Meine neue Wohnsituation

Nachdem ich drei Monate im Erstaufnahmezentrum von Amersfoort verbracht hatte, fand ich eine Wohnung in Nunspeet, einem kleinen Touristenort in rund 50 Kilometern Entfernung. Ich erledigte alle Formalitäten und begab mich an meinen neuen Wohnort. Dort musste ich mit vielen Dingen ganz von vorne beginnen. Ich hatte mir meine Zukunft in schöneren Farben ausgemalt – nun verdunkelte sich der Himmel über mir wieder. In diesem Dorf war ich der einzige Kongolese. Es gab noch zwei andere afrikanische Familien, eine burundische und eine sudanesische. Doch niemand von diesen Leuten sprach Französisch. Meine Flurnachbarin war eine rund siebzigjährige Frau, die ihre Wohnung kaum verließ. Der zweite Nachbar auf meinem Stock war ein Mann um die sechzig, der morgens zur Arbeit ging und abends schnurstracks in seine Wohnung zurückkehrte, ohne mit irgendjemandem zu reden. Über mir wohnte eine andere ältere Dame, die ich kaum zu Gesicht bekam. Ich war also gezwungen, ein Leben in Isolation zu führen. Für mich war es überaus befremdlich, alleine zu essen. In Afrika essen alle gemeinsam! Auch wenn wenig da ist, kommt man zusammen und teilt, was da ist. In meiner Familie war es üblich, dass eine große Zahl an Menschen um den Tisch saß. Oft hatten wir Besuch von FreundInnen, von Brüdern, Schwestern, Nichten und Neffen, Cousins und Cousinen oder von NachbarInnen. Für einen Außenstehenden war es unmöglich zu sehen, wer zum engeren Kreis der Familie gehörte und wer nicht. Ich erlebte diese praktische Solidarität ein zweites Mal in Marokko, als wir zusammen im Ghetto lebten. Wir waren ja dazu gezwungen, zu zehnt oder mehr in einer Dreizimmerwohnung zu leben. Wir legten zusammen, was wir hatten, und kochten auch gemeinsam. Diejenigen, die in finanziellen Schwierigkeiten waren, aßen dennoch, genauso wie alle anderen.

Nun lebte ich plötzlich in diesem schönen, von einem gepflegten Garten umgebenen Haus. Die Wohnung bot allen Komfort, den ich mir nur wünschen konnte. Zu essen gab es in rauen Mengen. Doch mit wem sollte ich nun mein Essen teilen? Ich stellte mir ernsthaft die Frage, wie die Menschen in Europa ein solches Leben aushielten. Sind es der materielle Wohlstand und die Entwicklung der modernen Kommunikationstechnologien, die die Menschen zu diesem Individualismus und dieser Isolation geführt haben? Werden in Zukunft alle Menschen auf dieser Erde ein solches Leben führen?

Erst nach zwei Wochen empfing ich meinen ersten Besuch, ein Mitglied der lokalen Kirche. Doch auch er verstand kein Französisch und schon gar nicht Tshiluba oder Lingala, sondern keine andere Sprache als Niederländisch. Zum Glück hatten wir im Flüchtlingszentrum während einiger Wochen Holländisch gelernt, sodass ich mich mit meinem Besucher notdürftig verständigen konnte. Der Mann sprach den Dialekt der Region und so konnten wir uns nur über die einfachsten Dinge unterhalten. Erst nach zwanzig Minuten begriff ich, dass mir Cees, wie er hieß, erklären wollte, woher er meine Kontaktdaten hatte. Bei seinem nächsten Besuch kam er mit einer Übersetzerin wieder, was die Sache erheblich erleichterte. Dank Cees lernte ich später die Familie Zondag kennen, die mir sehr dabei half, mich in Holland zurechtzufinden. Während all der Zeit, die ich in Nunspeet verbrachte, unterstützten sie mich; es waren nette, großzügige und respektvolle Menschen.

Alltagsherausforderungen

Drei Monate, nachdem ich nach Nunspeet gezogen war, wies mir die Gemeinde einen Platz in einer Sprachschule in dem Ort Harderwijk zu, rund zehn Kilometer von Nunspeet entfernt. In die Klasse, der ich zugeteilt wurde, gingen MigrantInnen aus Afghanistan, dem Irak, Kolumbien, der Türkei, Marokko und einer Reihe osteuropäischer Länder. Einige von ihnen lebten bereits seit fünf Jahren in Holland, manche sogar schon seit zehn Jahren.

Im Allgemeinen musste ich feststellen, dass das Los der Flüchtlinge hier in Europa manchmal alles andere als einfach war. Eines Tages traf ich am Bahnhof einen 19-jährigen afrikanischen Burschen, der am ganzen Leib vor Kälte zitterte. Er sagte mir, dass er gerade aus Deutschland hierhergekommen sei und dass er die Nacht unter freiem Himmel verbringen musste. Ich ging sofort mit ihm in eine Boutique, um ihm warme Kleider und Schuhe zu kaufen. Danach nahm ich ihn mit zu mir nach Hause und kochte ihm etwas zu essen. Er erzählte mir, dass er in Deutschland drei Jahre in einem Flüchtlingsheim gewohnt hatte und dass man ihn nun abschieben wolle. Deshalb sei er hierher nach Holland geflohen. Er wollte sich nach Eindhoven durchschlagen, wo ein Freund von ihm wohnte. Da er nicht genug Geld hatte, hatte ihn der Schaffner aus dem Zug geworfen. Ich entschloss mich, dem Jungen das Geld für das Ticket bis Eindhoven zu geben und ihn zum Bahnhof zu begleiten.

Hier in Holland begann ich jedoch auch zu realisieren, dass wir, die subsaharischen AfrikanerInnen, nicht die Einzigen waren, die sich auf der Flucht befanden oder ihr Land auf der Suche nach einem besseren Leben verlassen hatten. In der Sprachschule lernte ich einen Afghanen kennen, der mir erzählte, dass er bereits seit zehn Jahren in Holland sei und noch immer im Flüchtlingsheim leben müsse. In den zehn Jahren hatte er aufgrund fehlender Papiere keiner Arbeit nachgehen können.

Kurze Zeit, nachdem ich den Sprachkurs begonnen hatte, hatte ich einen Radunfall und brach mir die linke Schulter. An diesem Tag lag zum ersten Mal seit meiner Ankunft Schnee auf den Straßen. Ich konnte die Rutschgefahr noch nicht richtig einschätzen und wollte so wie jeden Morgen mit dem Rad zum Bahnhof fahren. Ehe ich's mich versah, lag ich auf dem Boden. Während die PassantInnen mit passiven Blicken an mir vorbeigingen, erhob ich mich vom Asphalt. ›Hier in Europa lebt jeder für sich allein. Du fällst, und niemand hilft dir. Alle haben es eilig und wollen ihr Ziel erreichen. Sei's drum‹, dachte ich mir und fuhr zum Bahnhof weiter. Erst gegen 11 Uhr merkte ich, wie meine Schulter immer stärker zu schmerzen begann. Ich konnte kaum mehr am Unterricht teilnehmen, weil sie so weh tat. Als ich um 12 Uhr zu Hause ankam, rief ich Barta an, meine Kontaktperson beim holländischen Flüchtlingsrat. Sie begleitete mich zum Spital, wo ich einen Gips bekam. Barta kümmerte sich um mich, bis die Knochen verheilt waren und der Gips wieder abgenommen werden konnte.

Das Erlernen der niederländischen Sprache blieb für mich weiterhin eine hohe Priorität. Der Sprachkurs war mir zu wenig. So ging ich zum Freiwilligendienst der Gemeinde und fragte, ob es eine Stelle gäbe, bei der ich ehrenamtlich arbeiten könne, um so schneller Holländisch zu lernen. Die zuständige Beamtin war sehr aufgeschlossen und freundlich. Sie versprach mir nicht nur, einen Posten im Altenheim für mich zu organisieren, sondern zusätzlich dazu auch einen Sprachtrainer zu finden, der einmal pro Woche zu mir kommen würde.

Im Altenheim bestand meine Arbeit darin, Kaffee und Tee in die Zimmer zu bringen. Diese Arbeit half mir sehr, andere Lebensrealitäten und andere Kulturen kennenzulernen. Bei uns im Kongo, so wie in den meisten anderen afrikanischen Ländern auch, tun die Eltern alles, damit ihre Kinder es im Leben gut haben. Wenn die Eltern dann ins Alter kommen und Pflege brauchen, sind es die Kinder, die sich um sie kümmern. Wenn einer der beiden Elternteile stirbt, zieht der oder die andere zu den Kindern. Die kleinen Kinder haben sehr oft das Glück, mit ihren Großeltern leben zu können. Sie lieben es, ihnen Geschichten zu erzählen und mit ihnen zu spielen. Burschen und Mädchen wenden sich mit heiklen Themen, die sie nicht mit ihren Eltern besprechen wollen, oft an die Großeltern. Welch ein riesengroßer Unterschied zu diesem Ort! Hier verbringen die Menschen ihre letzten Tage im Altersheim.

Die Gespräche und der Austausch mit den PensionistInnen in diesem Altersheim waren für mich sehr lehrreich. Ich durchlebte auch traurige Momente – es kam vor, dass ich mit einer Person ein besonders schönes Gespräch hatte, und diese Person starb einige Tage später. Ich erinnere mich an Frau X., mit der ich regelmäßig sprach. Wir waren uns sehr sympathisch. Eines Tages wollte sie nichts mehr zu sich nehmen. Ich war sehr besorgt um sie. Und tatsächlich war sie am nächsten Tag nicht mehr da. Ich hatte keine Gelegenheit mehr, mich von ihr zu verabschieden.

Ich stellte mir fortwährend Fragen über meine Zukunft in Holland. Mit der Sprache ging es langsam ein wenig besser, doch am meisten stieß ich mich an der fortwährenden Isolierung von anderen. Ich hatte keine Möglichkeit, mich mit meiner Familie oder irgendwelchen Landsleuten auszutauschen oder Zukunftspläne zu schmieden. Meine Universitätsdiplome aus dem Kongo wurden hier nicht anerkannt. Das war besonders bitter, weil ich damals in Mbujimayi sehr große Anstrengungen und finanzielle Investitionen aufbringen hatte müssen, um studieren zu können. Das Einzige, was mir übrigblieb, war, eine holländische Schule zu suchen, um ein hiesiges Diplom zu erwerben. Doch dafür brauchte ich auch Geld. Was sollte ich tun? Nach einiger Zeit fand ich bei meinen Recherchen im Internet eine Organisation namens UAF, die Universitätsstipendien für Flüchtlinge vergab. Ich meldete mich an und zu meiner Überraschung bekam ich schon nach wenigen Tagen eine positive Antwort. Ich konnte mich an einer Hochschule in Amsterdam einschreiben, musste aber natürlich auch meinen Umzug in die Stadt vorbereiten.

Nach Amsterdam zu ziehen war keine besonders leichte Angelegenheit. Die Prozeduren der Immobilienfirmen kamen mir irrsinnig bürokratisch und behäbig vor und nach einem Jahr der Suche lebte ich noch immer in Nunspeet.

Eines Tages lernte ich am dortigen Bahnhof Mathias kennen, einen jungen Afrikaner. Er hatte in Nunspeet ein Jobinterview und fragte mich nach dem Weg. Wir waren uns sympathisch und tauschten Nummern aus. Einige Monate später rief mich Mathias an und sagte mir, er hätte den Job in Nunspeet bekommen. Nun müsse er noch von Dordrecht hierher übersiedeln und bräuchte eine Wohnung. Im Laufe der Diskussion stellte sich heraus, dass wir beide etwas davon hätten, wenn wir unsere Wohnungen einfach tauschten. Er könnte in Nunspeet leben und arbeiten und ich in Dordrecht wohnen, um zur Universität zu gehen. Gesagt, getan. So zog ich zwar nicht nach Amsterdam, war meinen Zielen aber doch ein Stück näher gekommen.

203

Auf Arbeitsuche

Ich machte mich auf Arbeitsuche und bewarb mich nicht nur in Dordrecht, sondern auch in einer Reihe von Ortschaften rund um die Stadt. Doch die Reaktionen der Arbeitsagenturen waren meist nicht sehr erfreulich: »Wir haben nur Arbeit für Leute mit Qualifikation.« Wie oft bekam ich diesen Satz zu hören! Ich wurde meist nicht einmal nach meiner Ausbildung gefragt, und wenn es einmal so weit kam, dass ich meinen Lebenslauf vorzeigen konnte, sagte man mir, dass ich keine Erfahrungen auf dem holländischen Arbeitsmarkt hätte und deshalb nicht eingestellt werden könnte. Ich war fast am Ende meiner Nerven.

Nach einiger Zeit fand ich endlich Arbeit auf einem Müllabladeplatz. Dort arbeiteten ausschließlich MigrantInnen. Sie kamen aus Polen, Somalia, Marokko, Algerien und Surinam. Wir verrichteten unsere Arbeit unter äußerst zweifelhaften Hygienebedingungen und waren ständig dem Risiko ausgesetzt, uns am Müll zu infizieren. Am ersten Arbeitstag gab man mir eine Jacke, die bereits vor mir benutzt worden war und furchtbar stank. Ich erhielt auch einen Mundschutz, der aber seinem Zweck nicht dienlich war. Bereits nach wenigen Stunden hätte man genauso gut ohne Mundschutz weiterarbeiten können. Erst nach drei Tagen hatten wir das Recht, einen neuen anzufordern. Die Handschuhe, die man uns gab, hatten Löcher, sodass wir zwangsläufig mit giftigen Flüssigkeiten in Berührung kamen. Während des ersten Arbeitstages, der von 6.30 Uhr früh bis 15 Uhr nachmittags dauerte, war mir so übel, dass ich weder essen noch trinken konnte. Als ich nach der Arbeit nach Hause kam, juckte mein ganzer Körper und meine Kleider stanken entsetzlich nach Abfällen.

Ich quälte mich durch die Arbeitstage, in der Hoffnung, mich an den Job zu gewöhnen. Doch nach einer Woche hatte ich so starke Atemschwierigkeiten, dass ich in Zweifel zog, ob ich weitermachen sollte. Viele meiner Kollegen hatten die gleichen Probleme wie ich. Der Lohn war ebenso miserabel wie die Arbeitsbedingungen. Außerdem musste man drei Wochen Probezeit absolvieren, bevor man einen Arbeitsvertrag unterschreiben durfte. Dieser galt lediglich für drei Monate, mit der Möglichkeit einer einmaligen Verlängerung um weitere drei Monate. Ich fragte mich, ob ich es überhaupt bis zur Unterzeichnung des Vertrags schaffen würde. Und gesetzt den Fall, dass ich es schaffen würde – würde man meinen Vertrag verlängern? Mich und meine KollegInnen beschäftigten diese Fragen sehr. Die Prekarität der Arbeitsbedingungen und die andauernde Unsicherheit setzten uns schwer zu. Die Leute hatten ganz unterschiedliche Strategien, mit dieser Lage zurechtzukommen. Einer schimpfte andauernd wie wild auf unseren Chef und wünschte ihm die Pest an den Hals. Er sagte mir, dass er bereits seit 15 Jahren als Sans Papier in Europa leben würde und dass sein ganzes Leben verpfuscht sei. Ein anderer versuchte sich zu helfen, indem er ständig Witze machte und kleine Sketches vorführte, um uns die Arbeitssorgen zu vertreiben. Einige lachten über seine Späße, andere hielten ihn für verrückt.

Ich arbeitete weiter auf dem Müllabladeplatz, suchte aber ohne Unterlass nach einem anderen Job. Und siehe da, noch bevor die drei Wochen der Probezeit vorüber waren, rief eine Arbeitsagentur an. Ich hatte einige Zeit zuvor dort meinen Lebenslauf präsentiert. Man sagte mir nun, dass ich sofort in einer Verpackungsfirma für Gemüsewaren beginnen könne. Der Job war an die Bedingung geknüpft, auch samstags und sonntags zu arbeiten. Außerdem müsste ich rund um die Uhr erreichbar sein, um flexibel Schichten übernehmen zu können. Der Vertrag war auf sechs Monate begrenzt und die Firma befand sich in einer anderen Stadt. Obwohl die Bedingungen auch hier nicht die besten waren und ich nicht wusste, was mich erwartete, wollte ich um jeden Preis von dem Müllabladeplatz weg und akzeptierte das Angebot.

So begann ich meine Arbeit in einer großen Verpackungshalle. Die Firma, bei der ich angestellt war, war auf den Kauf, den Verkauf und die Konservierung von Gemüse und Obst spezialisiert und belieferte eine Reihe von großen Supermarktketten in Holland.

An einem Samstag begann ich mit meiner neuen Arbeit. Die Zusammensetzung der ArbeiterInnenschaft war auch hier multinational: Ich hatte KollegInnen aus dem subsaharischen Afrika, aus dem Maghreb, aus Asien und aus Lateinamerika. Die Atmosphäre unter den ArbeiterInnen schien meinem ersten Eindruck zufolge gut zu sein. Fast alle hatten jemanden, mit dem sie sich in ihrer Muttersprache unterhalten konnten. Auch ich fand eine Reihe von Leuten im Betrieb, mit denen ich Lingala sprechen konnte.

Mein erster Arbeitstag sollte sich allerdings als eine wahrliche Feuertaufe herausstellen. Wir wussten nicht, wann man uns nach Hause schicken würde. Seit 8.30 Uhr morgens arbeiteten wir an den Maschinen. Neben mir stand ein junger Mann aus Curaçao am Fließband. Er arbeitete schon seit zwei Monaten im Betrieb und hatte bereits Erfahrung gesammelt. Wir waren mit dem Verpacken von Tomaten beschäftigt. Meine Aufgabe war es, die Kisten aus- und einzuräumen. Die Kisten waren schwer, und obwohl ich zwei auf einmal nahm, rief mir mein Kollege zu, ich müsse vier Stück nehmen, damit wir die 40 Paletten schaffen würden, die uns zugeteilt waren. Ich konnte unmöglich vier Kisten auf einmal heben und versuchte mich so gut es ging mit drei Kisten durchzuschlagen. Als wir die vorgeschriebenen 40 Paletten fertig verpackt hatten, brachte man uns plötzlich neue Ware und die Arbeit ging weiter. Erst um 20 Uhr durften wir eine längere Pause machen. Es war uns Essen versprochen worden, doch wir bekamen nichts. Die ArbeiterInnen begannen miteinander zu flüstern, doch keiner wagte es, die Stimme zu erheben und zu fordern, den Arbeitstag doch nun zu beenden. Wir wussten, dass uns unsere Verträge dazu verpflichteten, an Wochenenden so lange zu arbeiten, bis das Produktionsziel erreicht war. Nach 15 Minuten wurden wir zurück an die Maschinen gerufen. Wir schlurften zu den Gemüsekisten. Die Müdigkeit stand allen ins Gesicht geschrieben. Eine Dreiviertelstunde später kam endlich das Essen. Man gestand uns eine weitere Pause von 30 Minuten zu. Erst um 22.30 Uhr endete unser Arbeitstag. Schweigend und todmüde schleppten wir uns zu den Garderoben.

Ich kam gegen Mitternacht nach Hause und schlief wie ein Stein. Tags darauf musste ich jedoch schon wieder um 5 Uhr morgens aufstehen, um pünktlich um 8.30 Uhr bei der Arbeit zu sein. Dann ging die Schinderei wieder von vorne los. Wir mussten an diesem Tag sogar noch härter arbeiten als beim letzten Mal. Der Arbeitstag endete um 20.30 Uhr, diesmal ohne dass wir etwas zu essen bekamen. Der Chef wollte uns sogar dazu bringen, noch länger zu arbeiten, doch die meisten ArbeiterInnen weigerten sich.

Diese zwei Arbeitstage zeigten mir, womit ich zu rechnen hatte, falls ich diesen Job behielt. Nach reiflicher Überlegung entschloss ich mich, vorerst zu bleiben.

Das große Problem beim Arbeitsrhythmus in dieser Fabrik waren die Verpackungsmaschinen. Sie gaben ohne Erbarmen die Schnelligkeit des Arbeitsprozesses vor. Eines Tages arbeitete ich an einer Maschine, die »Bordes« genannt wurde. Ein polnischer Kollege, der bereits länger im Betrieb war, wies mich darauf hin, dass die Arbeit an diesem Gerät besonders anstrengend sei. »Normalerweise«, fügte er hinzu, »braucht es auch mehr Leute, um sie zu bedienen.« Doch mir war der Posten alleine zugeteilt worden. Mein Kollege versuchte mich aufzumuntern. Ich schwitzte und hatte große Mühe, die Verpackungskartons aufzuheben. Als die Pausenglocke läutete, war ich vollkommen erschöpft.

Manche ArbeiterInnen gaben ihr Bestes und wollten wirklich gute Arbeit verrichten – doch das Arbeitsklima wurde vom despotischen Verhalten des Chefs getrübt. Er schaute uns bei jedem Handgriff auf die Finger und gab uns Befehle, als ob er ein Kolonialherr aus vergangenen Zeiten wäre. Sein Verhalten provozierte den Unmut der ArbeiterInnen und es kam zu Spannungen, die sich manches Mal in Gewalt entluden. An einem Tag ging der Chef so weit, eine Gruppe nach Hause zu schicken, nur weil sie bei ihrer Arbeit am Fließband miteinander geredet hatten. **207**

Ein anderes Mal wurde ich Zeuge einer heftigen Auseinandersetzung zwischen einem älteren Kollegen und einer jungen Kollegin. Sie standen zusammen an einer Abpackmaschine. Die junge Frau arbeitete so schnell, dass der Alte nicht mitkam und in seiner Not mit ihr herumzuschreien begann. Die Arme konnte aber gar nichts dafür – sie hatte Angst, dass der Chef ihren Vertrag nicht verlängern würde, wenn sie zu langsam arbeitete. All das erinnerte mich an meine Mitstreiterin Lucile Dumas, die bei Attac Marokko aktiv war. Sie hatte sich stets für die marokkanischen Frauen eingesetzt, die auf den Tomatenplantagen in Spanien schufteten.[13] Ironischerweise waren die Tomaten, die wir an diesem Tag verpacken mussten, aus Spanien importiert.

Alle litten unter den Arbeitsbedingungen. Eines Tages – wir hatten gerade eine volle Woche hinter uns, während der wir ohne Unterlass Nachtschicht gearbeitet hatten – sagte ein Kollege in der

13   In Südspanien setzt sich die Gewerkschaft SOC für die Rechte der migrantischen LandarbeiterInnen ein. Siehe auch www.forumcivique.org

Kabine: »Diese verdammte Arbeit. Nun haben wir während einer ganzen Woche jede Nacht durchgearbeitet und dafür einen Hungerlohn bekommen. Ich habe heute meinen Kontostand angesehen. Mir und meinen Kindern war zum Weinen zumute!« Der Kollege, der neben ihm saß, war ebenso empört und rief aus: »Wenn mich der Chef noch ein Mal auffordert, nachts zu arbeiten, dann kann er sich etwas anhören! Wir haben nicht nur fünf Nächte durchgearbeitet, sondern auch noch am Sonntag schuften müssen! Und das für diesen miserablen Lohn!« Die beiden hatten völlig recht. Ihr Gehalt war aber noch höher als meines, da sie bereits seit sechs Monaten im Betrieb arbeiteten und ich noch neu war. Es kam vor, dass ich acht Stunden arbeitete und nur für sieben Stunden bezahlt wurde!

Im Betrieb war es üblich, dass die Dienstzeiten per SMS durchgegeben wurden. Und als ob es sich um einen schlechten Witz handeln würde, bekamen wir genau an diesem Tag eine SMS des Chefs, in der zu lesen war: »Danke an alle! In dieser Woche war die erbrachte Leistung top! Es wurden mehr als 175.000 Pakete Tomatensuppe abgepackt. Das ist die größte Menge, die wir jemals geschafft haben!«

Die Arbeitsbedingungen in dieser Fabrik waren für uns alle ohne Zweifel sehr hart. Ich versuchte jedoch die Zeit, so gut es ging, für die aktive Beobachtung der sozialen Realität zu nutzen, in der ich mich befand. Ich verglich die Verhältnisse hier in Holland mit dem, was ich damals am Place Tchad über Europa gehört hatte. Und ich versuchte mit möglichst vielen meiner KollegInnen ins Gespräch zu kommen und ihre Geschichten zu erfahren. Die meisten von ihnen waren MigrantInnen so wie ich. Wir unterhielten uns während der Pausen oder den Zugfahrten von und zur Arbeit über die unterschiedlichsten Themen und ich erfuhr eine Menge über ihre Migrationsgeschichten. Viele verfluchten die Regierungen ihrer Länder und gaben ihnen die Schuld für ihr hartes Leben im Exil. Eines Tages fuhr ich mit einem afrikanischen Kollegen von der Arbeit zurück nach Hause. Wir hatten gerade die ganze Nacht duchgearbeitet. Mein Kollege hatte sich mit dem Chef in die Haare gekriegt. Er war furchtbar wütend, und als ob er seinen Ärger an mir auslassen wollte, schimpfte er: »Der Grund, warum wir hier leiden, liegt doch in der miserablen Regierungsführung in unseren Ländern! Der Mindestlohn bei uns zu Hause beträgt gerade einmal 150 Euro. Unser Präsident stellt sich hin und behauptet lauthals, dass wir Devisenreserven von mehreren Milliarden Dollar hätten – gleichzeitig leidet die Bevölkerung! Verstehst du mich? Bei uns gibt es nur Korruption. Die Dreckskerle, die an der Spitze des Landes stehen, teilen die gesamten Einnahmen aus dem Ölgeschäft zwischen sich und einigen ausländischen Firmen auf!«

Doch während die einen ihre Wut gegen die Regierungen unserer Länder richteten, begannen andere auf ihre eigenen Brüder und Schwestern zu schimpfen. Einmal, als wir zusammensaßen, sagte ein Kollege aus dem Kongo: »Du siehst doch, wie wir hier schuften! Was hingegen machen unsere Leute zu Hause in der Zwischenzeit? Wir schicken ihnen Geld, und anstatt es zu investieren, geben sie es mit beiden Händen wieder aus! Sie glauben, dass das Geld hier in Europa auf der Straße liegt!« Ein guineischer Kollege stimmte mit ein: »Ja, mein Freund, genau so ist es! Ich habe auch die Schnauze voll von meinen Landsleuten! Wie oft habe ich Geld nach Hause geschickt – ich habe sogar Waren aus Europa eingeschifft und bin nach Guinea gefahren, um ein kleines Unternehmen aufzubauen. Solange ich vor Ort war, ging es, doch nachdem ich nach Holland zurückgekehrt war, funktionierte zu Hause nichts mehr. Die Leute begreifen nicht, dass es in Europa ganz anders ist, als sie es sich vorstellen. Wir schuften und schuften und sehen unseren Lohn immer nur auf den Kontoauszügen. Dann werden sofort alle unsere Ausgaben abgezogen, die Steuern, die Stromkosten, die Miete. Was bleibt uns danach noch?« Ein dritter Kollege fügte hinzu, dass er für seine gesamte Großfamilie in Afrika sorgen müsse, bevor er überhaupt daran denken könne, hier seine Kosten zu decken. Ich warf ein, das Problem bestünde darin, dass die Generation, die vor uns nach Europa gekommen war, zu Hause immer damit geprotzt hätte, wie gut es ihr in Europa ging. Sie mussten immer beweisen, dass sie es geschafft hätten. Einen Misserfolg zuzugeben war hingegen eine große Schande.

Es war gut, sich laufend auszutauschen, zu diskutieren und zu streiten. Am meisten beeindruckte mich zweifellos die Ausdauer, Beharrlichkeit und Solidarität all der Menschen, die ihre Familien in Afrika über Jahre hinweg trotz aller Schwierigkeiten unterstützten. Sie überwiesen Geld, damit die Schwester oder der Bruder studieren konnte, ersetzten die fehlende Rente für die Eltern oder schickten Medikamente für kranke Familienangehörige oder KindheitsfreundInnen. Es war, als ob die subsaharischen MigrantInnen in Europa die Aufgaben übernommen hätten, die die Regierungen zu Hause erfüllen hätten müssen. »Der Tag, an dem wir aufhören, Geld nach Hause zu schicken«, sagte ich eines Tages zu einem Freund, »wird der Tag sein, an dem der Volksaufstand gegen unsere Regierungen beginnen wird.«

Doch mir war klar, dass wir uns auch hier in Europa organisieren mussten. Neben dem alltäglichen Kampf in der Fabrik und in der Gesellschaft wollte ich auch endlich wieder die Hochschule besuchen, mich fortbilden und meinen kritischen Blick schärfen. Ich nahm also einen weiteren Anlauf für die Einschreibung an der Universität in Amsterdam. Gleichzeitig beschloss ich, mich im Netzwerk Afrique-Europe-Interact[14] zu engagieren.

210

14   Vgl. www.afrique-europe-interact.net

Mein Leben als Aktivist in Europa

»Emmanuel, vergiss uns nicht! Egal wo du hingehst, kämpfe überall für unsere Rechte!« Ich werde diese Worte, die mir eine Flüchtlingsfrau während meiner Verabschiedungsfeier in Rabat mit auf den Weg gab, niemals vergessen. Mir war klar, wie viel Verantwortung ich für meine FreundInnen in Marokko trug. Auch zu Hause im Kongo wurden hohe Erwartungen an mich gestellt. Meine Familie, meine FreundInnen und vor allem meine MitstreiterInnen hofften, dass ich mich weiterhin für eine grundlegende politische Veränderung einsetzen würde. »Die Dinge stehen schlecht hier im Kongo. Das Land braucht dringend Leute wie dich!«, sagten sie mir am Telefon. Doch auch hier in Europa war genug zu tun. Ich sah, dass die Situation der Sans Papiers in allen Ländern des Kontinents desaströs war. Ihnen wurden die elementarsten Rechte verweigert, während die EU gleichzeitig behauptete, ein Garant für die Menschenrechte zu sein.

Vom Kongo über Marokko bis nach Europa – ich wollte und musste aktiv bleiben und weiterhin für eine gerechte und solidarische Gesellschaft kämpfen. Nach und nach lernte ich Gruppen und Initiativen kennen, mit denen ich zusammenarbeiten konnte. In den darauffolgenden Jahren bereiste ich viele Länder, nahm an Konferenzen und Protestaktionen teil und gab meine gesammelten Erfahrungen weiter. Ich sprach nicht nur über die Situation der MigrantInnen, sondern versuchte auch, die europäische Öffentlichkeit über die Gründe für Flucht und Migration aufzuklären. So referierte ich vielfach über die bewaffneten Konflikte in Afrika, über den Raub der natürlichen Ressourcen und natürlich über unsere despotischen Regierungen sowie über die politische Unterstützung, die sie fortwährend aus Europa bekamen.

Am 11. Juni 2008 sprach ich in Europa zum ersten Mal vor einem größeren Publikum. Die Menschenrechtsorganisationen LOS und All Included hatten mich zu einer Konferenz nach Amsterdam eingeladen. Es ging um die mörderischen Machenschaften der Grenzschutzagentur FRONTEX. Wir diskutierten, was gegen die Abschottungspolitik der EU getan werden könnte. Ich hatte die Gelegenheit, vor europäischen BürgerInnen über die katastrophale Situation der Flüchtlinge und MigrantInnen zu sprechen. Natürlich ließ ich nicht unerwähnt, dass die EU einen wesentlichen Anteil daran hatte und dass die Staaten des Maghreb von Europa Geld erhielten, um gegen sogenannte »Illegale« vorzugehen.

Bei dieser Konferenz lernte ich auch Rian kennen, die Koordinatorin von LOS, sowie Vincent, der bei All Included aktiv ist. Wir verstanden uns auf Anhieb gut. Beide Organisationen treten für globale Bewegungsfreiheit ein und sind äußerst aktiv in der Unterstützung von Flüchtlingen und MigrantInnen. Vor dem Büro von All Included war ein Banner mit der Aufschrift »Kein Mensch ist illegal« ausgerollt. Dieser Slogan fasste den politischen Ansatz dieser Gruppe aufs Beste zusammen. Ich fühlte mich gestärkt und in meinen Zielen bekräftigt. Bei dieser Konferenz beschloss ich, meinen legalen Status in Holland dafür zu nutzen, mich für diejenigen einzusetzen, die dieses Privileg nicht hatten und die man fälschlicherweise als »Illegale« bezeichnete.

Nach dieser Konferenz wurde ich zu einem antirassistischen Camp nach Hamburg eingeladen. Bei einem Workshop über Migration referierte ich ebenfalls über die Situation in Marokko und gab ein Interview für einen lokalen Radiosender. Auch bei dieser Gelegenheit traf ich viele Gleichgesinnte. Ich möchte nicht unerwähnt lassen, dass ich die Einladung zu diesem Camp Conni Gunßer vom Hamburger Flüchtlingsrat zu verdanken habe. Conni kannte ich schon von Oujda, wo wir gemeinsam an einer Gedenkveranstaltung anlässlich der Ereignisse von 2005 in Ceuta und Melilla teilgenommen hatten. Von ihr erfuhr ich viel über die Situation der Flüchtlinge und MigrantInnen in Deutschland. Ihre Lage schien in vielen Punkten mit jener meiner FreundInnen in Marokko vergleichbar.

Als ich nach Holland zurückkehrte, fand ich eine Einladung zum Sozialforum über Migration vor, das im September 2008 in Madrid stattfinden sollte. Ich sagte sofort zu, war dieses Forum doch eines der wichtigsten globalen Treffen aller politischen Gruppen, die zu diesem Thema arbeiteten. Tausende Menschen kamen zusammen, um über Weltwirtschaft, Klimawandel, bewaffnete Konflikte und natürlich über die Situation der Flüchtlinge und MigrantInnen zu debattieren. Das Forum trug den Titel »Unsere Stimmen für eine Welt ohne Mauern«. Ich sprach bei dieser Gelegenheit über die Zäune von Ceuta und Melilla, die Afrika von Europa trennen. Meine Rede wurde noch von Victore Nzuzi übertroffen, einem vorbildlichen Aktivisten, der wie ich aus dem Kongo kommt. Seit dem Forum in Madrid habe ich Viktor stets für sein politisches und rhetorisches Können bewundert: Er schafft es bei jeder seiner Reden, nachvollziehbar zu erklären, warum der Kampf um globale Bewegungsfreiheit und der Kampf gegen neokoloniale Ausbeutung notwendigerweise zusammengehören.

Im Oktober 2008 wurde ich dann nach Paris eingeladen, um an der von Migreurop sowie von der Gruppe Manifeste Euro-Afrique organisierten Konferenz »Des Ponts Pas Des Murs« teilzunehmen.

Es wurde das bisherige Highlight meiner aktivistischen Laufbahn: Ich sprach bei einer großen Veranstaltung auf dem Place de la République, in Vertretung meines marokkanischen Kollegen Hicham Rachidi, der an diesem Abend nach Lyon weiterreisen musste. Tausende Menschen aus den verschiedensten Ländern Europas und Afrikas waren angereist. Ich schritt auf die Rednerbühne und sah gegenüber das Monument, das an die Französische Revolution erinnert und auf dem die berühmte Allegorie »Gleichheit – Freiheit – Geschwisterlichkeit« eingemeißelt ist. Die Statue inspirierte mich bei meiner Rede und ich rief: »Gleichheit statt Diskriminierung! Freiheit statt Verhaftungen! Geschwisterlichkeit statt Rassismus!«

All die internationalen Treffen, Konferenzen und Protestaktionen, an denen ich in diesen Jahren teilnahm, veränderten mein Leben gründlich: Ich war froh und stolz, eine Welt der Solidarität kennenzulernen und eine andere Kultur des zwischenmenschlichen Umgangs erleben zu dürfen. Der Austausch mit anderen AktivistInnen über das Thema der internationalen Migration sollte für mich einen immer zentraleren Stellenwert erlangen.

Nach den vier langen Jahren, in denen ich in Marokko blockiert gewesen war, konnte ich nun endlich das tun, was ich tun wollte und was ich als meine Aufgabe erachtete. Ich hatte ja bereits während meiner Zeit in Marokko eine Vielzahl von Einladungen bekommen, doch meine Visaanträge waren stets abgelehnt worden. Jedes Mal hatte ich auf eine Antwort der entsprechenden Botschaft gewartet, um letztlich doch nur eine Absage zu bekommen – gleichwohl wurden die Kosten für den Visumantrag niemals rückerstattet ...

Meine Aktivitäten im Netzwerk Afrique-Europe-Interact

Eines Tages erhielt ich einen Anruf von Conni Gunßer aus Hamburg. Sie lud mich zu einem Treffen nach Bremen ein, bei dem AktivistInnen aus Deutschland und anderen europäischen Ländern mit selbstorganisierten Flüchtlingen und MigrantInnen zusammenkommen sollten. Ich willigte ein und fuhr hin.

Die Dynamik bei diesem Treffen begeisterte mich. Viele der Anwesenden kannten einander bereits seit langer Zeit und hatten über die Jahre in unterschiedlichen Netzwerken zusammengearbeitet. Sie waren gemeinsam auf NoBorder Camps gefahren und hatten im Jahr 2007 gegen den G8-Gipfel von Heiligendamm demonstriert. Einige von ihnen waren im NoLager-Netzwerk organisiert, das eine Vielzahl von Aktionen gegen die miserablen Unterkünfte von Flüchtlingen und MigrantInnen in Deutschland organisiert hatte. Entsprechend hatte ich einige von ihnen schon beim antirassistischen Camp in Hamburg im Jahr 2008 kennengelernt. Kurz –

die Anwesenden verfügten über einen großen Erfahrungsschatz aus den Bereichen der Kämpfe gegen Rassismus und Diskriminierung, gegen Grenzen sowie gegen neokoloniale und kapitalistische Verhältnisse.

Mich begeisterte auch, dass bei dem Treffen jeder Teilnehmer und jede Teilnehmerin genügend Raum bekam, um seine oder ihre Anschauungen darzulegen. Am meisten berührte mich jedoch der Bericht einer Gruppe von MigrantInnen, die über ihre Lebensbedingungen in einem deutschen Flüchtlingslager erzählten. Sie berichteten unter anderem, dass es den BewohnerInnen eines solchen Lagers untersagt war, ohne Autorisierung der Asylbehörden die Ortschaft zu verlassen, in der sie sich befanden. Ich hatte nicht damit gerechnet, hier in Deutschland solche Dinge zu hören, in dem Land, in dem der Fall der Berliner Mauer einen derart wichtigen Meilenstein für die Bewegungsfreiheit gesetzt hatte. Auch der Bericht von Riadh Ben Ammar berührte mich – ein Migrant aus Tunesien, der es geschafft hatte, in Deutschland Papiere zu erhalten. Er erzählte mir, wie er ohne Papiere nach Europa gekommen war und mitten im Winter nächtelang unter freiem Himmel schlafen musste. Bei seiner Reise war er auch durch Holland gekommen. Er war mehrmals unmittelbar bedroht gewesen, abgeschoben zu werden. »Emmanuel«, sagte er zu mir, »was ich alles erleben musste, um schlussendlich Papiere zu bekommen! Diese Erfahrung hat mich gelehrt, dass man den Kampf nie aufgeben darf!«

Einige Monate später fuhr ich gemeinsam mit den Leuten vom Bremer Treffen nach Jena, wo wir an einem antirassistischen Festival teilnahmen. Es hieß »Vereint gegen koloniales Unrecht, in Erinnerung an die Toten der Festung Europa« und wurde von der »Karawane für die Rechte der Flüchtlinge und MigrantInnen« organisiert.[15] Rund 1.000 TeilnehmerInnen waren gekommen. Bei diesem Treffen ging es nicht nur darum, gemeinsame Strategien zur Über-

---

15   www.karawane-festival.org und www.thecaravan.org

windung der europäischen Grenzpolitik zu entwickeln – Europa sollte auch daran erinnert werden, welche negativen Nachwirkungen die Kolonisierung in Afrika bis heute hat.

Im Rahmen dieses Festivals fand auch ein Treffen mit Ousmane Diara und Alassane Dicko statt, zwei Aktivisten von der Assoziation der Abgeschobenen Malis (AME).[16] Wir sprachen mit ihnen über die Gründung eines transnationalen Netzwerks, um unsere Aktivitäten in Westafrika und in Europa besser abzustimmen und zu koordinieren. So kam es schließlich zur Gründung von Afrique-Europe-Interact (AEI). Das Netzwerk vereint seitdem antirassistische Basisgruppen aus Mali, Togo, dem Kongo, Deutschland, Österreich und Holland. Das Ziel besteht darin, einen Austausch zwischen afrikanischen und europäischen AktivistInnen zu ermöglichen und gemeinsame Aktionen durchzuführen. Besonders wichtig ist die Zusammenarbeit auf gleicher Augenhöhe – ein Anspruch, der angesichts des enormen Wohlstandsgefälles zwischen den beiden Kontinenten eine große Herausforderung darstellt. AEI tritt für globale Bewegungsfreiheit und gerechte Entwicklung ein. Die Aktivitäten des Netzwerks sind nicht mit jenen einer karitativen NGO vergleichbar – vielmehr sollen Flüchtlinge und MigrantInnen, die in Europa leben, für sich selbst sprechen. In den afrikanischen Ländern, in denen AEI aktiv ist, geht es darum, dass aus Europa abgeschobene MigrantInnen erste Hilfe bekommen. Außerdem soll ihnen eine politische Plattform zu Verfügung stehen, mit der sie ihre Interessen vertreten können.

Die erste große gemeinsame Aktion von Afrique-Europe-Interact fand im Januar und Februar 2011 statt. In dieser Zeit wurde eine Buskarawane von Bamako, der Hauptstadt Malis, nach Dakar, der Hauptstadt Senegals, organisiert. Schlusspunkt der Karawane war das Weltsozialforum in Dakar. Rund 300 AktivistInnen aus afrikanischen und europäischen Ländern nahmen teil. Eine besonders

16 www.expulsesmaliens.info

wichtige Rolle spielten die selbstorganisierten Flüchtlinge und MigrantInnen afrikanischer Herkunft, die in Europa Papiere bekommen konnten und nun mit dabei waren. Ich war stolz, Teil dieser Gruppe zu sein. Wir reisten durch viele Dörfer und Städte in Mali und Senegal und sprachen mit der lokalen Bevölkerung über Migration, Bewegungsfreiheit und Entwicklung. Entlang der über 1.300 Kilometer langen Strecke wurde eine Reihe spannender Diskussionsveranstaltungen abgehalten. Nicht zuletzt ging es auch um das Thema des Landgrabbing, also des massenhaften Ausverkaufs von fruchtbarem Ackerland an transnationale Konzerne und Investmentfonds.

Als wir in Dakar angekommen waren, nahm ich im Namen von Afrique-Europe-Interact an einer Konferenz auf der Insel Gorée teil, bei der die Internationale Charta der MigrantInnen ausgearbeitet wurde. Die Konferenz fand im Vorfeld des Sozialforums statt; MigrantInnen aus aller Welt nahmen daran teil. Die Insel Gorée, in Sichtweite der Stadt Dakar gelegen, wurde wegen ihrer großen historischen Bedeutung für dieses Treffen ausgewählt. Gorée diente den Kolonisatoren als Sammelpunkt für die unzähligen SklavInnen, die nach Amerika verschleppt wurden. Die Geschichte der Insel steht also für die Entmenschlichung des Menschen, für massenhafte Zwangsarbeit und unbeschreibliches Leid unzähliger Männer, Frauen und Kinder. Genau aus diesem Grund wurde dieser Ort für die Ausarbeitung der Charta der MigrantInnen bestimmt. Auf diese Weise sollte der Insel Gorée eine neue Bedeutung gegeben werden – eine Bedeutung, die die unteilbare Würde des Menschen ins Zentrum rückt.

Danach fand das Sozialforum statt. Es wurde auf dem großen Universitätscampus von Dakar abgehalten. Wir, die TeilnehmerInnen der Karawane, beteiligten uns mit einer Reihe von Workshops und Podiumsdiskussionen. Zum Abschluss gab es eine große Demonstration zum Sitz von FRONTEX in Dakar, an der rund 1.000 Menschen teilnahmen. Während dieser Demonstration passierte etwas Bemerkenswertes: Ein senegalesischer Polizist trat zu mir und sagte mir im Vertrauen: »Bruder, was ihr hier tut, ist äußerst ermutigend für uns. Endlich traut sich jemand, laut und deutlich die Wahrheit auszusprechen. Ich hoffe, dass die politischen Entscheidungsträger ihren Kurs endlich ändern …«

Wir waren nicht die einzige Karawane, die zum Sozialforum gereist war. Außer uns war eine große Gruppe aus Nigeria gekommen, eine weitere kam … aus Marokko. Und so konnte ich endlich einige meiner FreundInnen aus Rabat wiedersehen. Die Freude war groß.

Insgesamt dauerte diese erste große Aktion von Afrique-Europe-Interact über drei Wochen. Nach dieser Zeit waren die Bande zwischen den AktivistInnen der beiden Kontinente um einiges enger geknüpft als zuvor.

Afrique-Europe-Interact und der arabische Frühling

Die große Welle der politischen Transformation im arabischen Raum, die im Jahr 2010 in Tunesien ihren Ausgang nahm und sich später auf Ägypten, Libyen und andere Länder in der Region ausweitete, veranlasste uns dazu, unseren Aktionsradius auszuweiten. Im Juni 2011 fuhr eine Delegation von Afrique-Europe-Interact nach Tunesien, um mit den dortigen AktivistInnen Kontakt aufzunehmen. Die Delegation sollte unsere Solidarität mit der tunesischen Bevölkerung zum Ausdruck bringen, die gerade eine erfolgreiche Revolution vollbracht hatte. Außerdem reiste die Gruppe in das Flüchtlingslager Choucha im Südosten des Landes, in dem sich zu diesem Zeitpunkt Tausende Flüchtlinge aus Libyen befanden.

Der Bericht, den die Delegation uns überbrachte, war alarmierend: Während die libyschen Flüchtlinge nach dem Tod Muammar al-Gaddafis relativ rasch in ihr Land zurückkehren konnten, waren die aus Libyen geflohenen subsaharischen MigrantInnen in Choucha blockiert. Obwohl die meisten von ihnen bereits seit vielen Jahren in Libyen gelebt und gearbeitet hatten, war es für sie nun unter keinen Umständen mehr möglich, dorthin zurückzukehren. Sie wurden beschuldigt, als Söldner für Gaddafi gekämpft zu haben, und waren bedroht, Opfer regelrechter Pogrome zu werden. Doch auch in Choucha wurden sie bedroht. Die lokale Bevölkerung griff das Camp mehrmals an und das UNHCR, das für die Sicherheit der Flüchtlinge zuständig gewesen wäre, war einmal mehr unfähig, die Menschen zu schützen. Die Europäische Union stellte sich taub und verwehrte den Flüchtlingen die sichere Überfahrt nach Europa. Mehrere Menschen aus Choucha, die auf kleinen Booten nach Italien gelangen wollten, ertranken im Mittelmeer.

Doch nicht nur subsaharische MigrantInnen kamen zu Tode: Die Revolution des Jahres 2011 hatte Zehntausende junge TunesierInnen dazu ermutigt, nun endlich die Überfahrt nach Europa zu wagen. Viele schafften es, nach Italien zu gelangen, doch mehrere Tausend Menschen kamen nie an.

Aufgrund dieser alarmierenden Umstände entschloss sich Afrique-Europe-Interact, die Aktion »Boats for People« zu unterstützen, die im Sommer 2012 stattfinden sollte. Unser Ziel war, die mörderische Grenzpolitik der EU mit einer symbolischen Aktion öffentlichkeitswirksam zu kritisieren.

Wir starteten unsere Aktion in Palermo, wo wir uns auf die öffentliche Fähre nach Tunis einschifften. Rund 100 AktivistInnen aus europäischen und afrikanischen Ländern waren mit dabei. An Bord hielten wir eine unangekündigte Veranstaltung ab, bei der wir die PassagierInnen auf unsere Anliegen aufmerksam machten. Wir waren mit Flugzetteln, einem Mikrophon und einer Lautsprecheranlage ausgerüstet und sprachen auf Französisch, Italienisch und Arabisch über Bewegungsfreiheit und den arabischen Frühling. Die Aktion fand erstaunlich viel Anklang und es entwickelten sich rege Diskussionen. Vor allem die AuslandstunesierInnen, die auf Heimaturlaub fuhren, waren sehr an uns interessiert. In den darauffolgenden Tagen organisierten wir in Tunis gemeinsam mit lokalen

AktivistInnen und Studierenden eine Reihe von Veranstaltungen und Diskussionsrunden.

Ich versuchte auf dieser Reise mit möglichst vielen TunesierInnen ins Gespräch zu kommen, um mit ihnen über ihre jüngste Revolution zu sprechen. Ich hatte die Ereignisse des Jahres 2011 nur im Fernsehen mitverfolgt – nun fand ich Gelegenheit, direkt mit den Männern und Frauen zu sprechen, die diese Revolution vollbracht hatten. Ich wollte genau verstehen, wie es dazu gekommen war und was die Menschen dazu angetrieben hatte. Bei all den Gesprächen wurde mir stets gesagt, dass es sich um eine Revolte gehandelt habe, die von unten losgetreten wurde. Ich erfuhr auch, dass das despotische Regime von Ben Ali, unter dem sie so gelitten hatten, bis zur letzten Minute vom Westen unterstützt worden war! Die angeblichen ökonomischen Errungenschaften Ben Alis, die den mächtigen Ländern als Rechtfertigung dienten, um dem Regime die Stange zu halten, waren nichts als Propaganda. Die pompösen Hochhäuser und die Investitionen in groß angelegte Infrastrukturprojekte dienten nur dazu, die Misere zu verschleiern, in der der größte Teil der Bevölkerung lebte. Ein Tunesier, mit dem ich mich in der Nähe der Kasbah von Tunis unterhielt, sagte mir: »Mein Freund, genug ist genug! Wie viel haben wir nicht geschuftet in diesem Land, nur damit sich ein einziger Mann und seine Familie maßlos bereichern konnten! Eine kleine Gruppe von Individuen hat über mehrere Jahrzehnte die gesamten Reichtümer unter sich aufgeteilt, während wir gelitten haben. Sie sollen es ja nicht wagen, hierher zurückzukommen!«

Alles das erinnerte mich auf fatale Weise an den Kongo – ein Land, dessen Reichtum von einer kleinen kleptokratischen Klasse in Beschlag genommen wird, während die Mehrheit der Menschen im Elend leben muss. Ich begriff, dass die Diktatoren auf dem afrikanischen Kontinent nach ähnlichen Mustern verfuhren: Während die Bevölkerung Hunger litt und die Kinder nicht zur Schule gehen konnten, weil den LehrerInnen keine Gehälter ausbezahlt wurden, hatte Mobutu bombastische Feierlichkeiten inszeniert, bei denen die Menschen seinem Regime huldigen mussten. Dies waren die offiziellen Bilder, mit denen sich der Kongo der Welt präsentierte. Mobutu wollte den Eindruck erwecken, dass in seinem Land alles zum Besten bestellt war. Der Westen nutzte diese Bilder, um seine fortwährende Unterstützung für den Diktator zu rechtfertigen.

Doch auch heute ist es nicht viel besser: Während im Osten des Landes die Lage immer wieder aufs Ärgste eskaliert, lässt Kablila gleichzeitig Oppositionelle, JournalistInnen, MenschenrechtsaktivistInnen und Priester verhaften und umbringen. Während Korruption und all die anderen Missstände der Ära Mobutu fröhliche Urständ feiern, halten die USA und Europa Kabila weiterhin die Stange und präsentieren ihn als Botschafter des Friedens.

Nach unserem Aufenthalt in Tunis fuhren wir rund 600 Kilometer in den Süden und besuchten das Flüchtlingslager Choucha. Zunächst wurde uns der Zutritt zum Camp verwehrt. Wir fragten uns unwillkürlich, ob dies zum Schutz der Flüchtlinge geschah oder ob man verhindern wollte, dass wir die miserablen Lebensbedingungen im Lager mit eigenen Augen sahen. Choucha liegt mitten in der Wüste, die Temperatur kann bis auf 45 Grad steigen und im Winter unter den Gefrierpunkt sinken. Das Erste, was wir von den Flüchtlingen zu hören bekamen, war, dass es im gesamten Camp keinen Wasseranschluss gab. Einige der Menschen, denen wir begegneten, wollten um jeden Preis durchsetzen, dass wir Zugang zu den Zelten bekämen. Als uns schließlich Einlass gewährt wurde, bestätigten sich unsere Befürchtungen: Eine Reihe von Flüchtlingen waren aufgrund der schlechten Trinkwasserversorgung erkrankt. Wir sahen ein vierjähriges Kind, das mit dem Tod rang, weil es ungenießbares Wasser getrunken hatte. Neben all den schrecklichen Dingen, die wir sahen, bemerkte ich aber auch die Stärke, Durchhaltekraft und Großzügigkeit der dort lebenden Menschen. Trotz ihres Elends lud mich einer von ihnen in sein Zelt ein und bot mir eine Dose Cola an.

Am Schluss unserer Reise nahmen wir in der Stadt Monastir an einem Treffen der sozialen Bewegungen teil. Ich stand noch unmittelbar unter dem Eindruck dessen, was ich in Choucha gesehen hatte. Bei der Pressekonferenz, die von »Boats for People« organisiert wurde und bei der auch ich sprechen sollte, versuchte ich deshalb, eine politische Antwort auf die Choucha-Krise zu finden, und wandte mich direkt an die TunesierInnen: »Die tunesische Revolution hat klar zum Ausdruck gebracht, dass es in diesem Land ein großes Verlangen nach Freiheit und Gerechtigkeit gibt. Diese Werte stehen auch den subsaharischen Flüchtlingen und Migrierenden zu. Wenn wir in Europa für Bewegungsfreiheit kämpfen und uns für die Rechte der tunesischen Einwanderer und Einwandererinnen einsetzen, so können wir nicht gleichzeitig akzeptieren, dass die Rechte der subsaharischen Flüchtlinge hier in Tunesien mit Füßen getreten werden.«

Die Reise im Sommer 2012 nach Tunesien hat mich sehr geprägt. Ich war sehr beeindruckt vom Engagement der AktivistInnen von Afrique-Europe-Interact und ihrer Hartnäckigkeit in der Vereidigung der Rechte der Flüchtlinge und MigrantInnen. Mich begeisterte die konkrete und praktische Art, mit der sie sich für die Realität auf dem afrikanischen Kontinent interessierten. Man muss jedoch klar sagen, dass das Netzwerk von den Flüchtlingen und MigrantInnen selbst getragen wird. Sie machen nicht einfach nur mit, sondern konzipieren die Aktionen in den meisten Fällen selbst. Auch geht der Großteil der Aktivitäten der afrikanischen Sektion von AEI von Gruppen aus, die vor Ort aktiv sind. Ein Beispiel sind die vielfältigen Aktivitäten der malischen Basisbewegungen, die von AEI-Europa lediglich finanziell unterstützt, jedoch vor Ort durchdacht und durchgeführt werden. Ein anderes Beispiel ist die Konferenz der oppositionellen Kräfte aus dem Kongo, die für 2015 angedacht ist und in Belgien stattfinden soll – die Initiative dafür ging von mir und anderen kongolesischen FreundInnen aus.

Die Selbstorganisation der direkt Betroffenen steht bei Afrique-Europe-Interact also im Vordergrund. Und dennoch: Das Engagement der Männer und Frauen aus Europa, die sich für eine andere Asyl- und Migrationpolitik stark machen und immer wieder gegen ihre Regierungen protestieren, wird für die Zukunft der euro-afrikanischen Beziehungen von größter Bedeutung sein. Man kann die heutige Situation in etwa mit der Zeit der Entkolonisierung vergleichen: Damals gab es eine Vielzahl an EuropäerInnen, die die Unabhängigkeitsbestrebungen der afrikanischen Länder hartnäckig bekämpften. Doch letztendlich führte der Kampf der Schwarzen, die von einer Minderheit in Europa unterstützt wurden, zum Sieg und die Unabhängigkeit wurde wahr. Ebenso wird es heute mit der Durchsetzung der globalen Bewegungsfreiheit sein.

Ich denke, dass der Ansatz der Kooperation auf gleicher Augenhöhe zwischen Basisinitiativen in Europa und Afrika, den AEI anstrebt, anderen Organisationen als Vorbild dienen kann. Nicht nur NGOs und Menschenrechtsgruppen sollten sich von dieser Vorgehensweise inspirieren lassen, sondern auch staatliche, regionale und internationale Organisationen. Es kann nicht angehen, dass unseren Ländern noch immer fertige Konzepte aufgezwungen werden, die nichts mit der Realität in Afrika zu tun haben. Dies betrifft die traditionelle Entwicklungshilfe genauso wie die europäisch geprägten Vorstellungen, wie Demokratie auszusehen hat. In Kapitel 2 habe ich darüber geschrieben, wie beim Inter-kongolesischen Dialog in Südafrika dem Kongo die berühmte »1+4«-Lösung aufgezwungen wurde. Diese Idee stammte von den mächtigen Ländern des Nordens und nicht von den KongolesInnen!

In Afrika tummeln sich eine Menge bestens finanzierter und ausgestatteter europäischer Organisationen. Doch zwischen ihnen und der lokalen Bevölkerung gibt es oft eine riesige Kluft. Aus diesem Grund ist es wichtig, stets den Kontakt zu den Basisinitiativen zu suchen, die das Terrain kennen und wissen, welche politischen Schritte sinnvoll sind und welche nicht. Gleichzeitig müsste aber in Zukunft gewährleistet werden, dass auch diese Organisationen Zugang zu Fördermitteln bekommen – sei es im subsaharischen Afrika, im Maghreb oder in Europa.

EPILOG

Ich komme nun ans Ende meiner Erzählung. Mein Ziel bestand darin, zu schildern, welche Erfahrungen ich bei meinem pazifistischen Kampf für Freiheit und Gerechtigkeit im Kongo gesammelt habe und was ich auf meinem Weg ins Exil erlebte.

Wäre unsere Botschaft vom 17. April 2002, dem Tag der großen Demonstration in Mbujimayi, auf offene Ohren gestoßen, so wäre der Kongo nicht in dem Zustand, in dem er sich heute befindet. **225** Doch noch immer werden Männer, Frauen und Kinder getötet, vergewaltigt und aus ihren Dörfern vertrieben, damit die Kriegsparteien und ihre Profiteure in den Besitz der wertvollen Minen kommen. Noch immer werden Oppositionelle und MenschenrechtsaktivistInnen verschleppt, eingesperrt oder ermordet. Der Umstand, dass sich die Situation nicht verbessert hat, sondern eher noch schlechter wird, zwingt immer mehr Menschen ins Exil.

Was die Situation der Flüchtlinge und MigrantInnen in Marokko betrifft, so konnten zwar eine Reihe von Veränderungen erkämpft werden, dennoch liegt immer noch vieles im Argen: Nach wie vor werden Menschen in die Wüste abgeschoben. Es kommt zu Bootsunglücken und zu Morden an subsaharischen MigrantInnen, die die Grenzzäune von Ceuta und Melilla zu überwinden versuchen.

Dieses Buch hat den Anspruch, eine Stimme für die Stimmlosen zu sein. Es soll helfen, das Schweigen über die Konsequenzen der herrschenden Politik zu brechen.

DAS BUCH von Emmanuel Mbolela soll auch dazu dienen, Debatten anzustoßen. Wir freuen uns daher über Rückmeldungen und Einladungen zu Lesungen und Diskussionen mit dem Autor.

Bitte wenden Sie sich an:
Dieter Alexander Behr
da.behr@reflex.at

DANKSAGUNG

Die Idee, ein Buch zu schreiben, beschäftigte mich schon lange bevor ich nach Holland kam. Ich dachte viel darüber nach, wie ich das Schicksal der MigrantInnen einem breiteren Publikum bekannt machen könnte. Ursprünglich wollte ich lediglich einen Bericht über die Aktivitäten von ARCOM verfassen und diesen in den sozialen Bewegungen und Netzwerken verbreiten. Ich erzählte Doktor Anaclet Kalonji von meiner Idee. Er riet mir, doch gleich ein Buch zu schreiben – ein Bericht, so meinte er, sei zu informell und zu wenige Menschen würden davon Kenntnis nehmen.

Der Schreibprozess sollte für mich nicht einfach werden. Immer wieder musste ich längere Pausen einlegen, weil mich die Dinge, über die ich schrieb, noch immer sehr berührten. In meiner Erinnerung erlebte ich alles ein zweites Mal. Oft kamen mir beim Schreiben die Tränen; ich empfand großen Schmerz, manchmal auch Reue und Schuldgefühle.

In Holland vervollständigte ich mein Manuskript. Annie und Didier François aus Paris, bei denen ich während des Gipfels »Des Ponts Pas Des Murs« wohnen durfte, erklärten sich bereit, das Manuskript zu lesen und mir ihre Korrekturvorschläge zu schicken. Ich bin ihnen dafür sehr dankbar.

Erst der Umstand, dass sich die Veröffentlichung des Buches um einige Zeit verschob, erlaubte es mir, das siebente und letzte Kapitel zu schreiben. So konnte ich auch meine Erlebnisse in Europa in eine schriftliche Form bringen und mit den LeserInnen des Buches teilen.

Ohne die Hilfe einer Reihe von FreundInnen aus dem Netzwerk Afrique-Europe-Interact wäre es mir nicht gelungen, das Buch fertigzustellen. Ich möchte mich sehr herzlich bei Olaf Bernau bedanken, der viele Stunden investiert hat, um das Manuskript zu lesen, und mir äußerst treffende und stichhaltige Ratschläge gegeben hat. Seine klugen Anmerkungen werden mir auch dabei helfen, die politischen Aufgaben zu erfüllen, die noch vor mir liegen. Ohne die Anstrengungen von Dieter Alexander Behr würde das Manuskript dieses Buches wahrscheinlich noch in meiner Schublade liegen. Er war es, der nach der ersten Lektüre sein Interesse für eine Publikation bekundete, einen Verlag suchte und die Übersetzung auf Deutsch vornahm. Ich möchte auch die Arbeit von Isabelle Stettler würdigen, die viel Zeit für die Korrektur der französischen Version investiert hat. Mein Dank gilt schließlich auch Vincent de Jong, dessen inhaltliche Anmerkungen mir ebenfalls sehr geholfen haben.

Ich widme dieses Buch all meinen MitstreiterInnen aus Mbujimayi, die im Kampf für unsere Rechte, für Demokratie und Freiheit von den Kugeln der Polizei getötet wurden, allen FreundInnen, mit denen ich meine Zeit unterwegs und in Marokko geteilt habe, sowie meinem engen Gefährten und Bruder Mutombo Mukadi. Er starb eines plötzlichen Todes, als ich in Marokko lebte. Ich hatte keine Gelegenheit mehr, ihm die letzte Ehre zu erweisen.

NACHWORT
Alassane Dicko,
Assoziation der Abgeschobenen Malis, Bamako

»Unser Kampf wird lange dauern, aber wir werden ihn gewinnen«, heißt es im vorliegenden Buch. MigrantInnen entdecken nicht nur neue Möglichkeiten des Kampfes. Sie zeigen auch die politische Konzeptions- und Visionslosigkeit unserer Regierungen auf.

Ich habe Emmanuel Mbolela 2008 kennengelernt. Zusammen mit anderen Flüchtlingen zeigte er eine große Leidenschaft in seinem Kampf für die Anerkennung als Asylbewerber in Marokko. Er berichtete von der restriktiven Haltung gegenüber MigrantInnen und von einer Atmosphäre des Rassismus, mit der diese in Marokko in aller Regel konfrontiert sind.

Emmanuels Einsatz für die Rechte von MigrantInnen ist eine direkte Fortsetzung seiner Aktivitäten gegen Ungerechtigkeit im Kongo. Dabei werden zu Recht immer wieder Parallelen gezogen, etwa wenn Emmanuel jene Verfolgungsmethoden des marokkanischen Staats kritisiert, die ihn in ähnlicher Form auch zur Flucht aus dem Kongo gezwungen haben. Insgesamt ist das Buch das Zeugnis eines Kämpfers, dem es gelingt, eine Brücke zwischen seinen persönlichen Erlebnissen und den übergreifenden Erfahrungen zu schlagen, wie sie von den unterschiedlichsten Menschen gemacht werden. Die Öffentlichkeit über die Lebensbedingungen der MigrantInnen aus Subsahara-Afrika zu informieren ist aber auch deshalb relevant, weil sich der Autor intensiv mit der Rolle der afrikanischen Herrscher und der Verantwortlichkeit der internationalen Akteure auseinandersetzt.

Dieses Buch setzt von einem afrikanischen Blickwinkel aus neue Maßstäbe in der Art und Weise, wie über die Zukunft Afrikas und die Möglichkeiten gesellschaftlichen Wandels nachgedacht wird. Beschrieben wird sowohl die Gleichartigkeit der Probleme auf dem gesamten Kontinent als auch der Opportunismus, mit dem die Regierungen angesichts der Erwartungen der Bevölkerung allenfalls Pseudolösungen präsentieren. Denn erforderlich wäre eigentlich, die Glieder der kolonialen Ketten aufzubrechen – insbesondere unter Bezug auf die von Emmanuel aufgeworfene Frage, welche Auswirkungen die ständigen Krisen auf die Vertreibungen der betroffenen Bevölkerung haben. Letztlich spiegeln sich diese Konflikte auch in den Erfahrungen der MigrantInnen wider, in den unterschiedlichen Geschichten, die verständlich werden lassen, inwiefern die einen aufbrechen, um ein neues Leben zu suchen, und die anderen, um ihr Leben zu retten.

Die Abgeschobenen halten die Debatten über die strukturellen Ursachen von Migration am Laufen, sie machen auch auf die verheerenden Konsequenzen neoliberaler Politik aufmerksam. Zusammen mit den sozialen Bewegungen übersetzen sie diesen Kampf in eine Kooperation zwischen afrikanischen und europäischen AktivistInnen – eine transnationale Dynamik, die sich unter anderem in dem Netzwerk Afrique-Europe-Interact verwirklicht, in dem Emmanuel sowie mehrere der an diesem Buchprojekt Beteiligten aktiv sind. Im Kern sollte es also darum gehen, die Bevölkerung zur Verwirklichung sozialer Gerechtigkeit an den Erlösen aus dem Verkauf der nationalen Ressourcen zu beteiligen. Dies setzt voraus, dass unter dem Stichwort der gerechten Entwicklung die unveräußerlichen Rechte der Menschen respektiert werden und die internationale Ordnung auf der Gleichheit zwischen den Ländern des Südens und Nordens aufbaut.

Gehen oder bleiben – um frei und glücklich zu werden? Diese Frage beschäftigt auch Emmanuel immer wieder. Denn die Pflicht zur Wahrheit erlaubt es nicht, die Gewalt gegenüber Frauen oder die Xenophobie gegenüber AusländerInnen im Maghreb zu verschweigen. Umgekehrt sind Tausende unterwegs, auf der Suche nach dem, woran es ihnen zu Hause mangelt, angetrieben von dem

Wunsch, ihre Familien glücklich zu machen. Dabei treten sie in eine neue Welt ein, mit neuen Menschen, neuen Kulturen, neuen Sprachen – und vor allem mit der Hoffnung, sich eines Tages in einem Land wiederzufinden, wo Ordnung, Frieden und insbesondere Freiheit herrschen. Solche Länder sind in Afrika allerdings selten – einschließlich der Länder im Norden des Kontinents. Emmanuel fragt daher auch, ob solche Länder überhaupt existieren.

Die Universalität der menschlichen Werte und Rechte zu proklamieren erfordert, dass sie für alle Gültigkeit haben, ohne Ansehen der Herkunft oder des sozialen Status – denn wir leben von der gleichen Luft, so unser gemeinsames Motto bei Afrique-Europe-Interact. Doch der Beitrag dieses wichtigen Buches besteht nicht nur darin, mit Verve auf die Unteilbarkeit der Humanität zu pochen. Genauso wichtig ist der Hinweis, dass im Zentrum der Debatten um Migration die soziale Ungerechtigkeit stehen muss – also all jene Ursachen, die überhaupt erst zur Migration führen.

Alassane Dicko ist bei der »Assoziation der Abgeschobenen Malis« aktiv, die seit 2009 ganz wesentlich zum Zustandekommen des transnationalen Netzwerks Afrique-Europe-Interact beigetragen hat.

ABKÜRZUNGSVERZEICHNIS

ADESCAM	Association de Développement et de Sensibilisation des Camerounais Migrants au Maghreb, Vereinigung zur Entwicklungsförderung und Sensibilisierung der Kameruner MigrantInnen im Maghreb
AEI	Afrique-Europe-Interact
AFDL	Alliance des Forces Démocratiques pour la Libération du Congo, Allianz der demokratischen Kräfte zur Befreiung des Kongo
AFVIC	Association des Amis et Familles des Victimes de l'Immigration Clandestine, Vereinigung der Freunde und Familien von Opfern der illegalen Einwanderung
AMDH	Association Marocaine des Droits Humains, marokkanische Menschenrechtsorganisation
AME	Association Malienne des Expulsés, Assoziation der Abgeschobenen Malis
ARCOM	Association des Réfugiés et Demandeurs d'Asile Congolais, Kongolesische Vereinigung der Flüchtlinge und AsylbewerberInnen
ASD	Alliance pour la Sauvegarde du Dialogue Inter-Congolais, Allianz zur Rettung des Inter-kongolesischen Dialogs
Attac	Association pour la taxation des transactions financières et pour l'action citoyenne, Vereinigung zur Besteuerung von Finanztransaktionen im Interesse der BürgerInnen

COFESVIM	Comité des Femmes et Enfants Subsahariens Victimes de l'Immigration, Feministisches Komitee von Opfern der illegalen Einwanderung
DIC	Dialogue Inter-Congolais, Inter-kongolesischer Dialog
Franc CFA	Franc de la Communauté Financière d'Afrique, Währung der Westafrikanischen Wirtschafts- und Währungsunion, also von Benin, Burkina Faso, der Elfenbeinküste, Guinea-Bissau, Mali, Niger, Senegal und Togo
FRONTEX	Agence européenne pour la gestion de la coopération opérationnelle aux frontières extérieures, Europäische Agentur für die operative Zusammenarbeit an den Außengrenzen der Mitgliedstaaten der Europäischen Union, European Agency for the Management of Operational Cooperation at the External Borders of the Member States of the European Union
GADEM	Groupe Antiraciste de Défense et d'Accompagnement des Étrangers et Migrants, Antirassistische Gruppe zur Verteidigung und Begleitung von AusländerInnen und MigrantInnen
IOM	International Organization for Migration, Internationale Organisation für Migration
MLC	Mouvement de Libération du Congo, Bewegung zur Befreiung des Kongo
M.P.R.	Mouvement Populaire de la Révolution, Volksbewegung der Revolution, Einheitspartei der R.D.C. 1967-1997
NGO	Non-Governmental Organization, Nichtregierungsorganisation
PJD	Parti de la Justice et du Développement, Partei für Gerechtigkeit und Entwicklung, Marokko

RCD	Rassemblement Congolais pour la Démocratie, Kongolesische Versammlung für Demokratie	
RCD/N	Rassemblement Congolais pour la Démocratie/Nationale, Kongolesische nationale Versammlung für Demokratie	
R.D.C.	République Démocratique du Congo, Demokratische Republik Kongo	
SOC	Sindicato de Obreros del Campo, andalusische LandarbeiterInnengewerkschaft	
UAF	Universitair Asiel Fonds, Foundation for Refugee Students, Stiftung für migrantische Studierende	
UDPS	Union pour la Démocratie et le Progrès Social, Union für Demokratie und sozialen Fortschritt	
UNDP	United Nations Development Programme, Entwicklungsprogramm der Vereinten Nationen	
UNHCR	United Nations High Commissioner for Refugees, Hoher Flüchtlingskommissar der Vereinten Nationen	
UNICEF	United Nations Children's Fund, Kinderhilfswerk der Vereinten Nationen	